MOOK 悦读

第十五卷

主编／褚钰泉　一本关于书的书　阅读趣味尽在其中

15

二十一世纪出版社
21st Century Publishing House

图书在版编目(CIP)数据

悦读MOOK.第十五卷/褚钰泉主编.-南昌:二十一世纪出版社,2010.2
ISBN 978-7-5391-5443-5
Ⅰ.悦… Ⅱ.褚… Ⅲ.书评-选集 Ⅳ.G236

中国版本图书馆CIP数据核字(2010)第017094号

悦读MOOK(第十五卷)

主　　编　褚钰泉
责任编辑　熊　炽　张海虹
特约编辑　林　韵
美术编辑　徐　泓
出版发行　二十一世纪出版社
(江西省南昌市子安路75号　330009)
yuedumook@126.com
出 版 人　张秋林
经　　销　新华书店
印　　刷　南昌市红星印刷有限公司
版　　次　2010年2月第1版　2016年3月第2次印刷
开　　本　730mm×1092mm　1/16
印　　张　13
字　　数　290千字
书　　号　ISBN 978-7-5391-5443-5
定　　价　20.00元

如发现印装质量问题,请寄本社图书发行公司调换　0791-86524997

卷首语

着手编辑这一卷稿件时，脑海中时时闪现两个字："沟通！"

生活中太需要沟通了。人与人、领导与群众间种种矛盾和纠葛往往是剪不断、理还乱……究其原因，其中相当一部分是缺乏沟通造成的。

唐代诗人唐九龄写道："相知无远近，万里尚为邻。"有了沟通，就可以缩短彼此间的距离。沟通，有种种方法和手段，阅读书报和各种媒体应当是一个重要的环节。许多历史的真相，事物的是非曲直，大都是通过文章和著作留下的。阅读是一种享受，阅读可增添人与人、人与社会的沟通。古人说过："惟有道者能以往知来。"这也许是不少专家、学者认真研究探索，努力把历史的真相记录下来的一个重要因素。

沟通，除了信息的交流外，还需要通过探索和理解来增添彼此的信任和认同，缩小甚至弥合相互间的沟壑。对历史和往事可以有不同的看法，对别人的言行也不必苛求"舆论一律"。只要目标一致，大部分可以通过真诚讨论、换位思考，消除隔阂或偏见，达到共识。

本卷介绍了一些有关韩寒的材料。对于这位八〇后的代表人物，社会各方见仁见智，评价不一。这不奇怪，十年前，有人不承认他是位作家，可是到了今天，文坛一些知名人士甚至称他是"当代的鲁迅"。他的博客点击率高达近三亿，为世界之首。你可以不喜欢他，但不应该不了解他。这就需要沟通。

作为编辑，有责任把更多的信息，传递给读者。《悦读 MOOK》愿意为人与人的沟通，尽一分力！

此外，本卷是二〇一〇年的第一本，我们在某些方面作了些改进，希望能听到广大作者和读者的意见和建议——这应该是办好《悦读 MOOK》的最重要的前提。

目 录 *Contents*

鲁迅和孔子，谁可以信奉？

◎ 王得后

本文是作者为自己的新著《鲁迅和孔子》一书所写的“自序”，曾四易其稿，提出了一些值得深思的问题。这本新著即将由人民文学出版社出版。现征得作者的同意，本书率先刊登此文。限于篇幅，编辑对文章略作删节，并另加了标题。

我这一生，自大学毕业，一直在研读鲁迅，从业余到专业，迄今五十二年。“子曰：‘知之者，不如好之者；好之者，不如乐之者。’”（《论语·雍也》）“乐之”而阅读，是人生一大快事。我乐于研读鲁迅。研读鲁迅使我感到充实，感到痛快，感到希望。虽然，当我想写点鲁迅时，我感到没有什么话还要我来说了。

鲁迅是新文化先驱，是终身守护新文化，创造新文化，为扫荡妨害新文化成长的谬见而不遗余力、奋斗不息的一个先驱，又是新文化先驱中最富思想、最有思想业绩的一个。

新文化的滥觞，我认为是陈独秀发表于当年《新青年》的《一九一六年》。因为他提出了对于旧文化的根本挑战。他指出：“儒者三纲之说，为一切道德政治之大原：君为臣纲，则民于君为附属品，而无独立自主之人格矣；父为子纲，则子于父为附属品，而无独立自主之人格矣；夫为妻纲，则妻于夫为附属品，而无独立自主之人格矣。率天下之男女，为臣，为子，为妻，而不见有一独立自主之人者，三纲之说为之也。缘此而生金科玉律之道德名词，——曰忠，曰孝，曰节，——皆

鲁迅像

非推己及人之主人道德，而为以己属人之奴隶道德也。人间百行，皆以自我为中心，此而丧失，他何足言？奴隶道德者，即丧失此中心，一切操行，悉非义由己起，附属他人以为功过者也。自负为一九一六年之男女青年，其各奋斗以脱离此附属品之地位，以恢复独立自主之人格！”

“君为臣纲，父为子纲，夫为妻纲”是孔子和他的门徒安身立命的学说精魂，是儒家学说的根基，是“不可得与民变革”的根本特质。这一点，在《礼记·大传》中说得斩钉截铁：“圣人南面而治天下，必自人道始矣。立权度量，考文章，改正朔，易服色，殊徽号，异器械，别衣服，此其所得与民变革者也。其不可得变革者则有矣，亲亲也，尊尊也，长长也，男女有别，此其不可得与民变革者也。”亲亲，尊尊，长长，男女有别是“三纲”的精髓。朝代可以更迭，它是“不可得与民变革”的。正是这“三纲”，自孔子以来两千多年成为我国的“正统思想”——“主流思想”——“统治思想”。挑战儒家的“正统思想”，反对儒家的“正统思想”，是新文化的立意、主旨，也是新文化提出的根据。新文化是对人的奴隶地位提出挑战、坚决反抗的文化，是呼唤人格独立的文化，是争取人成为人的文化。

在中国，现代的人的觉醒，现代的人道的诉求，兴起于晚清。鲁迅并不是最早的。鲁迅是光绪三十三年，公元一九〇七年，二十七岁的时候，在日本作《人间之历史》、《科学史教篇》、《文化偏至论》、《摩罗诗力说》和《破恶声论》，才提出了“根柢在人”，“首在立人，人立而后凡事举；若其道术，乃必尊个性而张精神”（《文化偏至论》）的“立人”思想，确立了“立人”思想的基础框架。但那时人心追求的是暴力革命，是用武力外抗强权，内革清廷，鲁迅提出的这一思想革命，文化革命，如“叫喊于生人中，而生人并无反应”。（《〈呐喊·自序〉》）不合时宜，唯有寂寞。

辛亥革命推翻了清皇朝，结束了绵延两千多年的皇权专制制度，建立了民国。但五年过去，“五族共和”的、“民主”的政党政治混乱不堪。陈独秀有鉴于此，作《一九一六年》，一面挑战儒家“正统思想”，一面挑战“政党政治”。风云际会，第二年，一月，胡适在《新青年》发表《文学改良刍议》，二月，陈独秀接着发表《文学革命论》，再一年，鲁迅发表《狂人日记》，对于儒家设计并实行了两千多年的“家族制度”的弊病，“忧愤深广”地予以暴露。新文化——新文学冲破儒家“正统思想”的牢笼,竞走于神州大地。

还是鲁迅，早在一九一二年七月,中华民国成立刚过半年，在《哀范君三章》中,就表达了对于政治的失望,他写道：

风雨飘摇日，余怀范爱农。华颠萎寥落,白眼看鸡虫。世味秋荼苦,人间直道穷。奈何三月别,竟尔失畸躬!

海草国门碧，多年老异乡。狐狸方去穴,桃偶已登场。故里寒云恶,炎天凛夜长。独沈清冷水,能否涤愁肠?

把酒论当世，先生小酒人。大圜犹茗艼,微醉自沈沦。此别成终古,从兹绝绪言。故人云散尽,我亦等轻尘!

“狐狸方去穴,桃偶已登场”是异常敏锐的政治洞察力。有学者认定新文化的兴起是追求“文化解决问题”,这是没有细心考察新文化的文献,完全不顾新文化先驱者随后的分道扬镳,有的热衷政治,有的组织政党的事实的结论。

鲁迅参与新文化的建设,接续着他青年时期“立人”的思想。一九一八年四月发表《狂人日记》暴露儒家的“仁义道德”的根本特质是“吃人”;呼唤“真的人”;呼吁“救救孩子！”七月发表《我之节烈观》,痛批儒家钳制与摧残妇女的“节烈观”。九月发表《随感录二十五》,暴露儒家“父为子纲”把子女当做“福气的材料,并非将来的‘人’的萌芽”的根本特质,呼唤“因为我们中国所多的是孩子之父;所以以后是只要‘人’之父！”鲁迅和陈独秀一样,首先集中反抗的是儒家的“正统思想”,即儒家的“三纲”。

然而,历史归历史,孔子归孔子,孔子是我国历史上的一位伟大的思想家。孔子的伟大,我认为：

一,在他的思想不但传承了两千多年,历遭攻击而不衰败,不断分化而保持着根本特质,显示出惊人的生命力。

二,主要在孔子抓住了人类社会稳定的三个根本问题,即男女问题,父子问题,君臣问题,为此提出了他的处置方法。人类男女异体,为优化传宗接代,而有夫妇;有夫妇而有子女;人类群居,在家庭之外,进入社会,是各种群体的人际关系,最高即君臣。在君臣这一体系,这一本位之中,是各级“头头”。这三种根本关系如何处理？如何求得稳定？最简单的原则就是一方服从一方,不得有异议,不得有异动。于是乎“君为臣纲,父为子纲,夫为妻纲”被设计出来。这是为强者设计的方案,为权势者设计的方案。弱者一方是被压迫、被钳制、被束缚的一方,是被迫的人身依附,失去了独立的人格、独立的思想的一方。我曾经指出,这是继承动物的法则,森林的法则,“弱肉强食”的法则。但是,在两千多年前,在人类的童年,文明社会的“初级阶段”,是势所必至的。

三,孔子是一个有理想的人,“知其不可而为之”的人,“学而不厌,诲人不倦”的人，在为权势者设计治国的方案之外,对于人生诸多问题提出了一些原则,可供后人借鉴，是有可资借鉴的宝贵的思想在。

不过，孔子毕竟是两千五百多年前的古代的人物。他的根本性的思想已经严重阻碍中国人民族性的现代化。当中国进入二十世纪，人的觉醒早已是世界潮流，蔚为大观的时候，我中国人还保守着儒家的“三纲”，让大多数人没有人身自由，没有人格独立，没有思想独立，是无论如何没有道理，没有合法性的了。新文化是顺应世界潮流的产物。是合乎人情、人心、人性的文化。

新文化的诞生，快要一百年，快要一个世纪了。早在十年前，一股弘扬传统文化的思潮兴起，不十年而几乎席卷我中国。新文化被指责为“彻底反传统”，割断文化传统，败坏人心，导致“文化大革命”的十年浩劫。鲁迅是毁灭中国传统文化的民族罪人。这是完全违背事实，违背新文化根本特质的不实之论。一种呼唤人的觉醒，倡导人道，倡导人格独立，思想自由，寻求“理想的人性”（鲁迅语）的文化，怎么会是灭绝人道，摧毁文化的“大革命”的思想资源呢？

一个历史悠久的民族，一种历史悠久的文化，“传统”是单一的吗？我华夏大地，春秋战国时代，即有“百家争鸣”。到汉武帝，才强令“罢黜百家，独尊儒术”，“舆论一律”。即使这样，老子的思想，庄子的思想，法家的思想，时起时伏，并未断绝，难道他们的思想遗产不算传统文化吗？佛教传入中国，经过“汉化”，汉传佛教也历经艰辛，站稳脚跟，得到发展与传承，难道不算传统文化吗？我们土生土长的道教，难道不算传统文化吗？孔子，儒家，不过是我国传统文化中的一端，被统治者御定为“正统”的一端而已矣，岂有他哉。“正统”之外必有“异端”；“异端”也是一种传统。把“正统”当做唯一的传统，当做“中华文化的标志”，于事实不合，于理也不安。何况倡导新文化的先驱们，几乎每个人都有自己钟情的传统文化，姑不论陈独秀、胡适、周作人、钱玄同、刘半农，即如最严厉抨击儒家正统，“绝望于孔子和他的之徒”的鲁迅，不是也辑校了大量古籍，搜集了大量石刻拓片，撰写了《中国小说史略》么？清朝翰林、北大校长蔡元培先生挽鲁迅联，写着：“著述最谨严，岂徒中国小说史。遗言太沉痛，莫作空头文学家”！难道清朝的翰林，对于“国学”，“儒学”，不如当今的教授，学者吗？

更有甚者。遥想当年，在国民党政府的白色恐怖下生活，翻译、创作和辑校古籍的鲁迅，高歌：“曾惊秋肃临天下，敢遣春温上笔端。”（《一九三五年亥年残秋偶作》）而二十世纪八十年代末的一场“狂飙”，却是“无边落木萧萧下”！少的老的识时务者，纷纷谴责新文化，特别着重谴责鲁迅“激烈”，“激进”，“极左”。一群年轻的俊杰高呼：“‘五四’是弑父！我们要弑‘五四’！”要填补“五四”断裂了的中国传统文化。可惜，他们沉迷于书本，悠然于书房，完全忽视了社会的现实，忘记了文化是人们行为的规范，文化是化人的东西；文化的存在与断绝，要看现实社会人们的思想，行为。挣扎了近一百年的新文化，成功是很有限的。最大，最显著的，是用白话文代替了文言文；儒家的“三纲”，除了在大城市，在一部分人中，实行了一点“男女平等，自由恋爱”之外，我们的农村还在“初级阶段”。即使是“男女平等”，即使在大城市，即使在“首善”之都，对于女性的歧视，从被受胎的性别鉴定，“做掉”，到上学歧视，就业歧视，同工不同酬，还多得很。至于其他，何尝有多少实质性的改变？“必也正名乎”？新词换旧词而已矣！谈什么“断裂”？“弑”什么“新文化”！毁什么鲁迅！

唐代吴道子所作《先师孔子行教像》碑

而且，鲁迅是最痛恨专制的一人，最洞察专制的祸害的一人。鲁迅早年即指出：“托言众治，压制乃尤烈于暴君。”（《文化偏至论》）“群众专政”与鲁迅水火不相容。鲁迅历数各种专制的恶果是：

> 约翰·穆勒说：专制使人们变成冷嘲。我们却天下太平，连冷嘲也没有。我想：暴君的专制使人们变成冷嘲，愚民的专制使人们变成死相。大家渐渐死下去，而自己反以为卫道有效，这才渐近于正经的活人。（《忽然想到（五至六）》）

> 约翰·穆勒说：专制使人们变成冷嘲。而他竟不知道共和使人们变成沉默。（《小杂感》）

更何况，鲁迅在回应对他的批判中阐释他的革命观，是：“再则他们，尤其是成仿吾先生，将革命使一般人理解为非常可怕的事，摆着一种极左倾的凶恶的面貌，好似革命一到，一切非革命者就都得死，令人对革命只抱着恐怖。其实革命是并非教人死而是教人活的。”（《上海文艺之一瞥》）鲁迅的文化，鲁迅的思想，鲁迅的左翼文学思想，能够导致“文化大革命”吗？谁是中国文化的“民族罪人”，扪心自问吧！

为了检视鲁迅和孔子这两位我汉族伟大思想家的思想的根本特质，为了探查“弘扬传统文化”的底细，我决心编写这本书。我之所以敢于以《鲁迅与孔子》为书名，是因为我发现，孔子的伟大，在掌握着人际关系中君臣、父子、夫妇的三个根本关系，在人际关系中定位人的社会地位，规范人的社会生活。孔子的这三种关系，是封闭性的，家长制的，服从性的，抹杀个性，扭曲人性的，甚至于达到“君要臣死不得不死，父要子亡不得不亡”，男的随意三妻四妾、休妻，而女性只能“从一而终”、守寡，乃至殉夫的地步。

而鲁迅的伟大在“立人”，为“立人”掌握着人一要生存并不是苟活，二要温饱并不是奢侈，三要发展并不是放纵。在以人的每个个体的生存为本位，然后在人际关系中定位人的社会地位，社会生活，发展个性。而且，生存、温饱和发展，是开放性的，有最广阔的自主性的选择空间，独立的，平等的，最切合人性与人情；“不是苟活”，“不是奢侈”，“不是放纵”，才在更高的层次追求“幸福的度日，合理的做人”（见《我们现在怎样做父亲》），追求“理想的人性”。

正是在人的“生存，温饱，发展”这样三个根本问题上，鲁迅与孔子，有充分的可比性。而且，对于人的这三个根本问题的思考，思想，才是文化的根基；才显示出思想的根本特质。

于是，我斗胆干了。

我要把资料一一呈现在读者面前，请读者自己阅读原资料，自己思索，自己判断。研究问题不能从原则出发，从预设的原则出发，从自己的好恶出发；只能从事实出发，从资料出发，公开全部资料最有利于和读者交流。研究问题，搜集资料是第一步。资料是研究的基础。资料越完备，研究的基础越坚实。至少也得有充分的资料，否则，结论是靠不住的。

搜集好资料以后，是解读资料，是发现资料之间的内在联系。特别是像鲁迅和孔子这样的伟大思想家，没有阐述他们思想的专门著作；他们的思想分散在单篇著作或语录中。

我要请读者审视我读到的资料，鉴定我使用的资料的真伪，资料是否充足，有什么缺失，我的结论是否从资料中引申出来，是否合乎事实，是否成立，是否可信，至少是否可作参考？

研究同一个问题，不同资料固然得出不同的结论；同一的资料，由于理解不同，也可以得出不同的结论。人非草木，对于自己研究的作者，著作，问题，是各各带着自己的情感的。我酷爱鲁迅，信奉鲁迅。自知可能带着情感的偏爱，思想的偏向，特别要请读者来鉴定我的意见，我的研究结论。

我觉得如今年轻的读者，阅读《论语》也许文字上会有很多困难，把专家的译文编辑出来，有利于理解原文。我的感觉也许低估了当下的青年，特别是大学文科的学友们。经过近十年的“弘扬传统文化”，“国学悄然在燕园兴起”，国学院如雨后春笋在大学建立，儿童有诵读经典的热潮，壮年有量身定做的国学班，央视有《论语》的心灵鸡汤，连孔子将她们和“小人”——“小孩儿”——归入“问题人物”的少女，也身穿不知道哪朝哪代的“国服”，在孔子像前跪拜而行“成年礼”了。我想，文言文的功力，也许高涨起来了，不用说一部《论

在“文革”中，孔子成了打倒对象。曲阜孔庙大成殿内的明代彩塑孔子像，被挖了眼睛，扒了心，满身贴了大标语。然后被拉倒，还被搬上卡车，游街示众。最后被砸毁。

语》，就是《尚书》、《易经》也不在话下了吧？不过，我记得鲁迅的意见，他说：“清朝的考据家有人说过，‘明人好刻古书而古书亡’，因为他们妄行校改。我以为这之后，则清人纂修《四库全书》而古书亡，因为他们变乱旧式，删改原文；今人标点古书而古书亡，因为他们乱点一通，佛头着粪：这是古书的水火兵虫以外的三大厄。”（《病后杂谈之余》）看当今报纸对于学术明星而又美女的开讲《论语》的评点，似乎也有大讲《论语》而《论语》亡的危机似的呢？然而，我国还有数目吓人的文盲，高中生据说还有“一怕文言文，二怕写作文，三怕周树人”的头痛经，他们在“国学”的热潮中，应试的偷闲时，如果有兴趣翻翻这本书，还是需要《论语》的译文做参考吧？何况，就是专家学者，他们也并不完全一致，他们也常常各有各的解读呢？

《鲁迅和孔子》这个书名，似乎可以有两种解释，而又肯定会受到非议。

一种解释，是“鲁迅与孔子的比较研究”，没有暗示褒贬取舍，是中性的。但是，这样，不如干脆加上“比较研究”四个字，消除歧义。可是，如果加上，理应扩大研究的内容，必得涵盖政治、经济、军事、法律、宗教、道德、文学、艺术等等诸多和他们俩有关的方面，才名实相符。而我，目前还不愿意这样面面俱到地评议。

另一种解释是：“要鲁迅，还是要孔子？”暗示褒贬取舍的趋向。于是，三十年来致力于破除“二元对立思想”，破除“非此即彼”的考量与选择的读者，就要提出批评了。他们要追问：为什么一定要不是要鲁迅，就是要孔子呢？他们俩不能并存，不能兼容并包吗？是的，在不少方面，他们俩的观点，思想有相同、相近或相通的地方。鲁迅肯定过，称赞过，甚至赞美过孔子的“伟大”。但是，在根本特质上，是不能兼容并包的。鲁迅参与革皇帝的命，终身极力维护辛亥革命的成果，维护革除皇权专制的、实行“共和”的民国，这和孔子的“君君臣臣”能够兼包并容吗？有所谓“创造性的转化”一说，但三十年来，我并没有看到教授学者论述“君君臣臣”如何“创造性的转化”为现代民主的论述。新儒家所谓儒家和现代民主如何如何，那是新“儒僧”，新“道虚”。至于“父为子纲”和“夫为妻纲”，似乎更少有论述了。是不？

三十多年来，思想解放，提出了“二元对立”的思想问题。这大概是对于中国特色的辩证法——“一分为二”的反拨。所以有“一分为三”的哲学问题的提出，有“一分为多”的哲学笔记的记忆。

“二元对立”的思想，是一元与多元问题中的一个子问题。多元是客观存在的。自然是多元的，人类是多元的，社会是多元的。人本身的多元，产生人所创造的一切都是多元的。文化的多元性，思想、观点、学说、主义、道德等等都是多元的。不仅是多元，而且是多样的。因之价值的多元性随之而来。二元是多元中的一种；“二元对立”也是一种常态。是非，利害，对错，爱憎，好恶，美丑，高尚与卑鄙等都是“二元对立”的。人，只要保有自己的个性，就有独立的自己的思想，独立的爱憎，就有自己的选择。选择往往是一元的。“两害相权取其轻”，“两利相权取其重”。人的一生，常常发生“是，还是不”；“要，还是不要”的选择。孟子清楚地阐述了这一点：“孟子曰：‘鱼，我所欲也，熊掌亦我所欲也；二者不可得兼，舍鱼而取熊掌者也。生亦我所欲也，义亦我所欲也；二者不可得兼，舍生而取义者也。生亦我所欲，所欲有甚于生者，故不为苟得也；死亦我所恶，所恶有甚于死者，故患有所不辟也。如使人之所欲莫甚于生，则凡可以得生者，何不用也？使人之所恶莫甚于死者，则凡可以辟患者，何不为也？由是则生而有不用也，由是则可以辟患而有不为也，是故所欲有甚于生者，所恶有甚于死者。非独贤者有是心也，人皆有之，贤者能勿丧耳。’”（《孟子·告子上》）

春秋战国时期，“百家争鸣”，就是“多元”和“多样”。但在“百家”中人是有选择的。孟子说：“天下之言不归杨，则归墨。杨氏为我，是无君也；墨氏兼爱，是无父也。无父无君，是禽兽也。”（《孟子·滕文公下》）就是一种选择，一种在儒家和儒家之外的根本特质的思想，即“为我”，还是“为君”；“兼爱”，还是“亲亲”的思想方面，孟子就作出了“非此即彼”的选择。这种选择，不能责怪他的“二元对立的思想”，只能批评他的选择是否正确。

自然，“二元”并非必然对立。“二元”之间有相当的空间。“革命”和“反革命”之间，有“不革命”；“左”和“右”之间，有“中左”，“中左偏右”。“二元对立”的选择，必须审慎分析。

特别是对于“人”，又特别是对于“伟大的人物”，“伟大的思想家”如鲁迅与孔子。他们思想丰富，复杂，涉及范围非常广泛。鲁迅没有研究过经济，但鲁迅在论及妇女的解放问题的时候，始终强调必须掌握“经济权”，有独立的经济力量，在家庭有平等的经济分配权利。孔子没有研究过军事，“卫灵公问陈于孔子。孔子对曰：‘俎豆之事，则尝闻之矣；军旅之事，未之学也。’明日遂行。”（《论语·卫灵公》）但孔子说出了一段至理名言：“以不教民战，是谓弃之。”（《论语·子路》）从社会、人文的不同方面，以“不以人废言”，“不以言废人”的原则，思想丰富、复杂的伟大思想家，都是总有可取之处的，都是可以“择善而从”的。在这一方面，鲁迅和孔子也不另外。我是要鲁迅，也要孔子的。

但是，在思想的根本特质方面，即在孔子的“君君臣臣，父父子子”，“三纲”方面，我是只要鲁迅，而不要孔子的。并且认为，凡是不愿作奴隶的人，不愿从家里到社会甘愿臣服他人的人，大概不会选择孔子吧？我是信服鲁迅的一个人。我也时时警惕自己对于鲁迅是否“偏爱”而产生“偏至”。

孔子当今在我中国的复活，并且不是“乘桴浮于海”，不是只有一个“由”跟随着他，而是乘风破浪，举国护驾，落户世界各国，似乎真的要在彼岸开建“中华文化标志城”的样子了。然而，孔子的核心思想不是“君君臣臣，父父子子”，“唯女子与小人为难养也”么？那个预言二十一世纪是我中华文化的世纪的长者，不是明确坦承“中国文化之定义，具于《白虎通》三纲六纪之说”么！既然“三纲”是中华文化的“定义”，我期待今天的国学家不要“王顾左右而言他”，而直截了当地阐释这“三纲”的内涵、意义、作用，对谁有利，为什么今天还是治国的宝典，国家的“软实力”？为什么世界各国将会信奉孔子，并改弦易辙实行孔子和他的之徒的“三纲”？

我期待青年朋友，想想孔子和他的之徒的“三纲”，想想鲁迅向你们建议的当下的三个当务之急，冷静地想一想：在当今之世，谁是可以信奉的？谁对于我们自己的生存和成长有益，有利？

二〇〇九年八月五日

补白

郁达夫悼鲁迅

一九三六年十月十九日凌晨，鲁迅逝世。郁达夫获悉，悲痛不已，写下了《怀鲁迅》一文：文章写道：“没有伟大的人物出现的民族，是世界上最可怜的生物之群；有了伟大的人物，而不知拥护、爱戴、崇仰的国家，是没有希望的奴隶之邦。因鲁迅的一死，使人们自觉出了民族的尚可以有为；也因鲁迅之一死，使人家看出了中国还是奴隶性很浓厚的半绝望的国家。”

江青与“文艺革命”

◎ 李洁非

上世纪，中国文艺屡兴“革命”。很多著名的例子，文艺史必然讲到。但是，有一场最大的“文艺革命”，自其寿终正寝以来，三十多年不载于史著，论文研讨亦属鲜有。所以如此，与它的“身份”有关。它由江青借政治之力，鼓吹、推动，并在其中充当“旗手”，“文革”结束后，被指为“阴谋文艺”，而“文艺革命”称谓消失。

然而“文艺革命”的存在，是确实的。一九七六年初，“反击右倾翻案风”期间，也是“文艺革命”十年之际，江青等控制的写作班子——北京大学、清华大学大批判组，发表《否定文艺革命是为了复辟资本主义》(《人民日报》1976年3月6日)，就“文艺革命”表述如下：

以革命样板戏为标志的文艺革命，对戏剧、文学、电影、音乐、舞蹈、曲艺、美术等，进行了深刻的改造，文艺在方向路线、创作思想、艺术形式、队伍建设等方面，都发生了深刻的变化。

这个表述，明确、具体、完整。指出“文艺革命”有三大特征：一、以“样板戏”为标志；二、全面涉及文学艺术所有门类；三、在“方向路线、创作思想、艺术形式、队伍建设”四大方面取得成果。三个特征是否成立，是否属实，只须揆以当年实际，即可验明。对这场“文艺革命”的政治含义及性质，可另行批判，但它作为一项事实，却不必回避。

江青出场

查《建国以来毛泽东文稿》第十一册，一九六四年六月四日《对林彪关于部队文艺工作的谈话的批语》写道：

江青阅。并于六月五日去找林彪同

志谈一下，说我完全赞成他的意见，他的意见是很好的，并且很及时。

这个材料清楚地证明，毛泽东已经做出安排，让江青出面代表他介入文艺问题。这当然是一个影响深远的迹象。

事情应追溯到一九六三年。这年十二月十二日，毛泽东在一份《文艺情况汇报》上做出批示，指责"许多共产党人热心提倡封建主义和资本主义的艺术，却不热心提倡社会主义的艺术"。文化部党组立即检查近几年的工作，并于一九六四年三月下旬，决定在全国文联和各协会全体干部中进行整风。两个月后，中央宣传部写出《关于全国文联和各协会整风情况的报告》(未定稿)。毛泽东拿到后，又写下第二个批示："这些协会和他们所掌握的刊物的大多数(据说有少数几个好的)，十五年来，基本上(不是一切人)不执行党的政策，做官当老爷，不去接近工农兵，不去反映社会主义的革命和建设，最近几年，竟然跌到了修正主义的边缘。如不认真改造，势必在将来的某一天，要变成像匈牙利裴多菲俱乐部那样的团体。"

此即著名的"两个批示"。薄一波曾说："现在重新回顾这个问题，可以看出，两个批示是强调'以阶级斗争为纲'所导致的必然结果。"可以合理地推断，严厉批评文艺，是为即将开展的狂风暴雨式阶级斗争运动服务的。此后，毛泽东继续对文艺谴责，希望看到突破性的事态："一九六四年七月五日，他在同毛远新的谈话中说，文化部是谁领导的？电影、戏剧都是为他们服务的，不是为多数人服务的。八月二十日，我向毛主席汇报计划工作方法革命化问题时，他又说：文化团体也要赶下去。文化部可以改为'帝王部'，最好取消。农村工作部可以取消，为什么文化部不可以取消？十一月十六日，他在听取三线工作汇报时插话说：文化系统究竟有多少在我

"文化大革命"中，江青在大会上高喊口号

们手里？百分之二十？百分之三十？或者是一半？还是大部分不在我们手里？我看至少一半不在我们手里。他甚至说：整个文化部都垮了。”（薄一波《若干重大决策与事件的回顾》）“把他们统统赶下去”的思路，一九六三年十一月就提到过。文化团体“要赶下去”，文化部则“可以取消”——实际上是要把现有文化战线推倒、打烂，或者说，开展一场革命。

时任中宣部、文化部副部长的林默涵写道：

> 一九六三年以后，我同江青的接触多了。同江青打交道，本来应该是周扬的事，但他不愿意管，要我同她联系，我无法推辞。江青曾对我说，她不是以主席夫人的身份来管文艺，而是主席让她来管文艺。（《“文革”前的几场文艺风波》）

“一九六三年以后”，“江青元素”突然变得活跃，主管文艺的官员发现不得不经常跟她打交道、接受她的来访，而她则四面出击、指手画脚、臧否是非……现在我们知道，所有这些现象的根源，就是江青亲口所说的“她不是以主席夫人的身份来管文艺，而是主席让她来管文艺”。

中华人民共和国对于文艺事务的管理，有相当完备的体制。从上到下，诸多环节，百密无一疏。中宣部、文化部、文联作协，层层相叠，各司其责。这种文艺体制的运转和工作流程，当时业已非常成熟，无论在日常事务和重大运动斗争中，历来显示出有力良好的效率。而这种缜密管理，体现了党的意识形态对文艺的高度组织化要求，是非常严肃和必须保障的。从这个意义上说，江青当时在文艺体制中并无正式身份与职权，她这样具体、深入地介入文艺事务，既缺乏合法性，更不可避免对正常的文艺管理造成严重干扰。对此，毛泽东应该最清楚。现有文艺秩序，是他本人自《在延安文艺座谈会上的讲话》以来一手建立和努力加强的，现在，却放出了“江青元素”——一种明显意在解构以致摧毁原有秩序的元素。

没有这个背景，“文艺革命”既不可能那样波澜壮阔，也无法持续十年之久。不过，毛泽东的目标，并不在于文艺。“文艺革命”是他整体政治运动方案的突破口，在实现这样一个作用之后，就降为比较次要的方面。而接过“文艺革命”旗帜，把它当做主业来经营，加以发挥和具体实践，取得建树并从中取得利益和资本的，是江青。

京剧革命

第一个批示做出，除了引起全国文艺界整风，另一重要事件是以文化部名义举行一九六四年全国京剧现代戏观摩演出大会。

联系毛泽东反复指责“帝王将相部”、“才子佳人部”，这个行动可以解释为受到批评的文化部，起来积极改正错误。然而事后人们才看清，观摩演出大会的实质并不在此。这次盛大活动真正的历史意义，是为江青走向文艺领导者地位铺平道路。

自从一九三七年进入延安并于翌年成为毛泽东夫人，过去二十七年，江青极少公开抛头露面。批判《武训传》时，她活跃过一阵子，一九五一年《人民日报》和文化部发起组织武训历史调查团，成员十三人，其中一个叫李进的，就是江青。《武训传》事件的前前后后，江青的确起了重要作用，然而，那是幕后的、隐蔽的，仅为内部所知。后来，江青一直作为毛泽东秘书之一，影响未逾红墙之外。

以今所知，江青最早着手抓京剧现代戏，在一九六三年初。当年二月二十二日，她在上海红都剧场观看由爱华沪剧团演出的沪剧《红灯记》，说："这个戏很不错。"（顾保孜：《实话实说红舞台》）结合薄一波所回忆的毛泽东于一九六二年底第一次提起"帝王将相，才子佳人"话头，江青一九六三年初光临沪剧《红灯记》演出现场，显然有备而来。限于身份，当时江青"还不能直接给剧团下达任务"，所以她让林默涵（中宣部副部长、文化部副部长）布置将沪剧改编为京剧，林便指派阿甲担任京剧《红灯记》的编导。

不久，情况有值得注意的变化——一九六三年底北京京剧院排演《沙家浜》（《芦荡火种》）时，江青已不再委托他人布置任务，而是直接出面组织其事。北京京剧一团在一九六六年十二月二十二日一篇大批判文章《旧北京市委破坏京剧革命罪责难逃》中透露："江青同志在一九六三年底，就开始亲自指导我团进行京剧改革，排演革命现代京剧《沙家浜》。"文章说：

在这个剧本的创作和修改过程中，江青同志传达了毛主席的指示：要突出武装斗争，体现人民战争思想，要加强正面英雄人物形象。江青同志具体指出，要删掉破坏剧情的"三茶馆"一场戏，削减反面人物刁小三的戏，加强正面人物新四军指导员郭建光的形象。

数月之间，江青身影迅速趋于活跃。这样一个身影，不知有没有引起当时人们足够重视。数年之后，它被证实是改变整个文艺领导格局的迹象。表面上，此时江青实际职务没有变化。但异乎寻常之处在于，她以"口啣天宪"姿态亮相文艺事务。考之于历史，这种人物出现，往往蕴涵不可思议的力量。

一九六四年六月五日，全国京剧现代戏观摩演出大会隆重揭幕。历史地看，这就是江青执中国文艺之牛耳的揭幕式。大会持续近两个月之久，七月三十一日方才落下帷幕。中国党政最高领导，除毛泽东外，悉数在会演期间现身捧场。新华社欢呼"社会主义的新京剧诞生了"，《人民日报》刊登社论《把文艺战线上的社会主义革命进行到底——祝京剧现代戏观摩演出大会胜利闭幕》，《红旗》杂志也发表社论《文化战线上的一个大革命》，称"这是一场严重的阶级斗争"。一切都被提到最高层面上，竭力颂扬其远超出文艺本身的意义。

就像恢宏壮丽的加冕典礼，有人在庄严圣歌、匍匐者的膜拜与欢呼、硕大耀烨的礼花衬托下,光辉登场。但当时,那个神秘受益人的名字在相关报道里并未提及。这罕见的气势,这无尚的荣耀,究竟归于谁,为谁而呈现呢?事隔三载,一九六七年五月十日,谜底揭开。这一天,《人民日报》、《解放军报》,以及第六期《红旗》月刊,一同发表江青的《谈京剧革命——一九六四年七月在京剧现代戏观摩演出人员的座谈会上的讲话》。人们于是恍然大悟,当年的超高规格,是为第一夫人步出深宫、临朝问政铺就的红地毯。

从头来看,一九六三年年初起,江青像天兵天将降临文艺战线。她语传宸音,代拆代行;南来北往,亲历亲为。如此一年多时间,随着现代戏观摩演出大会隆重举行,"京剧革命"旗手横空出世。

《谈京剧革命》这篇讲话,盛气凌人,完全是一副领导者口气,或以"京剧革命"教主自居。她饬斥人们"对京剧演革命的现代戏这件事的信心要坚定","我们要创造保护自己社会主义经济基础的文艺。在方向不清楚的时候,要好好辨清方向";质问文艺家"吃着农民种的粮食,穿着工人织造的衣服,住着工人盖的房子,人民解放军为我们警卫着国防前线,但是却不去表现他们,试问,艺术家站在什么阶级立场,你们常说的艺术家的'良心'何在?"俨然像指导者那样发号施令:"一定要抓创作","各地都要派强的干部抓创作","要培养新生力量,放下去,三年五年就会开花结果"。尽管此时她在文艺方面仍然没有职务,但她并不觉得师出无名——她比任何人都清楚,这次大会意味着什么。

她倒也不是凭空把自己当做旗手。现代戏观摩演出大会时,她已握有《红灯记》、《沙家浜》、《智取威虎山》三部戏。大会期间,她又相中几棵苗子。到一九六五年,她使其资本增加到八部戏,即上述三部之外,另加京剧《奇袭白虎团》、《海港》,芭蕾舞剧《红色娘子军》、《白毛女》,和交响音乐《沙家浜》。是为所谓"八大样板戏"。

"文革"以后,普遍指控江青把革命现代京剧的艺术成果窃为己有。这是不必要的。虽然作为罕见的体制化艺术行为,"样板戏"的前前后后,曾有许多党政领导予以关心和过问,但有充分事实证明,江青是最主要的经营者。而且,从实际利益论,她是唯一真正重视这件事的人;她于此所怀的目的、诉求或指望,别人都不具备。此外还须承认,较之于许多人,江青对京剧算是内行,不止于喜欢爱好,甚而有能力躬行粉墨(她与毛泽东的结缘,据说与她在延安演出《打渔杀家》有关)——职是之故,她对"样板戏"剧组的指导往往可至相当具体的地步。

《林彪同志委托江青同志召开的部队文艺工作座谈会纪要》

一九六六年二月二日至二十日,江青受林彪"委托",在上海召见军队政治文化部门负责人座谈,之后形成《纪要》。此事的缘起颇为反常。一个无论在文化界还是军队,至少名义上无职无权的人,缘何被

"委托"指导全军乃至全国文化工作？假使发生在一九六六年五月以后，另当别论；那时，江青已被任命为中央文革小组成员。在此之前三个月，林彪所以有理由做出这样的"委托"，拿得出的解释是，他把事情"委托"给了"毛主席身边的人"。这是唯一的"合法性"。

不过，事情并非堂而皇之地发生，发掘其过程仍然让人感到兴味十足。"文革"发动以后，毛泽东亲自挂帅，林、江则分掌"文革"一武一文两翼。那么，这两翼是什么时候化生出来的呢？或许就在本文一开始所引毛泽东写下《对林彪关于部队文艺工作的谈话的批语》的那个时候。之前，林彪就部队文艺工作有一个谈话，毛泽东阅后于六月四日写了那句批语，里面包含三层意思：第一，要江青先看一下林彪的谈话；第二，江青立刻（第二天）去见林彪；第三，传达"完全赞成"、"很好"、"很及时"的评价。

这条短小批语，其党史、国史价值可能非常高。其一，毛泽东对林彪谈话无保留的赞赏之意，寓示许多东西。其二，更重要的是安排林、江沟通。我们觉得，一九六六年林彪"委托"江青搞《纪要》，它的草蛇灰线就在这里——《纪要》出笼之前，一九六四年的互动关系几乎原样又运行一次。我们来看当时的经过。

《纪要》第一节交待了事情缘起。它在第二自然段写道：

> 来上海之前，林彪同志对刘志坚同志曾作了如下的指示："江青同志昨天和我谈了话。她对文艺工作方面在政治上很强，在艺术上也是内行，她有很多宝贵的意见，你们要很好重视，并且要把江青同志的意见在思想上、组织上认真落实。今后部队关于文艺方面的文件，要送给她看，有什么消息，随时可以同她联系，使她了解部队文艺工作情况，征求她的意见，使部队文艺工作能够有所改进。部队文艺工作无论是在思想性和艺术性方面都不要满足现状，都要更加提高。"

这是林彪给刘志坚（时任总政党委副书记）布置任务时说的一番话。我们从中得知，江青专门找林彪谈过话。跟一九六四年一样，我们推断，这一次江青登门同样带来了毛泽东的指示。这是必然的，因为她绝不可能自作主张去见林彪。同样，也只有在毛泽东具体有所指示的情况下，林彪才可能讲这样的话："她有很多宝贵的意见，你们要很好重视，并且要把江青同志的意见在思想上、组织上认真落实。"尤其这几句，正式承认江青对全军文艺工作的发言权以至领导权："今后部队关于文艺方面的文件，要送给她看，有什么消息，随时可以同她联系，使她了解部队文艺工作情况，征求她的意见，使部队文艺工作能够有所改进。"这样的决定，很难设想是林彪主动做出。

随着《纪要》作为中共中央正式文件下达，它起到了这样的实际作用：借林彪之口，宣布江青为文艺工作的领导者。这是利用军队系统，迂回解决江青地位的办法。没有行政任命，但是，既比行政任命省事，也更为有力牢靠。

在林彪加以“委托”、江青践行这“委托”之后，接下来是这样的——《纪要》整理出来，送毛泽东，毛泽东看后发回修改，来来回回三次，最后于一九六六年三月十七日批复江青：

江　青：

此件看了两遍，觉得可以了。我又改了一点，请你们斟酌。此件建议用军委名义，分送中央一些负责同志征求意见，请他们指出错误，以便修改。当然首先要征求军委各同志的意见。（《建国以来毛泽东文稿》第十二册）

“文革”刚开始时，出现的污蔑周扬的漫画

关键一语，“此件建议用军委名义”，是对“林彪同志委托江青同志召开部队文艺工作座谈会”名目授权。而“征求意见”“以便修改”的可能性并不存在，因为业经毛泽东本人过目三次，必是定稿。拿到这个批示，江青即于十九日将《纪要》送达林彪，同时附有一信。信中突出了毛泽东三次亲自审阅、修改的经过，并将上述批示完整引述。最后一句写的是：“现将座谈纪要送上，请审批。”林彪自然知道他所需做的是什么，便于三月二十二日就此件给军委常委发出一封信：

常委诸同志：

送去江青同志三月九日的信和她召开的部队文艺工作座谈会纪要，请阅。这个纪要，经过参加座谈会的同志们反复研究，又经过主席三次亲自审阅和修改，是一个很好的文件，用毛泽东思想回答了社会主义时期文化革命的许多重大问题，不仅有极大的现实意义，而且有深远的历史意义。

十六年来，文艺战线上存在着尖锐的阶级斗争，谁战胜谁的问题还没有解决。文艺这个阵地，无产阶级不去占领，资产阶级就必然去占领，斗争是不可避免的。这是在意识形态领域里极为广泛、深刻的社会主义革命，搞不好就会出修正主义。我们必须高举毛泽东思想伟大红旗，坚定不移地把这一场革命进行到底。

纪要中提出的问题和意见，完全符合部队文艺工作的实际情况，必须坚决贯彻执行，使部队文艺工作在突出政治，促使人的革命化方面起重要作用。

对纪要有何意见望告，以便报中央审批。

此致

敬礼！

林　彪

一九六六年三月二十二日

此件刊载于"文革"印刷品《高举毛泽东思想伟大红旗》（1967年4月编印，编印者不明）。林彪称颂了江青和这个文件，定了调子，亮明态度。

三月三十日，中央军委向中共中央和毛泽东提交请示，称："军委常委同志一致同意《林彪同志委托江青同志召开的部队文艺工作座谈会纪要》，认为这是一个在文艺工作方面高举毛泽东思想伟大红旗的很系统很完善的文件，部队必须坚决贯彻执行。"十天后，即四月十日，中共中央决定批发《纪要》。

《纪要》有两大功能。其一，如前所述，相当于正式和公开授权江青领导文艺；其二，在此基础上，宣告在文艺（进而是整个文化意识形态）领域发动革命、摧毁旧秩序。

如果说"文艺革命"发轫于现代戏观摩演出大会，《纪要》便是它第一次系统的理论表述。它在其中的关系，就像《文学改良刍议》、《文学革命论》与"新文学运动"的关系。我们虽然无法赞赏它，但对于它享有这样的历史重要性，却将无奈接受。

崩　解

《纪要》下达之后文艺乃至整个文化领域里的局势，可用"崩解"形容。

一九六六年下半年，有"三旧"之说。即旧中宣部、旧北京市委和旧文化部。其中，文化领导部门就占了两个。

一九六六年六月二十六日，[六六]三六二号中央文件批转《文化部为彻底干净搞掉反党反社会主义反毛泽东思想的黑线而斗争的请示报告》，表示同意这个报告，并要"各级党委根据此报告精神，部署本地区文化战线的社会主义文化革命运动"，强调："这一仗必须打胜，以彻底解决作为文化革命的重点的文教部门领导权基本不在无产阶级手里的问题。"夺权斗争展开之后，文化部工作陷于瘫痪，职能丧失。

七月二十日，中共中央通知：中央宣传部已经改组，新部长陶铸，顾问陈伯达。但是，改组并不意味着重建，它在"文革"期间处于"休眠"状态。原因是毛泽东三月下旬在上海已经批判中宣部为"阎王殿"，发话"解散"：

中宣部是阎王殿。要"打倒阎王，解放小鬼！"毛主席说，我历来主张，凡中央机关作坏事，我就号召地方造反，向中央进攻。各地要多出些孙悟空，大闹天宫。去年九月会议，我问各地同志，中央出了修正主义，你们怎么办？很可能出，这是最危险的。毛主席要求支持左派，建立队伍，进行文化大革命；批评彭真同志、中宣部和北京市委，包庇坏人，压制左派，不准革命；如果再包庇坏人，中宣部要解散，北京市委要解散，“五人小组”要解散。(《1965年9月到1966年5月文化战线上两条道路斗争大事记》，中发[66]267号附件二)

文化部、中宣部垮掉，带来原有文艺体制的整体坍塌。具体领导全国文艺工作的两个团体全国文联和中国作协，随之取消。“文革”中，中国作协仅保留一个北京留守处，附挂在文化部名下，其全体人员则下放干校。

这意味着文艺秩序已不存在，文艺生产不再开展。

这种溃散，有时也令始作俑者不便。例如，由于中央新闻纪录电影制片厂沉溺于派性斗争，致使毛泽东第一、二、三次接见红卫兵后，有关纪录片不能及时制作。为此，一九六七年二月一日，江青和戚本禹亲自到新影厂，召见“群众代表”(造反派两派头目)当面督促。“革命”，竟使制作毛泽东接见红卫兵影片这样重大的政治任务搁浅，由此可想象当时整个文艺生产根本一蹶不振。

但是，不能因江青对毛泽东接见红卫兵纪录片进展迟缓感到不悦，以及打算制止由混乱而生的某些现象，而以为她并不赞赏混乱。一九六七年十一月十三日，中共中央、中央文革将江青于当月九日、十二日两次对文艺界的谈话转发全国，称之为“分析了当前文艺界无产阶级文化大革命运动的形势，并对文艺界文化大革命运动的问题和今后的任务作了重要指示”。讲话中，江青提到新影时，恰恰认为它是“捂着的”，乱得不够：

有的地方搞得好一些，有的地方搞得比较差一些，有的地方看起来是很平静，实质上是一潭死水。针对这样的情况，不能一律说都没搞好，都要重新大乱。像新影，像芭蕾舞剧团，这是属于捂着的，没有真正地搞好革命的大联合、革命的三结合，当然也就不能够很好地搞斗批改，大批判。这样的单位，再乱一下是有好处的。乱敌人！乱敌人！！(《中共中央、中央文革转发〈江青同志在北京文艺座谈会上的讲话〉》，中发［67］354号)

事实上，像新影这样因为乱而造成生产停滞，江青并不在乎；她自有办法非常实用地解决这类令她暂时有所不便的具体问题。而在整个“文艺革命”的方向上，她毫不犹豫地鼓励混乱，煽动混乱的扩大。唯有乱，“文艺革命”才能够彻底。

归根到底，“崩解”的局面，是“文艺革命”欢迎并渴求的。

绪　余

“文艺革命”一方面在制造混乱，同时也暗中准备秩序，甚至从一开始就是这样。

新的秩序，由样板戏加以匡定。“文艺革命”从现代戏观摩演出大会起事，江青最初给出的命名是“京剧革命”。从“京剧革命”到“样板戏”，两个名称之间语意色彩上的差异，不动声色地演绎了情势的转换。

把江青“精心培育”的几个戏视为“样板”，始于一九六五年。这年四月二十九日新华社播发电讯《〈红灯记〉是京剧革命化的样板》。不过，作为一个专有名词，“样板戏”到一九六七年才正式确立。我们从一九六七年四月二十日《人民日报》署名“上海革命京剧文工团革命派战士”的文章《从两个革命样板戏看两个阶级的斗争》，第一次看到“革命样板戏”这个完整称谓。

这时，样板戏的含意发生了微妙变化。中共中央、中央文革一九六七年十一月十三日转发的《江青同志在北京文艺座谈会上的讲话》，所强调的重心已经转到不同方面。其中她说出一段话，标志着一个意味深长的转向：

> 一个民族，总要有它自己的艺术尖端，现在的八个革命样板戏，可不可以说是我们民族的艺术尖端？大家知道，搞一个样板戏是不容易的，千锤百炼，总要改两三年才成。因此，不可能每一个戏，每一个文艺团体搞的节目都搞成样板。样板是尖端，是榜样，是方向。

从江青的解释，我们清晰地看见一种标准化的企图。“样板戏”将作为艺术典范，以新的法则垂范于世。从此，样板戏就进入经典化过程。

新秩序的重要表征，是提出“三突出”创作原则。实践中，“三突出”原则不断细化成各种形式规则，在情节设置、人物关系、舞台安排、音乐表现、灯光运用、摄影角度、演员表演……等诸多方面，形成一套极严苛而繁琐的公式。

应该说，“三突出”具有独创性。古今中外文艺史上，从来没有见过类似的东西。虽然从个人到组织，将文艺当做某种工具的现象都曾经出现过，可如此完全、彻底把文艺定义为政治工具的情形，却属首次。“三突出”之能被构想和提出，前提就是政治对文艺拥有绝对权威，可以任意驱策它为自己效劳。这样的条件，在“文革”以前都不具备，即便看起来相当接近，终归还不能真正达到。就此言，“文艺革命”确实开创了新纪元，将人类文艺带入前所未有的新形态。几千年看不到的想法、做法，在这里看到了。

江青建立了有史以来一种最具威权的文艺秩序，它如此强悍有力，看起来根本不可能受到挑战。但有一点，由于尺度过于严苛，它的生产能力受到严重制约。水至清则无鱼。纯而又纯的标准使得文艺创作一派萧条，虽然一九七一年起也竭力试图改变这种局面，但是艺术或者说美的创造，无法与“我花开后百花杀”的境状相协调。事实上，“文艺革命”在做到一花独放的时候，已经枯萎了——更不要说，它还包藏卑劣的政治目的，为与国人福祉相悖的阴谋服务。

鲁迅的美国朋友伊罗生

◎朱　正

鲁迅画像　陶元庆 画

鲁迅定居上海以后，结识了三个美国朋友。那就是：艾格尼斯·史沫特莱(1890-1950)，埃德加·斯诺(1905-1972)，加罗尔特·艾萨克斯(1910-1986)，又译伊赛克，中文名伊罗生，这里，只说鲁迅和伊罗生的交往。

艾萨克斯，在鲁迅的日记和书信里多写作伊罗生的。关于他的简历以及鲁迅和他交往的情况，据《鲁迅日记》的人物注释，是这样的：

> 一九三〇年到上海，任上海《大美晚报》记者，一九三二年时为上海出版的《中国论坛》(《China Forum》)编辑。一九三三年任中国民权保障同盟上海分会执行委员。一九三四年约请鲁迅和茅盾编选中国现代短篇小说集《草鞋脚》，随即往北平翻译。一九三五年七月回国。

在这些简单的记载之外，还可以补充一件事，就是一九三三年二月十七日他和鲁迅一同参加了接待萧伯纳的活动，杨杏佛在宋庆龄家拍摄的那一帧有他在内的多人合影现在很容易看到。为了编译《草鞋脚》，鲁迅给他的那些信件现在都收在《鲁迅全集》第十四卷里。

据《鲁迅日记》一九三二年七月十二日："上午伊赛克君来。"这是他们二人交往的开始。这时艾萨克斯是《中国论坛》的编辑。他在《草鞋脚·序言》中说：

> 我开始办《中国论坛》时也正好二十一岁。那时我来到中国已一年多。最初在上海两家英文报纸《大美晚报》和《大陆报》担任记者或编辑；后来游荡于长江上游，一直深入到川西，几乎到达西藏，回来时沿江而下，在一九三一年长江洪泛所造成的大批死难和无人过问的大灾难中，于当年仲夏返回上

海。仅仅几天之后，一九三一年九月十八日日本发动了进攻中国的新战争，首先占领沈阳，并开始侵占满洲。南京政府正倾全力镇压国内的反动派，宣布对日本入侵采取不抵抗政策。那一年的所有这些暴露、震动、遭遇和教训同时对我产生影响后不久，我在上海结识的共产党朋友和对党表示友好的人士就建议我能否自己创办一份报纸。我欣然接受了这一建议，结果创办了《中国论坛》。

《中国论坛》是一九三二年一月十三日创刊的。艾萨克斯说是上海共产党的朋友建议他办的，确实是这样，它实际上就是共产国际的一种出版物。在共产国际的有关档案中我们可以看到这样一些材料：

一九三二年四月九日共产国际执行委员会政治书记处政治委员会会议记录："听取关于资助《中国论坛》杂志(原注：应为报纸)的问题。决定：允许拨给一次性资助，数额为五百美元。共产国际执行委员会书记皮亚特尼茨基(签字)。"(同上书，第13卷，第135页)

同年八月三日共产国际执行委员会政治书记处政治委员会会议记录："听取关于给《中国论坛》的经费援助。决定：在鲁埃格(夫妇)(注：即牛兰夫妇)的案子结束前，从一九三二年的备用基金中拨出五百(美元)，资助《中国论坛》。共产国际执行委员会书记皮亚特尼茨基(签名)"。

在档案中，这个文件还有一个附件，即共产国际执行委员会候补委员波波夫的一份书面报告。这份八月一日写的报告简单说明了《中国论坛》的情况和作用以及应该资助它的理由：

《中国论坛》(报)是在孙逸仙夫人和美国编辑加罗尔特·艾萨克斯领导下于一九三二年一月十五日(原注：应为1月13日)在上海出版的。

按其内容来说，报纸倾向于反对在华的帝国主义，从道义上支持苏维埃中国并开展为释放鲁埃格及其妻子的运动。

近来，中国政府和美国领事方面因报纸的内容而加强了对它的严厉抨击。

在经费方面，报纸两次各得到五百美元。

为使报纸有可能继续出版，鉴于即将审理鲁埃格及其妻子的案子，尤其有这个必要，极需再拨款五百美元。

(同上书，第192–193页)

从附录的这一报告中可以知道，艾萨克斯是在宋庆龄的参与之下创办《中国论坛》的。一个重要的目的，就是为了营救牛兰制造舆论。办这张报，也就是营救牛兰这个大活动中的一项内容。报纸上确实刊登了不少有关营救牛兰的文章。在《中国民权保障同盟》这本资料集里边，我们就可以看到从《中国论坛》辑录的这些文字(刊期从略)：

牛兰夫妇在南京狱中绝食

牛兰夫人致宋庆龄书

宋庆龄电南京当局要求释放牛兰夫妇

宋庆龄为牛兰绝食再致电汪（精卫）、居（正）

无条件释放一切政治犯

北平政治犯的黑暗生活

政治犯争求释放去打日本帝国主义

这时，共产国际对《中国论坛》还是满意的。它的驻上海代表埃韦特一九三三年三月十一日写给皮亚特尼茨基的一份报告中说：

《中国论坛》又改为每月出版两期（现在出的是第2期）（注：指第二卷第2期）。该刊影响很好，因为重要文章除用英文刊发外还有中文版。就其内容而言，除了存在政治上的不准确和错误提法外，还不够具体和通俗。但这种状况会随着时间的推移得到改善。南京政府迅速要求美国领事停止出版该报纸，这一要求目前已遭拒绝。（同上书，第345页）

说"该刊影响很好"，也就是说，这时对该刊的编者艾萨克斯的看法很好。可是几个月之后看法完全变了。共产国际认为，艾萨克斯是托洛茨基分子。为此，埃韦特写了一封"绝密"的长信（1934年1月13日）给中共上海中央局：

亲爱的同志们：请你们讨论一下涉及《中国论坛》的问题和建议，以便我们能够在星期二的例行会议上达成协议。

首先，讲几句开场白。你们当然知道《中国论坛》编辑的政治面目，因为我们已经多次讲过。他出身于富裕的资产阶级阶层，在美国受的教育，一段时间当过资产阶级的记者，没有任何革命经验，没有受过党的培训，他只是几年前对中国革命运动产生兴趣。一开始他同在上海当新闻记者的南非托洛茨基分子建立了联系。这个人一直对艾萨克斯有很大的影响，决定了他托洛茨基主义的"同情心"和越来越明显的托洛茨基主义思想倾向。大约在半年前，托洛茨基分子格拉斯（人们这样称呼从南非来的这个人）离开上海到美国去了。显然，他在那里立即同托派组织取得了联系，同样显然，他从美国给艾萨克斯写信，继续对他施加影响和给他作出指示。

有许多指令指出，艾萨克斯遵循这些指示行事，一些征兆表明，托派同艾萨克斯一起制定了为公开进行托派反革命宣传和组织工作逐步建立基础的计划。

我仅举出几个事实：艾萨克斯越来越明显地不愿意同我讨论《中国论坛》的内容问题；他对一些问题默不作答，因为在这些问题上他发表意见会把自己束缚起来；他在最近两个月特别明显地不愿意执行我关于一些文章的写作方针的建议并抑制这个方针；不愿意提及苏联及其社会主义建设（在11月号的一篇文章中，甚至没有提及两个五年计划和列宁去世以来取得的巨大胜利）；他在同人们的谈话中把一些看法改变成在他看来容易接受他的观点的看法（我们通过一些人了解到他这样的看法，认为"苏联在执行民族主义政策"等等）。

这里要补充另一个需要给以极大注意的很重要的因素，即组织《中国论坛》的读者协会。组织这个协会的想法最初不是来自艾萨克斯，实际上是很早（9到11个月）以前由党倡议的。它完全独立于这种想法的所有者。很自然，像《中国论坛》这样的报纸（唯一合法的报纸）的组织作用应该是很大的。工人和特别是承担定期散发《中国论坛》工作的学生小组，在寻找半合法的组织形式，来进行讨论，来扩大革命运动的影响和在更大范围散发《中国论坛》这个在他们看来是最好的革命报纸的刊物。

我们已几次同你们讨论过委托可靠的同志或党团来领导读者小组的问题。我们第一次讨论这个问题的时候，读者小组还不多，而且艾萨克斯的意向还不十分明朗。但现在，一方面，读者小组在迅速产生，而另一方面，艾萨克斯（和隐藏在他身后的托派分子）在打算利用这些小组作为继续搞破坏工作的组织基础。

因此，我们应该竭尽全力加强我们对这些读者小组的政治领导和组织领导。我们在这些小组中越强大，托派分子争夺它们的威胁就越小。

我们都赞同这样一个看法：我们都非常关心《中国论坛》的继续出版。这个重要刊物对于我们来说可以具有更大的意义。但是在艾萨克斯手里，它可能成为有害的工具，至少在有限的时期内会是这样。问题在于，托洛茨基分子艾萨克斯在法律上可以以目前的名称出版这个报纸（而大家知道，名称至少在一段时间内具有很大的意义）。还难于剥夺他在法律上的印刷权利和把这个权利赋予另一个可靠的人。

我曾努力寻求摆脱这种局面的出路，使问题得到体面的解决。因此，大约在四个月以前，当他对我说他打算写几本关于中国的书，但在这里他没有时间写时，我建议他到我们"家里"去。在那里，他不仅有时间，而且也有新的认识、新的印象。我给自己提出了两种任务：第一，我把很大希望寄托在人们对他产生另一个方向上的影响；第二，如果没有发生这种情况，我们能把编辑工作委托给另一个可靠的人。

一开始，艾萨克斯表现出很大的热情。他对我说，由于他需要调整一系列的工作（他在加瓦斯通讯社、在《中国论坛》报社等的工作），他要考虑考虑这个问题，也许他在一九三四年春天或夏天动身。我怀疑他给美国写信，询问了指示。

但几天前，我通过一个人得知，他在同你们的可靠朋友之一交谈时，无意中说出这样一句话：“建议他回家，这是试图收买他。”这种看法十分明显地表明，他的托洛茨基主义已发展得多么严重了。

我告诉你们这些细节是为了便于你们作出决定。问题具有很大的意义，为了同艾萨克斯讨论这个问题，我们需要同你们就所有措施充分协商一致。

还有某种（当然是微弱的）希望，意思是我们提出的措施，使我们能够避免发生公开的决裂，并对《中国论坛》建立有力的监督。但要对公开决裂做好准备。不管怎样，必须解决目前这种不能忍受的局面。

我们建议采取两种措施：

1. 党的一般措施。

2. 党对艾萨克斯的措施。

先谈后一种措施。

我们应该要求他：(1) 社论和其他最重要的文章在付印前要交给党检查；每一期的内容在付印前应进行讨论，而每期最重要的文章应经我们检查。(2)《中国论坛》现在或将来拥有的所有联系（同情者团体、读者小组等）也应转交给党。(3)艾萨克斯应该同我们一起工作，同托派断绝关系。

这是基本的几点。如果你们还有什么建议，请在星期二以前准备好。我认为，只能我们同他谈，因为你们处于地下，不便这样做。但需要你们对他说明，同他谈话的人是根据中国党的授权进行的。

至于党的直接措施，我认为必须做到以下几点：

1. 要把所有读者小组牢牢掌握在我们手里。要弄清楚，哪些人加入了不久前成立的委员会（原注：指《中国论坛》读者委员会）并要加强我们在其中的主导作用。要把我们特别工作的目的和必要性以及存在的危险告诉最可靠的同志。

2. 要同印刷工人建立直接联系，部分工人是党员，很忠实于艾萨克斯（也就是忠实于《中国论坛》）。

3. 要同翻译（党员）建立联系，并要弄清楚艾萨克斯对他有多大影响。

4. 要同分发机构，特别是其领导人建立联系，以便取得在上海和省里的所有联系。这个人物是非常重要的。

5. 尽可能多地组织《中国论坛》记者和读者小组，要求刊登受到中国报刊抵制的有关苏联社会主义建设的更广泛的消息。

6. 组织一个不大的由可靠的同志组成的《中国论坛》常设记者队伍。

上述某些措施要予以实行，至于其他建议，你们要考虑一下。请在星期二告诉我们还有什么考虑。我认为，现在艾萨克斯想避免公开决裂，也可能还服从某些指示，在暗中搞破坏。他请求给予指示，可能将坚持让格拉斯从美国返回。但另一方面，不排除这样的可能性：他现在就公开反对我们。

在这样的问题上，应该迅速采取行动，因为延误时间只会对艾萨克斯有利。

此致

敬礼

（《共产国际、联共[布]与中国革命档案资料丛书》第14卷，第19–23页）

一九三四年一月二十日，共产国际执行委员会政治书记处政治委员会给埃韦特和施特恩发来一份绝密电报："据各种消息来源报告，《中国论坛》编辑艾萨克斯是托洛茨基分子，并在组织托派小组。我们同艾萨克斯没有联系，我们不支持他。请告你们的意见，为孤立他和使他离开，可以和需要做些什么工作。"（同上书，第26页）

埃韦特在找艾萨克斯谈话之后，于一月二十七日向皮亚特尼茨基写了报告，其中说：

同艾萨克斯的辩论还没有结束，但已经表明，他对所有基本问题的认识都完全是托洛茨基主义的。他没有公开讲出自己意见的地方，多是耍外交手腕，而不是不清楚。尽管存在这种情况，但还有不经公开斗争把他挽救回来的可能性。至少我们打算这样做，当然不忘准备同他作斗争的措施。我们建议建立一个由他、党的代表和我们中一个人组成的编辑委员会，在答复这个建议时，艾萨克斯请求"让他考虑一下"。可以推测，他在以某种形式拒绝这个建议。（同上书，第34页）

紧接在这一段后面，埃韦特的报告提出了让史沫特莱取代艾萨克斯的建议。

埃韦特对待艾萨克斯的这种态度是不是过于温和了呢？果然就有人提出批评了。一九三四年七月三日也是驻在上海的共产国际执行委员会远东局委员赖安在给共产国际执行委员会东方书记处的信中批评说：

在最近一年间，你们的代表（原注：埃韦特）始终对于这个托洛茨基分子艾萨克斯和对《中国论坛》杂志实行机会主义的方针和政策。不顾很明显的事实，即艾萨克斯过去和现在都是托洛茨基分子，他极力利用刊物及其读者群从组织上加强中国的托派运动。你们的代表未经（中共）中央和（中共）上海（中央）局允许，未经我们（注：指共产国际执行委员会远东局）允许，自冒风险，在很大程度上把整个公开的群众工作和原中国民权同盟，鲁格保卫委员会，反战会议等的技术事务管理机关都集中在艾萨克斯手中。当上海中央局、我们的朋友和我开始坚决反对艾萨克斯和反对刊物的方针时，你们的代表站出来保护艾萨克斯，借口是"艾萨克斯是个诚实人，他从不背叛革命"等等。你们的代表坚持要同他保持"友好的"工作关系，甚至指示我同艾萨克斯会面，这样的会面在二月份有两次，后来我拒绝执

行这种指示。(同上书,第 158-159 页)

这封信里还说到:

> 这一年三月《中国论坛》停止出版后,你们的代表继续同艾萨克斯会面,付给他五百美元,似乎艾萨克斯将这些钱用到了印刷设备上,你们的代表将保卫鲁格运动的领导权留给了艾萨克斯,继续相信这个托洛茨基分子的"诚实"和他把印刷设备转交给党的"承诺"。只是现在,在艾萨克斯发表"声明"和卖掉印刷设备并把得到的钱转给当地托派之后,你们的代表才"承认","艾萨克斯最终成了敌人"等等。有些迟到的"承认"是为了不再谈这件事。(同上书,第 159 页)

从赖安的这封信中可以知道:原先共产国际执行委员会驻中国代表埃韦特对艾萨克斯信任之深和倚仗之专。像牛兰夫妇上海营救委员会和由它扩大改建而成的中国民权保障同盟,像反战会议,这些活动就交给艾萨克斯分管。民权保障同盟和反战会议的活动,鲁迅都参加了的,都是鲁迅传记中不能忽略的内容,这也表明艾萨克斯对于鲁迅的关系了。不知道他在反战会议中有什么名义,在民权保障同盟里,他和鲁迅是同被列名为执行委员的。

这年十一月,赖安回到了莫斯科。关于埃韦特和艾萨克斯的关系问题,又告了一状。详见绝密档案《在共产国际执行委员会与赖安的谈话记录》(见同上书,第 303 页)。内容和上面所引信件大致相同,这里就不引用了。

一九三六年九月七日赖安关于艾萨克斯的书面报告(绝密)中有些材料有助于人们对这事的了解:

> 好像艾萨克斯是通过宋庆龄参加《中国论坛》出版社工作的。
>
> 作为《中国论坛》的编辑,艾萨克斯这个美国人可以更好地为这家中国共产党所需要的杂志提供"保护"。他也因此从党那里领到了《中国论坛》出版和印刷的补贴,在美国领事馆那里他以自己的名义办理了《中国论坛》的出版手续。得到党资助的这家印刷所也是作为属于艾萨克斯的美国企业注册登记的。
>
> 党还派遣中国同志到编辑部进行合作,并为印刷所提供了工人。
>
> 关于艾萨克斯不可靠的最初警告是来自宋庆龄,她曾详细地把她同艾萨克斯的谈话告诉了我和共产国际执行委员会的代表(原注:埃韦特),从这些谈话中可以看出,他在努力用托洛茨基的思想说服她。
>
> 后来,《中国论坛》很少刊登有关苏联的材料,甚至从来不提斯大林的名字,这一点引起了我们的注意。
>
> 当我们送去一篇关于联共(布)第十七次代表大会的文章,而那里无论如何也不能回避斯大林同志的报告时,艾

萨克斯这个托洛茨基分子完全暴露了自己的面目，他消极怠工，想方设法规避在《中国论坛》上刊登这篇文章。

（《共产国际、联共[布]与中国革命档案资料丛书》第15卷，第248–249页）

从共产国际的这些档案材料中可以看到，他们把艾萨克斯从看做一个得力的工作人员变成一个公开的敌人的过程。艾萨克斯在《草鞋脚·序言》里却提供了他自己的说法：

关于我自己逐渐积累起来的与共产党朋友以及《中国论坛》的支持者之间的矛盾，则说来话长，在这里不可能，也没有必要叙述。值得深思的是，这些矛盾始于对政治上的谎言和夸大的天真的抵制，不是针对国民党及其恐怖统治，对于它是谈不到夸大的，而是关于共产党对他们自己的政策和成就所作的声明而言。这是从当初我发现共产党关于抗击日本的上海战役的对外宣传和我自己在那几周对如今已经被人们遗忘的流血事件的见闻有出入而开始的。的确，我在《论坛》上发表的关于这一事件的报道，在后来我正式刊登的一封长篇谴责信中遭到"批评"。关于其他地方的事件以及有关共产主义运动的其他争论，我已开始阅读和进行研究，这足以使我产生许多复杂的疑问。一九三三年十一月我刊登了一篇关于俄国革命十六周年纪念的文章，文中没有提到斯大林，更不用说对他加以吹捧，这就成了我最大的罪行。我和地下党朋友之间的冷淡关系，终于冻结了。当我正式拒绝改正——悔过？——一切于是就突然结束了，我那依旧天真的作风使我永远离开了他们的圈子。

这篇序言还谈到了《中国论坛》的结局：

最后一期于一九三四年一月十三日出版，距创刊号正好两周年。停刊是突然发生的，这并不是因为国民党或上海的外国当局查禁终于成功，而是因为我和我的共产党朋友之间的分歧越来越严重，在我们决裂后，报纸也无法存在了。

《中国论坛》停刊以后，艾萨克斯和他的妻子维奥拉（中文名姚白森）从上海迁居北平。一九三四年三月二十五日鲁迅日记："夜招知味观来寓治馔，为伊君夫妇饯行，同席共十人。"伊君即伊罗生。

艾萨克斯在北平即着手进行编译现代中国短篇小说选《草鞋脚》的工作。这书先由鲁迅和茅盾向他提供了一份推荐的目录，再由他选定译出。书中所收，多数是左联作家的作品，如丁休人（即应修人）已经牺牲，如丁玲、楼适夷正在狱中。鲁迅和茅盾就有意通过这个选本把他们的作品介绍出去。

为了交换编选中的意见，艾萨克斯不断和上海的鲁迅和茅盾通信。在《鲁迅全集》第十四卷里收了七封给他的信(1934年5月30日，7月14日，7月31日，8月22日 [两封]，8月25日，1935年10月17日)，前面六封都是关于《草鞋脚》的(其中有三封是鲁迅茅盾共同署名)。鲁迅还为它写了序言(《草鞋脚·小引》)，题写了中文书名。在一九三四年八月二十二日鲁迅茅盾给他的信中，表示了对他这一工作由衷的赞许：

我们觉得像这本《草鞋脚》那样的中国小说集，在西方还不曾有过。中国的革命文学青年对于您这有意义的工作，一定是很感谢的。我们同样感谢您费心力把我们的脆弱的作品译出去。

可是这本书出版却很不顺利。四十年之后才在美国麻省理工学院出版社出版。而这“很不顺利”的原因也和政治有关。艾萨克斯在《草鞋脚·序言》中说了这原委：

在《论坛》出版初期，纽约一位知名的出版商就曾对我们准备出版的小说集表示了兴趣，但从他最早表示愿意支持到最后我交出初稿，这期间情况发生了变化。当他发现我变成“人民的敌人”，或者比这更糟，而且他将不能指靠纽约共产主义运动给予的“特别资助”时，他的热情就消散了。在那些日子里，纽约共产主义运动很善于利用这种“特别资助”对书籍出版施加影响；它能保证任何普通出版商完成他预期一本图书的销售额，能保证一本未必受群众欢迎的书，结果不盈不亏。至于我这本书，不知是因为没有“特别资助”——正如一位出版商在写信回绝我时，就曾坦率地这样说——还是因为在当时没有发现这些小说本身有出版价值，在以后的两年里，《草鞋脚》遭到一个又一个出版商的拒绝。当一九三六年埃德加·斯诺没有遇到我这样的障碍，而终于出版了他编辑的一本中国短篇小说集(注：指《活的中国》)时，我们完全气馁了，我们只得懊丧地将《草鞋脚》搁置一旁，作为我们的纪念品之一了。

艾萨克斯在北平一方面从事《草鞋脚》的编译工作，一方面从事中国大革命史的研究。他在刘仁静(中共一大代表，和托洛茨基有直接联系的托派分子)的帮助之下，写成了他的大著作《中国革命的悲剧》。指出共产国际的错误领导是产生中国大革命失败悲剧的原因。这是正面面对这一尖锐问题的第一部著作。尽管今天看来，它的资料还不够丰富，有些地方也还应该作更深入的分析，但它的学术价值、人文价值都应该作很高的评价。它必将作为二十世纪重要史学著作之一而传世。

鸿爪掠影（二）

◎ 王学泰

王学泰先生是读者熟悉的一位学者，他的《游民文化与中国社会》、《发现另一个中国》等著作，在学界享有很高的声誉。人们对他的学养很钦佩，但对他在那荒唐的年代里因言获罪，受到的不公正待遇，知之甚少。本书第十一卷刊登的由他撰写的《鸿爪掠影（一）》，介绍了当年进第一个监狱的情景，受到了读者的关注。最近，作者写完了《鸿爪掠影（二）》，由于文章较长，本书将分两卷刊登。

编 者

我的第二个监狱

一、摩托车上间隙

上篇自述写到我从房山传讯室出来，以为完事了，要放我回家了。没想到正从拘留所往外走的时候，另一间屋子出来一个警察，喊住了我，要我在院子等一会，我觉得有点不妙。过了十来分钟，开来了一辆带帆布篷子的三轮摩托。那个警察要我上车，我问去哪里？“市局还找你有点事，咱们一块去北京吧。”我要上车之前，突然警察拿出一副手铐，“这是干什么？”我有些吃惊。他说了一句通俗小说中的公差常说的一句话：“这是公事。”这一天是一九七五年三月二十三日。今天，二〇〇九年十二月二十三日忆述此事，整整过去三十四年半。

三轮摩托离开了房山县城，并未一直驶往北京，在向东行驶过程中，进了良乡镇。摩托七拐八拐进入一个小胡同突然停了下来。警察下了摩托座位，从车棚子里拿出半麻袋东西，背到身上就走，刚走出去又回过头对我说："我给家里送土豆母子去，你在车上等一会，不要乱跑。"他这一去有两三个小时，估计是吃饭喝酒去了。因为从房山分局出来，已经十一点了，可能还没有吃饭。不过这个警察对我还真的挺信任，相信我不会跑。虽然上车前给我戴上了手铐，但铐子是狗牙形的活铐，可松可紧，他给我戴得很松，只要缩一缩手就可以退出来。另外，稍有经验的，用硬细棍状（如火柴棍、头发卡子、曲别针等）的东西就能把这活手铐捅开。如果我想逃走，转个弯就到良乡火车站了，上了火车，在这两三个小时中也到了天津或保定了。此时已经是春分时节，路旁的小草都已经冒出新芽，麻雀在屋顶上叽叽喳喳飞来蹦去，想起庄子《逍遥游》中所说的"决起而飞，抢榆枋而止"的"蜩与学鸠"；感到在中国当个老百姓也都不容易，不知道什么时候会有不虞之灾的降临。所谓"闭门家中坐，祸从天上来"。

后来，我的同事里，也有位"文革"中坐过监狱的，常一起聊天。在坐监狱之前，他的工作与我的工作却有天壤之别。那时我在农村中学，他在中央文革。当然"伴君如伴虎"，靠近权力中心更危险。最后他也以莫须有的罪名进了监狱。有一次，我对他说起押送这件事。他说，这个警察没有警惕性。他也说起自己的押送过程。那还是"文革"热潮中，他被从北京押送回老家贵州遵义，坐的是212吉普。深夜里，汽车在黑黢黢的十万大山中穿行。突然车停了，押送人员要他面对万丈深渊站立，不许回头。他说："我望着黢黑的夜和山谷，心想这下子可完了。他们会从后面送来一枪，我就扑倒在深谷之中，从此消失于人间。不料半天，后面没有一点动静。好像有人在撒尿，我也不敢回头看。过了一会，他们要我转过身来上车。原来是他们要撒尿，怕我跑了。这可比押送你的那个警察的警惕性高多了。"

二、半步桥边K字楼

摩托三轮进了北京，拉到一个大铁门跟前，铁门仿佛大舞台的幕布徐徐开启，原来这就是北京市公安局看守所。看守所与清朝末年实行新政时盖的第一模范监狱相邻，监狱门向自新路开，看守所大门向半步桥开。不过"自新路"是清末盖了第一模范监狱后，新开辟的一条路（原来这里都是农田），"自新"是因监狱而得名；而半步桥则是老名字了，据说明朝时就有了，大约是因有此路名而建此设施吧。一九八〇年代，一次与何满子先生（前不久先生辞世，这里谨致悼念）聊天，他也数次倒霉，坐过数个监狱。他对我说："很怪，为什么监狱老临桥而设呢？上海是提篮桥，南京是老虎桥，杭州是六渡桥"。我补充说"北京是半步桥"。"半步桥"，有深意焉，人间、地狱（鲁迅曾说，中国的旧式监

位于北京半步桥的北京看守所

狱是取法于佛教的地狱，不但禁锢人犯，而且又要给他吃苦的责任)，半步而已。

半步桥在北京南城西南角，过去北京水多，南城地势低洼，水聚尤多，故桥也多。再向西南就是北京西南角的右安门和护城河了。公安局预审处(七处)就设在半步桥看守所，各个分局履行了逮捕手续的犯人也要到这里来结案。犯人称这里为四〇二(信箱号码)或K字楼(这里关押犯人的主建筑)。关于K字楼，诗人聂绀弩有诗云：

奇书一本阿Q传，广厦千间K字楼。
天地古今诗刻划，乾坤昼夜酒漂浮。
燕山易水歌红日，曲妇词夫惦楚囚。
多谢群公问消息，尚留微命信天游。

《岁尾年头有以诗见惠者赋谢》

本来寒士切盼得到广厦千间的庇护，而"文革"期间许多有向往的读书人却无缘无故被收进了看守所的K字楼，何其荒诞！K字楼监室多，功能齐全，超出其他两处数倍，乃至十数倍，虽然说不上"广厦千间"，但"百间"总是有的，可以住上千个"寒士"。半步桥看守所关押犯人的处所主要有三处：

一，K字楼：这是看守所的主建筑，由钢筋水泥建筑，呈K字形。中间是大厅，四只腿是筒道，大楼三层，共有十二个筒道。一九七〇年代各筒的安排大体是：一筒关押的是重要政治犯；二筒、四筒关押外国人或特殊犯人；以上三个筒大多是单人牢房。三筒关押的是重病犯人，人称病号筒。五至十二筒关押的都是男犯人。我在二层的五筒几个号呆过，聂绀弩先生一九六六年冬至次年秋住九筒一号。

二，五角楼：俗称"王八楼"。它是个红砖建筑物，是关押女犯的。共有两层，每层有五个筒道，共十个筒道，排号接着K字楼，是十三筒至二十二筒。"文革"当中著名导演孙维世和杨宪益先生夫人戴乃迭女士关押在此。郁达夫先生的侄女、女画家郁风曾著文说戴乃迭女士受杨宪益先生牵连也关在半步桥，“碰巧我当时也被关在半步桥同一所监狱，同一条甬道的不同监号里。我当时还不认识她，只是每天听到她在有人送饭时说谢谢”。

三，死刑小号院：这里有两个筒，排号为二十三筒、二十四筒。为死刑筒，俗称“枪号”。有的老犯人说，这里平房原来是关押“高饶事件”中的饶漱石的。一人一个小院，挺清静的。“文革”起来后，把饶漱石转移了，这里才改造为死刑筒，成了令人恐怖的地方。遇罗克、沈元等都是从这里拉出枪毙的。张郎郎有《宁静的地平线》(见三联书店的《七十年代》)详记其事。张郎郎是极少的活着走出死刑筒的犯人。这两个筒在一九七五年被拆，在这里建起工作人员的宿舍楼，死刑待决的都被分到“K字楼”、“王八楼”相应的各筒，监管人员对他们说，把你们提到大号，有不死的希望了，要好好表现。这些带着沉重的死镣、死铐的待决犯分到各筒，在放茅(上厕所)和放风的时候，他们沉重的镣子在“K字楼”的水泥地板上拖出巨响，仿佛在过坦克车。

看守所本来应该是关押未决犯的地方。也就是实施了逮捕（签了逮捕证)以后，法院尚未判决的犯人。可是“文革”当中“无法无天”，这儿关押的有已经判刑的，但当局认为不宜于送到监狱与大量犯人接触的也押在这里，听说“反右”时期著名的“右派分子”葛佩琦后被判十五年，就没去劳改场，而在看守所服刑。一九七六年，我被判十三年后调到关押已判刑号里，遇到号称“苏修第一特务”的老谭被判二十年，也没去劳改场，就押在这里。他的妻子(苏联人)判十五年，关押在“王八楼”。更多的是以拘代判，有的连逮捕手续都没有履行，甚至没有拘留手续，就在这里关押着，有的一押三四年，我见过有押十来年的。粉碎“四人帮”后，批判这种做法时叫“以拘代押”或“以拘代判”，是典型的“封建法西斯专制”。

“文革”中“K字楼”一度非常兴隆，迎来了许多专家学者，文人墨客，高官显宦，连佛教协会副会长巨赞大和尚也在这里关了八年。狱中关于他的传说很多。其中有一个是巨赞法师自述：“‘文革’开始时，我做梦，梦见我在上山时，突然山上有八块巨石滚下，我紧躲慢躲，才脱过挨砸的命运，大约我要坐八年监狱罢。”后来果然是八年期满，赵朴初把他接回佛教协会。和尚没有家室，被羁押时，都是赵朴初给他送东西。另外如著名的翻译家杨宪益也在这里呆过几年。黄苗子有诗云“十年浩劫风流甚，半步桥边卧醉囚”。就是指杨宪益博士“忽于半夜大醉之中，被送进半步桥监狱，酒气熏天，使同牢弟兄，馋羡不已的故事”。其他如王光美女士的母亲、叶帅亲属钢琴家刘诗昆、前宗教局长徐迈进、小提琴演奏家杨秉荪、男高音演唱家刘秉义、作家诗人聂绀弩，还有前面提到的郁风、孙维世等都曾聚集在这里，可以说是才俊云集，极一时之盛。聂翁还有一首诗记录“K字楼”的盛况：

你也来来我也来，一番风雨几帆歪。

刘玄德岂池中物，庞士元非百里才。

天下祸多从口出，号间门偶向人开。

杂花生树群莺乱，笑倒先春报信梅。

这哪里像监狱，简直像开 Party 一样。这首诗是赠给老朋友梅洛的，题为《赠老梅》。梅洛曾是国家物资总局科教局长。这些老一代知识人，口无遮拦。在“天下祸多从口出”的时候，进 K 字楼就不可避免，“号间门偶向人开”是极其自然的。当然“K 字楼”不像聂翁写得那样美，“杂花生树群莺乱，笑倒先春报信梅”。首先这里的吃，量太少，质太糟。特别是聂翁进 K 字楼的一九六〇年末，那时粮食每人每天八两，伙食费每月六元。又规定不准家里送来任何食物，所以在看守所里根本不可能吃饱。长期处在饥饿状态，想吃东西是坐监狱最大的问题，听说这里的定量是解放初北京市公安局长的助理制定、局长批准的，“文革”中这位“局长助理”也进了 K 字楼①才感到伙食标准太低了。不过聂翁笔下的“杂花生树”，大约指的是朋友多了，可以互相安慰。“老梅”也应该是这些杂花的一株。

我是一九七五年到这里的，那时“文革”之初乱抓的情况已有好转，老干部大多被释放了，也有被判刑的，像聂翁就以七十高龄，被判无期徒刑，被押到山西服刑。用当时看守的一句话说，“我们这里与前几年不同了，那时大批的来，大批的走。现在都已经是神的归庙，是鬼的归坟了。”此时，大多是“一打三反”进来的。

三、号间门偶向人开

进了 K 字楼，我从房山分局带来的东西被一搜而空。身上的几十元钱，手表，书包，书包里的侯外庐的《中国近代启蒙思想史》和王夫之的《庄子解》都被留在储物间。把我带进了五筒，进了一道带锁的筒道门，看守打开一个“号”的大铁门，屋子空空的，一个人没有。屋子大约有二十平方米，门在中间，对着门是通道，宽度约八十厘米，通道两边是炕箱，即用木板做的矮炕。高度约二三十厘米，不到三十厘米。这个炕长约四米，宽约一米八，可并排睡八人。看守所之所以不做高炕是为了防止自杀，因为炕高，晚上睡觉时，把一个重物做个套儿，套在脖子上，就会有上吊的效果。晚上睡觉时，要把腰带、眼镜等有可能自残的物品统统交出，第二天早上再发还。有个老看守说，监狱所有的制度和纪律都是血铸成。

我一人呆呆坐在炕箱上，思想集中不起来，不知道该想什么，或不该想什么，大脑一片空白。突然阿 Q 老兄来相助，“似乎觉得人生天地间，大约本来有时也未免要”被关起来的。阿 Q 真是我们的国粹，历百年而不朽。后来读到聂翁的“号间门偶向人开”感到非有此经历者，很难知此句之妙。一个人在家老老实实地读书，不知什么原因，就把你揪了去，监狱的“号间门”，悄然自开，把一个个吞吃进去，无声无息，一切皆属偶然。当然后来又偶然出来了。

一会儿号子的铁门开了，看守拿来一个半窝头，半碗咸菜，半桶水，放在炕箱上。说这是你的晚饭，你还没吃饭吧？此时我才想起，原来早上从房山分局出来，到现在的下午五点多钟已经快一天了，还什么都没吃呢，但虚火上升，肚子一点也不饿。躺在炕上，胡思乱想。一会儿睡去，一会儿醒了。看守所的号子里，夜间是不关灯的。这是第一次进看守所的人最不习惯的。听老犯人说，解放前在看守所关押是一天顶两天的，因为晚上不关灯，人睡不好觉，等于两个白天。如果你在看守所呆了半年，将来顶一年的刑期。我不知道解放前的监狱制度，不知这是否为真。然而无产阶级专政肯定是不讲资产阶级这一套的。

一进看守所，只要稍有文化都爱讨论为什么这里叫"K字楼"这个怪名字？听老犯人说，"K字楼"国际通行，"K"是英文监狱的第一个字母。"K字楼"是解放初造的，那时抗美援朝还没完，如果仗打到北京了，飞机轰炸，不要炸监狱啊，这里又不是军事目标。所以一打仗这里很安全。说完他还很得意，好像买了安全保险似的，一脸洪福齐天的劲头。实际上英文监狱第一个字母是"P"，俄文监狱的第一字母是"T"，都与K字无关。"K字楼"也不是什么国际通行。我想大约"K"字就是取看守所的"看"字第一个字母。

看守所是一天三顿饭，早上是玉米面粥一碗、半个窝头、一小撮咸菜，我在K字楼期间，早上的食谱没有变过；中午是窝头两个，一碗汤菜；晚上是窝头一个半，一碗汤菜。星期天、节假日是两顿饭，即把早饭取消，晚上的窝头改为两个。改善伙食也是改善中、晚，早上的几乎是雷打不动。这里用"几乎"是说也有极罕见的例外，据在这里呆过数年的老号说，有一次早饭是油饼和玉米面粥。这顿"油饼"在K字楼流传了数年之久，为许多老犯人津津乐道。

一天放两次茅，"放茅"是监狱术语，就是上厕所（北方称厕所为茅房）。程序是由看守（通称"队长"）打开监室门，犯人出来进入厕所，厕所与监室在一个筒道里，距离很近，十秒钟就都进入了，此时看守将厕所门从外面插上，大约五六分钟，厕所门打开，队长就要急切地嚷"快点"！"快点"！！"快点"！！！……（"快点"是我在监狱听得最多的一个词，乃至出狱之后，对这个词很敏感。正像张郎郎的父亲、大画家张仃先生经过"文革"之后对于红色敏感一样。）待犯人都回到监号，把监号锁上，这次放茅就算结束。碰上心眼、脾气俱好的队长，能够按照规定时间放茅，遇到脾气急、或要拿犯人寻开心的，也许厕所门刚插上不到一分钟，就又开了，随之直着嗓子吆喝"快点"！也有时，筒道就这一个号有人，把犯人轰到厕所，队长插上门走了，也许半个钟头、四十分钟才回来。十几个犯人在这一个六七个平方米的小厕所中熏着。

一周两次或三次放风。放风就要出K字楼，"风场"在K字楼东侧，一排大约有十几间。每间"风场"比监室略大，大约有三十平方米罢。它与监室的最大区别就是没有房顶,但在比房顶略高处有一行走的通道,上面站着几个背枪的军人巡逻,看下面“风场”中的犯人有没有不法活动。“风场”是用红砖砌的,里面也没有挂灰,放风的犯人常常在红砖上刻下文字,以表意达情。其中有几个字至今不忘:“大师兄走了”,不知是什么意思,但其中表达了惋惜、惆怅、哀怨是在K字楼的人能切实感觉到的。后来听说,所谓“大师兄”不过是北京两个流氓头目中的一个,似乎名字叫陈永安;另一个叫大山子。大山子毙了,大师兄判了二十年,用飞机运回新疆服刑,新疆不收,又运回来,赶上一九七六年“严打”,还是给毙了。

四、预审、逮捕、审判

到K字楼不久就被提审。预审室很简陋,给人印象最深的就是犯人坐的凳子的腿儿是铁的,并牢牢地铸在水泥地上,大约是防备犯人以凳子为武器袭击审讯人员的罢。

这儿审讯与文教局的干部迫我交代问题时态度不同。文教局的干部总爱讲一讲他们是如何站在无产阶级立场上与我的反动的资产阶级思想作斗争的。这里预审人员没有。他很实际,一开始就说:“王学泰,我们两人没冤没仇,你也没有把我们家的孩子抱到井里去。今天我审讯你,是因为我挣这五十六块钱。”的确如此,在审讯时,他也没有多开渠道。因为我的事儿就是几句话,“话”这个东西,说过之后,无影无形,当时也没有录音,人的记忆也不那么可靠。如果他有意扩展,这种事儿是没完没了的。

如就以言治罪的时代而言,我有个致命的弱点:我说过的话,不管对错,哪怕就与一个人说的,人们问起来,如果我还记得,总是情不自禁地承认。“文革”当中有许多人,不仅是食言而肥,而且能够当下说了,马上就能不认账,我真是做不到这一点,因此,连续倒霉,也是势所必至。

我虽然因为言论问题倒过多次霉,可是爱说的习惯总难彻底改掉。只能在单位和大庭广众下说话谨慎一些,而在朋友、特别是多年的老同学、老伙伴之间真是不能做到一句真话没有。我的事情就出在一个老同学身上。

一个南口(从一九六四年大学毕业时的思想清理运动中被划为“反动学生”,被发到南口农场劳动)难友一九七一年分配后,在广西电影制片厂工作,他不愿意拍那些“高大全”的片子。那时有品位的、还允许看的文学作品除了鲁迅作品外就是《红楼梦》了。他想拍《红楼梦》,要我把其中的韵文(诗词连同曲赋)注释一下。在注释《红楼梦》时,我参考了《推背图》。《推背图》是古代一本预言未来大事的书籍,类似图谶。它与《红楼梦》第五回《贾宝玉梦游太虚幻境》所看到的命运册子的格式完全相同。《推背图》中有个图,上画宫装妇女怀抱琵琶,题诗有云“惑乱君臣几千般”,下面还有一弓一兔。“文革”后期琉璃厂旧书店凭单位介绍信可以在那里购买解放前后出版的旧书和线装书,我是在琉璃厂海王村旧书店买书时向人借得此书(后来我因此书出事,也给借给我书的汪先生带来许多麻烦,至今想起,仍感愧疚),也是在那里碰到一位久不见大学老同学的。这位章姓老兄爱看奇书,视《推背图》如同宝书,与我闲聊,就说起上面提到的那张图和图中所绘妇女。当时社会混乱,江青以其特殊身份乱政,对此有所感慨,就说“三千年前,中国第一个讨伐的文告叫《牧誓》,是讨伐殷纣王的。这篇文告中说,‘牝鸡无晨。牝鸡司晨,惟家之索’(母鸡没有天明报晓的责任,如果母鸡天明报晓,家非得败光不可)。三千年后还是这个老问题。那个女的就跟江青差不多。”另外,我们对当时搞得声势极大、而且弄得人人自危的“批林批孔”运动都认为是“另有所指”。我对章说,这场戏实际是上海派在反周(周总理)。上海《文汇报》整天大批周公、批秦朝丞相李斯。已经是图穷匕首现了。

章把《推背图》拿走了,后又借给一个文化馆的干部顾某。顾某把《推背图》放大复制(当时复印机极少)了。这位顾某曾当着样板团的骂江青,让“板团”的人给告了。此时正抓“意识形态领域的阶级斗争”。什么批“黑画”、追缴“手抄本”、追查“谣言”和“小道消息”、批“文艺黑线回潮”都出在那个时候。顾某的言论和他的高干子弟的身份引起高层的注意,抄了他的家,《推背图》复制件出现了。那是个草木皆兵的时代,这自然是个了不得的阶级斗争的新动向了。于是由他追到章姓同学、老同学牵扯到我。一九七五年春节过后的一天,他慌里慌张地到我家。对我说:“《推背图》出事了,公安局找了我,我顶不住了,只得把老兄交代出来了。我对不起你了,以后再补报罢。”于是匆匆而去。还算好,他给我一个信,我把一些对“评法批儒”不满文字处理了。不久又有一位搞业余创作的老同学找我,说北京文联召开的“业余作家创作会”上,市里负责文教宣传的领导黄某去讲话了,他说“北京有几个反革命分子攻击和咒骂江青同志”。我想他指的就是我们这档子事。

本来只是私下的议论,不管对不对,影响也就在二人之间,当时我不觉得这是严重的罪行。就是在古代皇权专制的法律中,有“指斥乘舆”罪,也就是说,臣民不许非议皇帝,如被发现,视言论的轻重有被杀头的危险。然而没有法律规定不许臣民非议皇后、嫔妃与大臣。古往今来也没有臣民因为议论嫔妃而入罪(宫廷内部争斗出外)的,法律上更没有“指斥凤辇”罪。预审员不这样认为,他说,你以为这是小事,这就是攻击无产阶级司令部,是反革命活动!是进行反革命宣传!制造反革命舆论!我问,如果与别人说话就是行动,那么言论与行动怎么区分呢?他回答:你自己与自己说,别人没听到,才是言论。

有一次我问预审员,《宪法》中也有保护“言论自由”的条款啊?现在《宪法》并未废止啊。审讯员回答:“《宪法》是保护人民的言论自由的。你是阶级敌人,当然不保护你的自由。”我说：“我本来也是人民。”他回答：“你看看你那些言论。你是人民？人民有你那样说的吗？从言论来看就证明你是敌人！”这真是“互为因果”。因为你是“敌人”，所以不给你言论自由；而“敌人”的定性又是由于“言论”。

不过预审员不太在意我如何认识这些问题，只要我认账，他的任务便完成了。我的印象里，他只提审了我两次，认了，也就完了，最后他让我在交代上签了名、按了手印。此后一直被拘留着。到了一九七六年，形势日渐紧张，年初周总理逝世，“批林批孔”逐渐变为学习“无产阶级专政下继续革命的理论”，再变为“反击右倾翻案风”，终于许多人耐受不住了，爆发了轰动一时、长存青史的天安门“四五事件”。

“四五”之后，K字楼突然兴隆起来，来了大批的年轻人，本来许多号都住不满（每号满员是十六人），这时大多号都塞到二十人，非常挤，只能侧着身睡。紧接着放风停止了，伙食质量也直线下降，全监开宽严大会，重点在严惩。这次大会抓了两个典型：一个是清华大学的工人，所谓罪行是誓死对抗无产阶级专政，拒不认罪，在监中哀悼蒋介石之死，以及反对无产阶级文化大革命和批林批孔运动，判处无期徒刑；另外一个是给党中央写了大量的反革命信件，审讯一百余次，拒不交代，判处有期徒刑二十年。全监惶惶然。

后来得知，前一位是清华大学的张姓工友，山东人。其父是烈士，其母是淮海战役的支前模范。这个工人也是自幼参军，早年入党，后来复员转业来到清华大学当一名水暖工，平常工作积极，“批林批孔”时要每个人都表态。因为他是山东人，从小头脑中就有孔子是圣人的印象，所以在表态中提出疑问：“俺们山东人都说孔子是圣人，怎么成了林彪一伙的了？”那时“四人帮”爪牙迟群、谢静宜掌握清华大政（让两个仅有初中文化水准的大兵领导大学也属中国奇观），为了突出“阶级斗争新动向”，便抓了这个反对“批林批孔”的典型。这位张工友根红苗正，有恃无恐，当然不服，坚决抗拒，于是对他的处理也就逐步升级。先是在学校批斗，不服、闹场；于是送到公安局，更不服，绝食大闹。K字楼不怕你闹与绝食，派几个犯人看着他，三天之内不吃不管你，到了第四天，把绝食者五花大绑捆上，仰面朝天，放在地上，从鼻子里插上胶管，通到胃中，胶管头插个漏斗，从漏斗往胃里灌玉米面粥。由于张某拒不认错，在监狱里也是不断升级。犯人看出当局要整他，也纷纷投井下石。一九七五年四月五日清明蒋介石去世，那一天张某也正在绝食。监督他的犯人看张不吃饭，给他上纲说：“今天蒋介石死了，你不吃饭，就是哀悼蒋介石。”张某大叫：“就哀悼蒋介石，你能怎么样？”这个罪状远远高出原先的反对“批林批孔”了。于是，在一九七六年的宽严大会上，他就成了“从严”的典型。过去的“坦白从宽，抗拒从严”的政策，重点在于看“态度”。越是没有罪的，越容易被“从严”，因为这样的人态度肯定不好。

另外一位是因为给毛主席写了二十封信，被抓到K字楼。又由于其父是老干部，又担任一定的领导职务，想通过整他，扳倒他父亲。此人是一九五〇年代老大学生，认死理，拒绝与K字楼当局对话合作。当审讯他时，他问："你们这里是什么地方？""预审处。""我给毛主席写信，怎么到了你们这里？是毛主席转给你们的？如果不是，你们胆敢扣留毛主席的私人信件，侵犯毛主席的通讯自由，你们该当何罪？"这样，双方对立不断增长，审讯一百多次，有几次审讯员高达数十人，企图以声势取胜。最后，这个老大学生也成为"从严"的样板。一年以后，他保外就医（审讯时，弄坏了腰）。

一九七六年五月十日，"市中法"正式逮捕我。法院说：你的问题与"天安门反革命事件"差不多，都是分裂党中央（指我说的"批孔是上海派反周"。其实，一个平民百姓有什么能力"分裂党中央"？真是笑料一样），反对无产阶级司令部、诬蔑无产阶级"文化大革命"、诬蔑"批林批孔"运动。并说"为了配合打击'天安门反革命事件'，对你实行逮捕，你签字吧"。这在实行法治的今天，会被视作笑话的，可是在当时，这些是说得义正辞严的。仿佛处理惩罚一个人，不是因为他犯了什么罪，而是由于政治形势的需要。

上世纪七十年代人们基本上没有什么法律意识，虽然判决书上照例说"特依法判决如下"，但"依"的什么"法"，不仅被判决人不知道，恐怕谁也不知道。因为"文革"中"公检法"已经被砸烂，"法律"是反革命修正主义路线的产物。历史学家唐德刚说当时是"两部法律（《宪法》与《婚姻法》）治中国"，实际上连《宪法》也是"告朔之饩羊"了。一九七五年初"四次全国人民大会"才通过了新宪法。"依法判决"不能说"依"《宪法》吧。

一九七六年七月二十六日，把我从半步桥用212吉普拉到"市中法"（当时"中法"还在天安门附近的刑部街，现已拆），先是在一个小屋子候审。小屋子另一端还有个小姑娘在啜泣。我很好奇，看她也就二十岁左右，就问："什么事？"她停止了哭，回答"天安门事件"。我说："怎么这样早就到法院了？"她说，似乎法院找她来证明什么。

一会儿，法警把我带到一间不大的办公室。一位女审判员向我宣布（七六）中刑反字第四十六号"刑事判决书"。判决书中说该院查明一九七二年到一九七三年伙同反革命分子章某"互相散布反动言论，恶毒攻击无产阶级司令部，诬蔑无产阶级'文化大革命运动'和'批林批孔运动'"，于是，"罪行严重，性质恶劣"以"现行反革命罪，判处有期徒刑十三年"。一张纸，几百字，既没有罪行内容，更无证据，便轻易剥夺了一个人十三年的自由。

五、K字楼的吃

人一进了监狱，两眼一抹黑，谁也不认识，许看的书又仅限于《毛选》四卷和马列著作，那么最关注就是人的动物本能——“吃”了。

一九七四年，毛主席有个关于“监管”的指示“要把犯人当人看”。这个指示不仅向监管人员宣读，也要向每个犯人宣读。随着这个指示，犯人待遇要比聂翁他们在K字楼时好些了。我到看守所的时候，伙食基本能吃饱。定量每天增至一斤，除了节假日，每天三顿饭，上午二两，半个窝头，一碗玉米面粥，中午四两，两个窝头，下午两个窝头，基本上可以吃饱。伙食费每月十二元五角，十二块五的伙食费在当时不算少了，大学生的伙食费也是这个价码，城市中的一般家庭，如果人口多的，还达不到这个标准。有个老看守就说：“十二块五，伙食费不少了，就是没给你们细做。”有个年轻犯人跟他很熟，开玩笑说：“老队长，如果再细做，炮楼（看守所四角的瞭望楼）的机枪就不冲里，得要冲外了。”老看守说：“为什么？”“大家都想进来吃呀”。惹得号里哄笑。

“没细做”，这是真格的。判了刑，到了“一监”，同样还是十二块五，而且粮食还比看守所多出十斤（因为要从事体力劳动），而伙食的质量比看守所高出一两倍也不止。为什么？关键是谁安排伙食和谁做。“一监”是犯人自己做饭，自己安排伙食，每月报计划由队长出去采购，做得好不好是他们劳改表现，而且他们自己也在这里吃，做得好了自己吃得也舒服。而看守所则是雇人做饭（可能工资也从这十二块五中出），从右安门生产队雇的临时工。这些临时工大多是青年，那时农村收入还很低，伙食远吃不到十二块五，因此看着犯人吃饭就生气，你一个罪犯还吃这么多钱？不由得嫉而生恨。有的时候就用饭勺子打去打饭的犯人，做饭时能把粗糙发挥到极致。看守所炒菜的“锅”，就像澡堂子里的洗澡池子，四周贴有瓷砖，这样的“锅”不能用火炒，只能用水煮。煮菜流程是先用铁锹把菜铲到池子边粉碎机上，“粉碎机”与养牛场做青饲料粉碎机一样，菜从一个由传送带做成的凹槽送进机器，槽口有三把像室内吊扇扇叶一样大刀片，快速旋转，把菜切断，由卷扬机喷到煮菜的池子里，在池子里洗一遍或两遍，水放尽，再放进新水，开高压蒸气（高压蒸汽管在池子底部），一百多摄氏度的高压蒸汽，不用几分钟锅里的水和菜就沸腾了，时间稍长就能把菜的魂摧没了。煮菜之间，或加上点廉价酱油，或加上桶盐。有时煮着菜炊事员出去了，也许就忘了加盐，犯人吃到的就是白水煮菜，或者加了桶盐后，出去聊天了，回来时忘了，可能再加一桶，其结果可以想见。反正这些身为“人民”的炊事员，谁也不会去尝一尝菜的口味，因为在牢狱中打工的“人民”有个禁忌，好人不吃牢饭。这样看守所的饭菜就很可怕。

第一是泥多，因为菜是煮的，多少都会有汤，吃完菜后，碗底必有土。初进看守所的人受不了，怕生病，其实尽管菜中有泥，但决不会有细菌病毒，因为高压蒸汽能超过一百摄氏度，就是最耐热的结核菌也受不了，犯人吃了决不会拉肚子，监狱当局比犯人自己更怕犯人拉肚子，坐监久了，身体的抵抗力全面下降，一传染不得了。当时土地污染还较少，另外，人们也还不懂这些高温除不去的重金属、有毒分子链等更危险，没有洗净的菜中会不会有？谁也不知道了。

第二是菜无营养。本来蔬菜也是富有营养的，可是因为做菜的方式使得菜毫无营养。用粉碎机切菜，菜切得过碎，煮得过熟，大约除了纤维素以外的营养都破坏掉了。

第三是最大限度地发挥菜中的恶味。比如黄瓜是多好吃的菜，可以说是介于水果与菜蔬之间的。我曾下放北京远郊山区，那里没有菜园子，黄瓜种在大田里，栽在玉米旁边，也不浇水，虽然产量低，但黄瓜鲜味极浓。屋子切根黄瓜，香气四溢，能持续很长时间。人们以黄瓜为美食之极品。青年人订了婚有件必行之事，就是到北京来采办结婚物品。当他们在回村子的路上如果碰见乡里人，必然会被问到："去北京？这回黄瓜可吃足了罢！"可是监狱的黄瓜能持续吃上好几个月，而且不管嫩黄瓜、老黄瓜、好黄瓜、烂黄瓜，一锅烂煮，煮得不成片了，连黄瓜皮肉都分不清了，把黄瓜的清香完全破坏了，最大限度发挥了烂黄瓜的恶味。煮黄瓜只要一搭进筒道，黄瓜恶味马上弥漫于各号，闻着都头疼，别说吃了。可是天天如此，不吃肚子饿，只好捏着鼻子吃。有一度接连几个月黄瓜、胡萝卜轮流坐庄。号里人开玩笑说，我们要过珠宝市（北京一条街名）可要被高看一眼了，脑袋不是翡翠的，就是玛瑙的。

一九七六年"四五事件"之后，看守所再度兴盛，本来是住十六人大号，有时住到三十人，牢饭的质量大幅度下降，窝头个越来越小。我与一位工艺美院毕业、在印币厂负责人民币设计的狱友把唐人王建的《宫中调笑》（团扇，团扇，美人病来遮面，玉颜憔悴三年，谁复商量管弦。弦管，弦管，春草昭阳路断。）改为：

蒲扇，蒲扇，犯人睡觉遮面（因为睡觉不关灯）。黄瓜吃了三年，不要一个小钱。钱小，钱小，窝头越来越少。

有人会问，既然伙食如此之糟，十二块五上哪儿去了，是不是都被贪污了？也不是，起码没听说过。而是钱被滥花了。经济学不是讲吗？花钱有四种方式，自己的钱给自己买东西最省；他人的钱为他人买东西最费。如果再加上一条的话：自认良民的人花犯人的钱为犯人买东西，那是费之又费，一分钱的东西能用天价买来。举个例子，黄瓜从菜园摘下来一直吃到市面没有为止，前后能吃半年多，黄瓜价格有一个从高到低再到高的过程。为自己买黄瓜的都要想一想，什么价格时不能买，什么价格时可以多买。高价位黄瓜买回来，制作和吃法都会有很多讲究；监狱里不管这一套，过春节了，黄瓜已经是人参价儿了（当时还没有塑料大棚，暖洞里出来的黄瓜可以卖到三四元一斤），照买不误，买回来照样拿高压蒸汽摧不误。一闻味就头疼的黄瓜汤可能是用三四块钱的天价买来的。那时卖菜只有国营菜站，高档价位的菜来了,长时间卖不出去,菜就蔫了,越蔫就越卖不出去，眼看就要送垃圾站了，菜站的职工就会与看守所买菜的说,“拉回去给犯人吃吧”，尽管菜已经由蔫到烂了(自己花钱绝不会买),但价码不能变。不能让国家受损失、让犯人占便宜啊。你想,这样花钱,别说十二块五,一百二十五块也照样花出去。一九七八年,平反出狱后,原单位按照中央平反冤假错案的规定补工资，但又要从工资中扣除伙食费,每月十二块五,理由是你不进监狱也要吃饭啊。杨宪益先生出狱后补发工资扣监狱伙食费是每月六元,他开玩笑说,这像度假一样,伙食费自理。

看守所每周有两顿细粮，或白面,或米饭,有两顿肉,也是用蒸汽煮的,用盆子打回来，菜上面能浮着一寸多厚的大油。老年人把分到菜的浮油撇下来,放在自己水缸子里,放在日后的菜里(平常的菜基本没油),年轻人能当场把它喝下,但跑肚拉稀是不可避免的。“四五事件”之后到一九七六年八月初我离开看守所这四个月中，犯人伙食中的细粮与肉食基本免掉,这也是社会上阶级斗争尖锐化的一种表现吧。

吃是坐监狱的人们最永恒的话题,因为饥饿每天如影随形地陪伴着我们。

注释:①管监狱乃至兴建监狱的人自己也坐了监狱,这是常事。我见过多起。例如监造秦城监狱的原北京市公安局长冯基平“文革”中就被关在秦城。湖南诗人胡遐之原是重庆大学的中共地下党员,一九四九年随军接管湖南衡山县公安局,留下工作,曾负责修建监狱。他说“当时重在防止逃跑,狱中生活条件多未考虑”,不料“文革”中他自己蹲进这座监狱,有诗纪其事云:“孰料残冬入狱时,北风抖索冻难持。当年愧少言人道,苦果自吞能怨谁!”(未完,待续)

补 白

章太炎绝食

章太炎被袁世凯幽禁在龙泉寺,忧愤之下,决定绝食,并留下遗言:“我死之后,中华文化亦亡矣!”他的弟子吴承仕、钱玄同等屡屡劝他进食,他都不为所动。最后,吴承仕问他:“先生,您比弥衡如何?”章答:“弥衡岂能比为?”吴接着说:“刘表要杀弥衡,自己不愿戴杀士之名,故假黄祖之手。如今袁世凯比刘表高明,他不必劳驾什么黄祖,而让先生自己杀自己!”章太炎一听,大吃一惊,立即停止绝食。

寻人启事

◎陈　虹

《寻人启事》能做文章的题目吗?——有人说没有诗意,有人说肯定要被退稿。但我不想改,我的本意就是为了寻人嘛,我想尽快找到那个曾经帮助过我、帮助过我们全家的好人。

他叫什么?我不知道。他在哪里?更不知道。为了便于大家帮我寻找,我必须得把发生在四十多年前的那个故事详尽道出——

时间嘛,应该是在一九六八年的六月,具体的日子,则是省级机关发工资的那一天。地点呢,就在江苏省文联的办公室里——不过,那时叫"革命委员会",门框上赫然挂着的就是这个牌子。

我怕记忆有误,又特别去翻看了一下老爸的日记——那是他自从被揪到北京后,坚持在牛棚中写下来的—— 一九六八年九月一日:"玲来信说,省文联自四月起冻结工资,月发八十元生活费;两个月后改为一百元。家中生活费用紧张,而玲寄我之钱未减,是颇伤脑筋的。"

不瞒大家说,这就是我能提供出的全部线索了。

当然,话还得从"头"说起——我爸和我妈原来都在北京中国作家协会工作,一九六六年的春天被逐出了京门,发配来到金陵。为什么?凡是过来人都知道,早在一九六四年,一场被人们称作是"文化小革命"的风暴就已经在文化界的内部着着实实地席卷过一番了。夏衍挨批了,田汉被整了,就连我们作协大院中的许多老邻居也一个接着一个地卷起铺盖卷返回了老家:赵树理、康濯、周立波、艾芜……我家是最后一个走的,时间为公历一九六六年一月二十八日。

那天非常冷,前来南京下关火车站迎候我们的是作家海笑——他当时的身份是江苏省委宣传部文艺处处长。后来他在一篇文章中这样写道:"我心里不免嘀咕,北京是全国的首善之区,待遇好,有暖气,为什么不把一个德高望重的老作家、名作家留在全国作协的领导岗位上,偏偏在这个天寒地冻的时候让这个年过半百的老人来到南京？”……是啊，这样的问题谁能回答呢？要知道，我妈的命运比我爸还要惨，她只是因为身体衰弱，离京之前竟被强迫办理了“退职”手续——那年她才四十八岁。

然而，更惨的事情还在后面——迁到南京才四个月，那场“横扫一切牛鬼蛇神”的革命风暴就于中华大地上铺天盖地地刮了起来。这时的老爸在哪儿呢？正在太湖边上的吴江县“体验生活”呢！一辈子不会写工农兵的他，为了“脱胎换骨”，刚一报到完，就向省文联的领导提出了这一要求。

接下来，有老爸的日记为证，日子是这样度过来的——

五月十日，省文联以长途电话，将我爸召回南京参加学习。

六月四日，省文联召开群众大会，宣布正式开展“文化大革命”运动，数日内大字报多达五百张以上。

六月二十五日，工作队进驻省文联，负责人高玉书警告我爸说：“你是黑线上的人物，要为子女们想一想！”

七月至八月，写交代材料，共十余份。

八月二十七日，出现第一张点名质问的大字报：“陈白尘，谁派你来江苏的？你来江苏干什么？”并要求立即将“大黑帮陈白尘”押回北京审查。

九月九日，省文联召开批斗画家亚明的大会，并施以了武斗。会后通知：“全体党员留下。”但我爸被排除在外。

九月十日，小组长滕凤章找我爸谈话，询问对大字报及不让参加组织活动的想法，终以“相信党、相信群众”回答。

九月十一日，中国作协造反派来人，将我爸揪回北京。从此与家人天各一方，长达七年之久……

人是被带走了，可我爸的工作关系已经转到了南京，尤其是每月的工资，还得依然由省文联发给。但是我妈不愿去领，她说那个滋味就像是“乞丐”，她怕看到那一个个鄙视的目光，和一张张凶神恶煞的脸。为此，这一任务便当仁不让地落在了我的头上——谁让我是家中的老大呢！于是一到每月的×号，我都要亲自跑一趟省文联，先是签字画押，然后再捧回那个装有老爸工资的牛皮纸袋。

有一个问题，直到现在我也搞不明白：堂堂的江苏省文联怎么会“坐落”在当年国民党的总统府里呢？——当然，那个年代还没有开辟成“旅游景点”，寄寓其内的机关和单位竟也多达数十家。记得省文联是在一进大门的右侧，那是长长的一排厢房，很简陋，也不宽敞，门窗涂成大红色，既“时髦”又俗不可耐；估摸着这几间平房，搁当年最多也不过是给卫兵住的吧？……可能是因为从小接受的都是“革命教育”，对于“总统府”三个字，我打心底里没有好感——蒋介石挑起内战的命令是在这里下的，国民党屠杀共产党的密件也是从这里送出的……为此，我每次都是来也匆匆，去也匆匆，对于它的全貌，那是压根儿不曾细细观察过。

其实，我妈当年之所以将这一任务交

给我，还有一个原因——我读书的学校就在它的附近。那时叫二女中，现在改称梅园中学。只要腿一迈，骑上自行车，三五分钟就能完成这项“重任”，并让全家衣食无虞了。老爸的工资究竟有多少——他虽然拿的不是“文艺级”，算不上“三名三高”，但是按照“行政级”来说，也属于“高干”了。因此直到一九六八年的四月以前，我们全家的生活基本上没有太大的变化，于是我——“少年不知愁滋味”的我，每天便忙着“干革命”：红卫兵当不上，就找上几个“志同道合”者，扯起一面旗帜，投奔了南京的“屁派”……

这时远在北京的老爸，日子可是越来越不好过了——“黑帮罪”与“走资派罪”，只能是“小巫见大巫”，算不上个什么；自从全国掀起“揪叛徒”的狂潮，他的命运便急转直下，大有“永世不得把身翻”的趋势了——谁让他一九三五年也被关进过苏州反省院呢！……于是乎，自一九六八年的一月起，对他的审查终于升级了——中国作协的原班人马全部撤走，换来的是“中央专案组”的精兵强将！再后来，他们派人来到南京，将我们位于中央路141–2号的家给抄了；再后来，老爸的工资和可怜的一点存款也全都给冻结了……

记得那天，当我妈从我手中接过那只比以往轻了许多的工资袋时，半天没有说话——这个既在意料之中又在意料之外的事终于发生了！八张十元的票子，静静地躺在桌子上，如同带了电，谁也不敢去碰一下。我明白妈妈的难处——这只是老爸原来工资的三分之一；而她自己呢，自从被迫退职后，早已没有了任何收入。

该怎么分配呢？首先必须保证老爸——他一人在北京，除了吃饭、穿衣、抽烟等等开支外，每月还得交六块多钱的党费，不能让他受苦，每月四十元的生活费照寄不误；其次是大妈——也就是我爸的大嫂，自从大伯去世以后，老爸胸脯一拍，承担了下来，为此每月十块钱的补贴也必须雷打不动；剩下的呢？只有三十元了——妈，我，再加上弟弟和妹妹，他们一个刚上初中，一个还在小学，一股脑全是消费者，挣不来一分钱！……我似乎就是从这一刻起，才突然长大了，我明白了这个家的今后，明白了今后将要面临的一切。

怎么办？总得活下去啊！于是先卖衣服——皮大衣、棉大氅、呢外套、料子服……凡是能够值点钱的，统统用被单一裹，送进了寄卖行；接着再卖家具——书橱、饭桌、沙发、衣柜……除了睡觉的床以外，也几乎被卖了一空。那是什么年代啊？人家不把你当成是被打倒的“有钱阶级”就已万幸了，还敢谈价钱吗？其结果，全都三文不值两文地转了手，为的是换回几张救命的钞票。我记得其中有两个硬木书柜，是当年千里迢迢从北京带到南京来的，白漆的柜面上雕刻着五颜六色的仕女，婀娜多姿，飘飘欲仙。老爸将它们放在客厅当中最显眼的地方，里面摆放着线装版的全套《古本戏剧丛刊》，这是他的命根子，据说全国也只有几十套。但我妈还是咬着牙，让我用板车拖走了，一共才卖了二十块钱……

鲁迅说过："有谁从小康人家而坠入困顿的么，我以为在这途路中，大概可以看见世人的真面目……" 其实说句心里话，我们家要比他家还倒霉——政治上的歧视，经济上的困顿，尚且不去说它了；就拿亲朋好友来说吧，也几乎没有一个——谁让我爸十八岁就离开了老家，而这次搬到南京又仅仅四个月就爆发了"文化大革命"呢？当时可真叫举目无亲、孤立无援啊，就连借贷都找不到人家！

弟弟那年还不到十五岁，他看见有些孩子帮助拖板车的人拉纤，一趟可以挣一毛钱，于是便央求妈妈给他做个铁钩子去为家里挣点收入。今天的人们已经不知道这个营生了——从玄武门到鼓楼，是一个大斜坡，板车拖上去是非常吃力的，于是车老板便会雇些孩子来帮忙：纤绳的一头用铁钩子勾住车帮，别一头背在身上，就可以助他一"肩"之力了。而我们家当年就住在这个斜坡的最底端，等活干的孩子站在马路边，每天都有一大群。妈妈哭了，我也哭了，弟弟平时在家连衣服都不会洗呀……

一个月过去了，两个月过去了，我的任务照常是出入寄卖行，弟弟的生活照常是蹲在路边"馋涎欲滴"地看着别的孩子挣钱……我们学会了早早吃晚饭，然后关着灯说话，为的是省下一丁点的电费；我们也学会了缝衣服、补袜子，就连眼镜腿断了，凉鞋带折了，都能自己给焊上。至于老爸的日子，更是令人心酸，在他的日记中有这样一条记载："中午在食堂吃饭，只有一角五分的白菜，又买了一角的汤，颇感浪费。晚间去对门的小店，二两饭，一碗汤，仅一角，颇廉。"

……六月份到了，又该去领老爸的工资了。我同往常一样，走进了总统府的大门，走进了位于右侧的那间挂着"江苏省文联革命委员会"招牌的办公室。让我签字的人是谁，我真的记不住了；他长得什么样，我同样没有一点印象。——这能怪我吗？当时只想快快离开，连头都不愿抬。要说印象，似乎只有这样一点点：年龄嘛，大概可以叫他"叔叔"；穿着呢，一身灰布中山装，右臂套着个红箍。——唉，等于没说，这样的装束在当年的中国足有成千上万，谁敢有丝毫的异样，是要遭灭顶之灾的！

但我对他说的话，却记到如今——那是一口气说出来的，没有丝毫的磕巴："一个月只给我们八十块钱的生活费，实在不够用。我家还有一个大妈要养活，而且我自己很快也要下乡插队了……"这话是真的，二女中已经开始动员了，依照我这样的家庭出身，根本不可能留在城里，只能下乡当农民了。但我当时为什么会说出这番话呢——是乞哀吗？我妈知道了，绝对不会饶过我；是告怜吗？这明明是"与虎谋皮"，怎么会有结果！……但不知怎的，当时我就这样一脱口便说出来了，现在想想还真有点后怕——不理睬我，那是轻的；如果因此给老爸再戴上一顶帽子，说他"妄图"想要干吗干吗，还不是轻而易举的吗？要知道总统府的大门外贴满了"揪叛徒”的大字报，那上面可是清清楚楚地写着老爸的名字，还打了黑叉呢！

我低着头，只听见自己的心跳，并时刻准备着招来一顿急风暴雨式的批斗。但奇怪的是，什么都没有发生，屋子里静静的，好像没有其他的人，一个低低的声音传到我的耳中：“是这样……” 停了停，他又说道：“对不起，我们不知道你家中还有一个大妈。好吧，再多加二十块钱吧……”

那天，我像胜利者一样飞快地跑出了总统府的大门，又飞快地跑回了自己的家中。一百块，整整一百块呀！我兴奋地将它们交到了妈妈的手中，我盼望看见她的笑容，看见年幼的弟妹们的笑容……但是，那天我独独没有记住那位给我钱的人长什么样，也没有问他姓甚名谁。

依理推测，这位“叔叔”绝非一般的“革命群众”；他有权，起码是“革命委员会”中的一名重要领导，否则又怎么可能私自做出决定，一下子就给“大叛徒”陈白尘多发了二十元的生活费？如果是这样，他又为什么敢冒这么大的风险呢？这可是一个不折不扣的“阶级立场”问题啊，他难道不怕“引火烧身”吗？

想不明白，整整四十年过去了，还是想不明白。为此我要写出这篇《寻人启事》——不管他在后来的清队中是不是“三种人”，也不管他是否忏悔过自己的这段“造反”生涯。历史永远定格在了这一天：不仅为了那救命的二十块钱，更为了在他的身上竟然还残存着那个年代绝对不允许有的“人性”。

拜托了，一切经历过那段岁月的人们！——时间：一九六八年的六月；地点：省文联办公室；年龄：四十岁左右；身份：革命委员会中的一名领导……

补白

蔡元培的遗言

蔡元培一生抱定“教育救国”的信念。是为中国现代教育开时代风气者，他将北京大学办成了中国第一所真正意义上的现代大学，在中国的大学校长中，蔡元培是一座难以企及的高峰。

一九四〇年三月三日，蔡元培在香港寓所失足跌倒，次日入养和医院治疗，由于胃部出血过多，两天后病逝，仅留下“科学救国，美育救国”两句遗言。出殡之日，香港各学校及商号下半旗致哀，学校及社团万余人参加公祭，极尽哀荣。教育部在诔词中写道：“当中西文化交接之际，先生应运而生，集中西文化于一身，其量足以容之！其德足以化之！其学足以当之！其才足以择之！呜呼！此先生所以成一代大师欤？”

红颜未必祸国

——也谈“赵四风流朱五狂”的朱湄筠

◎蔡登山

一九三一年“九一八”事变，日军很轻易地占领了我国东北。当时张学良执行南京政府的不抵抗政策，事变之时，张学良在北平养病，日本新闻通讯社就利用这个机会，制造“‘九一八’之夜，张学良正在北京饭店和影星胡蝶跳舞”的新闻。于是有不少报纸就根据这新闻绘声绘影地大加渲染，还有人根据它来编剧本，写新旧体诗。其中最为传颂一时的是教育家马君武仿唐李商隐《北齐》体于十一月二十日在上海《时事新报》上发表的感时之作《哀沈阳》二首，诗云：

其一

赵四风流朱五狂，翩翩胡蝶正当行。
温柔乡是英雄冢，那管东师入沈阳。

其二

告急军书夜半来，开场弦管又相催。
沈阳已陷休回顾，更抱佳人舞几回。

李商隐的《北齐》二首是咏史之作，讽刺北齐后主高纬宠幸冯淑妃而亡国。马君武对《哀沈阳》二首甚为得意，说这些佳句足以和吴梅村(伟业)痛谴吴三桂的《圆圆曲》相媲美。诗诚然是好诗，但所言却非事实。马君武显系根据报纸所载，摭拾浮言，轻率讥评人物。陈定山在《春申旧闻》书中就说：“‘九一八’事变，东北五省一夕失守，报纸喧腾，谓张学良与胡蝶共舞。其实胡蝶于时已恋有声(按：潘有声)，事变之夕，胡蝶并未离开上海，此与‘一二八’事变，谣言陆小曼与王赓者，事出一辙。美人祸水，常被后人歪曲描画，点缀历史。其

张学良

实：'吴亡何预西施事，一舸鸱夷浪费猜。'千古沉冤，正恨无人洗刷耳。"

根据文如(笔名)发表在一九七五年香港《春秋杂志》的说法，他说"'九一八'事变后第三年我移居北平，从许多政界朋友口中，知道'九一八'事变的时候，张学良还在协和医院养病，他的体力还不能够支持他'舞几回'。"文如的说法是，一九三一年五月五日，"国民会议" 在南京开会，张学良于四月三十日到南京出席，五月十三日会后，宋子文请张学良游玄武湖，其时风雨迷蒙，湖船来往于樱桃垂柳之间，风景绝佳。宋张二人有说有笑，很是高兴。张学良随手摘了一簇掠船而过的樱桃，吃了几个。大概是樱桃带有细菌，张吃了之后即生病。大会是五月十七日闭幕的，张学良因为要坐镇华北，未便久离，在大会未闭幕前即先行北返，五月十八日便在北平病倒了。病势来得很凶猛，经医生诊治，认为是严重的伤寒症，立即移住协和医院，进行治疗。这一病、就病了差不多三个月才脱离险境，到九月初旬，他已经可以出来略事应酬了，但还要住在医院休养。"九一八"那一晚，张学良在他的私邸设宴款待宋哲元等人，据说这个宴会颇重要，故张不能不亲自出席。罢宴后，张学良偕夫人于凤至及赵四小姐，又请一班客人在前门外中和戏院观看梅兰芳的《宇宙锋》。这事后来也得梅大师的证实。不过，张只坐了一会，就先离席而退，回协和医院休息了。大约是久病之后，体力未充足，不能久事应酬之故。张学良睡去很久之后，沈阳方面有电话向他报告日军进攻北大营的消息。这大概是马君武诗中"告急军书夜半来"的由来。张学良接通东北边防军司令长官公署参谋长荣臻电话，了解详情；着左右终宵与南京当局电话联系并亲自通话，请示如何应变；迅即召来顾问端纳，让他通知欧美各国驻北平新闻记者，夤夜通报日寇攻占沈阳的消息…… "是夜，张学良庶几没有休息。待记者招待会毕，他才回到病房稍睡些许时间。"(汤纪涛：《张学良二三事》)

而胡蝶在她的回忆录中说："世间荒唐的事情还真不少，沈阳事件发生的时候，我那时还跟明星公司摄影队一起逗留在天津，没有踏入北平一步……后来为拍《自由之花》到北平时，已是'九一八'事变约一周，未料此行会引起一段莫须有公案。""在北平期间因为三部影片(按：《自由之花》、《落霞孤鹜》和《啼笑姻缘》)同时开拍，生活极其紧张。同时，张石川为防大家散漫，影响拍摄进度，订下了严格的生活纪律，所以空闲时间不多，即或有些大的应酬，都是集体行动的。我和张学良不仅那时素未谋面，以后也从未见过面，真可谓素昧平生。”而据王益知的《张学良外纪》书中说：“至于胡蝶来京摄《啼笑姻缘》外景，是在‘九一八’后几天，胡住在香厂东方饭店，是三层楼的建筑，楼下只有两个大房间，装有浴池，设备简单，并无舞厅，更不是适当的交际场所。”王益知晚年在《亦报》所写的《张学良外纪》，可信度极高，因作者跟张学良多所接触故也。一九二七年，钱芥尘替张作霖在沈阳创办了《新民晚报》(与上海的《新民晚报》无关)，但因他正在上海忙着主编《上海画报》，所以具体的编辑事务，便是委托《晶报》的王益知负责的。

明星公司的剧组在北平忙碌了一个多月。在离京前，梅兰芳在家中宴请了洪深、张石川、胡蝶等二十余位摄制人员，对于外界的传言，席间，梅大师曾言：“九一八”那天晚上，张学良在戏院看我的演出。而胡蝶他们对此言并未在意，可能是忙昏了头，对外界的事竟一无所知。十一月下旬他们回到上海，胡蝶到家时顿时发现气氛不对，父亲把一摞报纸摔过来：“你在北平干什么事我们不知道呀，你自己看看吧！”胡蝶看到那些报纸上的大字标题是：《红颜祸国》、《不爱江山爱美人》、《东三省就是这样丢掉的》，再看内容，不由大呼：“这

胡蝶像

根本不是事实，全是造谣！”明星影片公司为此于一九三一年十一月二十一日在上海《申报》以胡蝶的名义刊登辟谣启事：“蝶亦国民一分子也，虽尚未能以颈血溅仇人，岂能于国难当前之时，与负守土之责者相与跳舞耶？‘商女不知亡国恨’，真是狗彘不如者矣。”导演张石川及演职员洪深、郑小秋、夏佩玲、龚稼农等，也登启事并刊报端，为其作证。

“赵四风流朱五狂，翩翩胡蝶正当行。”赵四小姐赵一荻，电影皇后胡蝶，一为张学良的红粉知己，一为影坛风云人物，至今仍为人津津乐道，那么另一位与她们并列的朱五又是谁呢？她就是朱启钤的五小姐朱湄筠。朱启钤又是何许人也？

朱启钤(1872—1964)字桂辛，晚年号蠖公。中国政治家、实业家、古建筑学家。祖籍贵州紫江（今开阳县），生于河南信阳。其姨夫是军机大臣瞿鸿禨。拜徐世昌为义父。光绪举人。曾任清末京师大学堂译学馆监督、北京外城警察厅长、内城警察总督、蒙古事务督办。民国时期历任京浦铁路督办、交通总长、内务部长、代理国

朱启钤像

务总理。一九一四年主持创建中国第一个公园:北平中央公园(今北京中山公园),创建中国第一所博物馆:故宫古物陈列所(后并入故宫博物院)。一九一五年底任袁世凯称帝大典筹备处处长,主持拆正阳门瓮城。一九一六年帝制失败后隐居在天津英租界。一九一七年参与经营中兴煤矿股份有限公司和中兴轮船公司。一九一八年任安福国会参议院副院长,发起国人开发北戴河等工程。一九一九年南北议和失败后,朱启钤愤而辞去北方议和总代表的职务,蜗居京门,从此再没有踏入政坛。他致力于社会公益活动以及对古建筑的研究。一九三〇年创办研究我国古代建筑的学术机构——中国营造学社;同年被张学良委任为北平市长(未就任)。一九六二年被国务院总理周恩来接见。一九六四年二月二十六日病逝于北京,享年九十三岁。

曾被称为“洪宪余孽”的朱启钤,他的一生颇富传奇性,早年从政,中岁后忽附和袁世凯称帝,为其策划帝制,收场被通缉,后来获准特赦重返北京,又在政海中游泳片刻,此后真的“遯迹山林”,潜修学问。胡适在一九二二年八月五日的日记中说:“在君(按:丁文江)邀我吃饭,请的客都是曾捐钱给地质调查所图书馆的人,有朱启钤、刘厚生、李士伟……等,共十三人。这是我第一次见着朱启钤。此人自是一个能干的人;听他的话,竟不觉得他是一个不读书的人。他是近十年内的第一个能吏,勤于所事;现在他办中兴公司,每日按时到办公室,从不误事。交通系的重要分子,以天资的聪明论,自然要推叶恭绰;以办事的真才论,没有可以比朱启钤的。”朱启钤著有《李仲明营造法式》、《蠖园文存》、《存素堂丝绣录》、《女红传征略》、《丝绣笔记》、《芋香录诗》、《清内府刻丝书画考》、《清内府刺绣书画考》、《漆书》等书。从北洋政要到著名学者,朱启钤见证了百年波诡云谲的历史。

朱启钤的次子朱海北说:“我父与张作霖在清朝末年曾有一段交往。那是光绪三十二年(按:当为光绪三十四年1908年),徐世昌任东三省总督时,先父襄赞政务并任蒙务局督办。徐世昌任命张作霖为五路巡防营前路统领,驻扎洮南府。先父几次视察政情至洮南,由沈阳出法库,经济尔沁左翼后旗、通辽,再经科右翼后旗、扎赉特旗,至黑龙江省,经杜尔伯特旗至哈尔滨……一路都由张作霖派人警戒护送。所以对张学良来说,我们两家是两代世交。他把先父尊为父执前辈。”

朱启钤与原配夫人陈光玑、继室夫人于宝珊共育有二子十女：陈夫人生长子朱沛(1890年生)、长女湘筠(1894年生)；于夫人生次女淇筠(1898年生)、三女淞筠(1899年生)、四女津筠(1904年生)、五女湄筠(1907年生)、次子朱海北(1909年生)、六女洛筠(1911年生)、七女浦筠(1912年生)、八女沚筠(1914年生)、九女汀筠(1915年生)、十女浣筠(1916年生)。其中沚筠四五岁时死于猩红热，而浦筠于十七岁时死于脑膜炎。

除了七女及八女早故外，朱启钤的八个女儿都嫁给显赫的人物，长女湘筠于一九一四年嫁给宛平的孟某，似系北京著名绸缎庄瑞蚨祥的小老板。二女淇筠于一九一三年嫁书法家章梫(章一山)之子章以吴(周恩来天津南开中学同学)，生子章文晋为外交家。三女淞筠于一九一五年嫁给陈清文。四女津筠于一九二五年嫁张学良的副官吴敬安。五女湄筠于一九三〇年嫁张学良的机要秘书朱光沐。六女洛筠于一九三四年与张学良之弟张学铭在德国结婚。九女汀筠于一九三五年嫁黑龙江三省督军兼省长吴俊升的儿子吴泰勋(一名吴幼权)。一九四八年，中航机空中霸王号由上海飞香港，到香港上空，撞毁，乘客三十余人皆死，朱汀筠在其中亦无法幸免。十女浣筠嫁蒋介石保健医官卢致德，一九四九年跟随到台湾。卢致德曾任台湾荣民总医院院长。

由于朱启钤游历过欧美，思想较新，从不限制子女的社交活动，因此他家小姐

朱启钤偕两位夫人及五个女儿

们活跃于交际场合，在社会上颇有名望。其中朱三和朱五在民国初年可说是名噪京华，八方倾倒！据传，民国某日，上海进步党人之舆论机关《时报》便发表一首竹枝词讽刺当时内务总长朱启钤的女儿，诗曰：

欲把东亚变西欧，到处闻人说自由。
一辆汽车灯市口，朱三小姐出风头。

当时私人拥有汽车的可说是寥若晨星，但朱家已有了汽车和画舫，难怪要引人注目了。至于“灯市口”，说的是那里有个某会堂，是中外仕女举办舞会的中心。至于朱五小姐湄筠，出名则因马君武的那首《哀沈阳》。其实张学良跟她没有任何暧昧关系，偏偏被马君武的诗扯到了一起，让他们俩都大呼冤枉。张学良晚年接受唐德刚采访时说：“我最恨马君武的那句诗了，就是‘赵四风流朱五狂’……她(朱五)小的时候，我就认得她，我同她的姐姐是朋友，仅仅是一般的朋友关系。她的四姐还嫁给了我的一位副官。这首诗我最恨

了，我跟她不仅没有任何关系，我都没跟她开过一句玩笑！”少帅一生风流，女朋友不少，对此也从不讳言，偏偏被人把这个一句玩笑也没开过的朱五小姐扯到一起，让他大呼冤枉。

朱家和张学良家是世交，往来密切，彼此之间也颇有渊源。朱海北就回忆说：“一九二四年夏天，张学良来到北戴河。当时正在酝酿第二次直奉大战，张学良将军花费重金在法国购进水上飞机，由秦皇岛来北戴河海滨进行试飞。当时他自兼航空署督办，同来的有航空署副署长冯庸、原南苑航空学校教育长姚锡九、少校飞行驾驶员吴敬安、少校秘书朱光沐、飞行员衣里布（蒙族）、法籍教官布雷等人。张学良到海滨后立即来拜访先父；还热情邀请我们全家到海边观看飞行。我们如约去了，临时他又提出请我们乘坐他的飞机作空中游览。我四姐津筠勇敢地上了飞机。我刚登上舷梯，被母亲一把拉住，因为老人家觉得这是冒险的行动。午间，我父亲设便宴招待学良将军一行。”

朱海北又说：“张学良将军在天津有一座豪华的公馆，院子里建有网球场，楼上设有台球房，庭园宽敞，和我家的天津寓所是隔壁近邻。二次直奉大战，奉系取得胜利，天津又是东北军的势力范围，张学良经常驻节津门。每次他回到天津的公馆必邀请我哥哥、姐姐和另外几家门第相当的世交好友去打球跳舞。……张学良身边的得力僚属都是颇有才华而又倜傥风流、事业心很强的青年。在频繁的交往中，彼此增进了感情，在张学良将军和冯庸的撮合下，我四姐津筠与吴敬安于一九二五年结了婚。后来五姐湄筠又嫁了朱光沐。而张学良与赵四小姐（赵一荻），也是在这个时期，通过和她的哥哥赵燕生及其二姐、三姐与我们一起交往而相识的。赵四小姐的父亲赵庆华是我父亲的老部下、老朋友，先父任交通部总长时他在部任司长，后来叶恭绰任总长时，他又先后任津浦和沪宁铁路局局长，随后当过交通部次长。他有六男四女，一荻最幼。一荻的六哥燕生与我同学，她姐姐和我的姐姐也都是好友，一荻和我六妹洛筠同学。她不论在天津、北京、北戴河都属于上层社交活动的著名人物，我们都把一荻称为‘小妹’。”

由此观之，确实张学良和“朱五”是没有任何绯闻关系的。倒是“朱六”与张学良的弟弟张学铭因此而认识。朱六洛筠晚年风趣地说，朱张两家是有通家之好的。那年张学良去勘查葫芦岛后到海滨时，张的高级随员：胡若愚、张学铭、朱光沐、黄显声以及英籍顾问伊雅格等，就住在北戴河西院里。她那次才和张学铭相识。如果说朱家和张家有关系的话，应该说就是由她和张学铭的相识开始的。但直到一九三四年她才与张学铭在德国结婚，这时赵四小姐和张学良已早修成正果了。她和她的童年同学、闺中密友的赵四小姐，更进一步变成妯娌的关系。

有论者还说由于马君武的那首《哀沈阳》诗，闹得沸沸扬扬，后来朱五才嫁给张学良的亲信朱光沐，这难免让人留有想象空间，而且也绝非事实。在《朱启钤自撰年谱》中说：“民国十九年庚午。是年遣嫁五女湄筠于山阴朱氏。”笔者更从一九三〇年《北洋画报》四百四十期，找到如下的报导：“朱启钤之第五女公子前许配于张学良之机要秘书朱光沐君，现闻婚期已定于四月念二日（国历）婚礼将在沈阳举行，张氏为之证婚，似已确定。”因此在一九三一年“九一八”事变时，朱五已嫁为人妇一年有余了。而据《朱启钤自撰年谱》中说：“九月十八夜日军陷沈阳，次子渤（案：朱海北）时方肄业讲武堂，间道驰赴山城镇，其妇孺依、五女湄筠家处危城中，遇人营救，乃得脱难。”因此“九一八”之夜，朱五是在沈阳度过惊险之夜的。

所以马君武的两首《哀沈阳》，虽传颂一时。但所述除“赵四风流”，四字正确外，其余均非事实。作为“咏史”诗观之，是不能不明辨的。另据台湾文史作家高阳晚年回忆，他曾见过年已八十岁的朱五小姐，朱五告诉他一件妙事，说一次席间应酬，见到了马君武，于是端着酒杯过去敬酒：“您是马博士马君武不是？我就是朱五。”当时马博士的窘态，非语言笔墨所能形容，结果是不俟终席而遁去。亦可见马君武对此事的心虚。

朱五与张学良原本可以“加载史册”的关系也就仅限于此了，然而三十年后，又一桩政治事件将他们联系到了一起。据中央文献档案中保存着一份周恩来写于一九六一年五月三十一日的材料，说：

朱湄筠像

> 张学铭、张学思给张学良的信，已托朱五送到张学良手中，我写“为国珍重，善自养心；前途有望，后会可期。”几句话已带到，张现住董显光家中，仅获有限度的自由。

“朱五”再度登上历史舞台，却是充当了周恩来与张学良之间的信使。原来周恩来一向有心与被软禁在台湾的张学良接洽，但费尽人力物力亦无法打开渠道，他最后找来张学良的二弟张学铭商量对策。于是周恩来的十六字寄语连同张学铭、张学思（四弟）的两封家书先由张学铭夫妇带至香港，交给在那里定居的朱湄筠，一九六一年春，朱湄筠专程前往台湾，将信交给了十妹朱浣筠。五月的一天，朱浣筠将信夹到一本《圣经》里，最终在张学良、赵一荻经常礼拜的凯歌堂，巧妙地将夹在《圣经》里的信件送至张学良手中。

朱五与朱光沐育有女儿名朱萱，据作家符立中的《上海神话》书中说，朱萱从影后改名秦羽，又名秦亦孚，香港大学毕业，是当时学历最高的电影明星。她在念书时即和葛兰、钟情、李湄、周曼华一同演出《碧血黄花》，后因话剧《清宫怨》爆红，BBC请她飞到伦敦主演《秋月茶室》（银幕版由马龙·白兰度、葛伦·福特、京町子主演）。秦羽的英文造诣广获好评，是当年的风云人物。秦羽系大家闺秀，囿于教养，《情场如战场》是其最后演出。她后来变成当红剧作家，担任电懋影片公司编剧主任，电懋重视剧本凌越一切，早在国际时期即成立一个剧本编审委员会，成员有宋淇、张爱玲、姚克、秦羽、易文、陶秦等，顾问孙晋三，都是文化界饱学知名之士，专责剧本编审。秦羽任编剧主任时给予张爱玲不少协助。秦羽曾以《星星月亮太阳》和《苏小妹》两度获得台湾的金马奖，并替香港美新处翻译亨利·詹姆斯的《碧庐冤孽》(The Turn of the Screw)。

朱五因女儿的关系也任职于电懋，据香港掌故作家高伯雨（林熙）说："我是一九六三年在香港电懋影片公司由易文（电懋的导演，杨千里之子，已逝世）介绍的，五小姐时任职电懋，管理服装，我是《西太后与珍妃》一片的顾问，时时要入片场，关于服饰方面，就要和五小姐接谈了。电懋后来改名国泰，到陆运涛在台湾空难死后，国泰停业，此后即不闻朱五消息。"

一九八六年春，朱湄筠八十大寿，朱家后裔亲属从世界各地赶到香港庆贺，以乃弟朱海北为首，肆筵设席，举酒称觞，诚久别以来罕有之盛会。曾经是"北洋名媛"，早已随着时光的流逝而淡出了公众的视野。晚年的朱湄筠随子女移居加拿大，一九九一年当张学良飞往美国夏威夷定居以后，她才得以与张学良及夫人赵一荻见面。六十年后，三人在异国他乡见面，无不白发苍然，回首往事，并不如烟。

补白

官僚的作风就是姨太太的作风

抗日战争前夕，王芸生曾在一篇文章中说："傅孟真先生有一次对我说，他想写一篇'中国官僚论'。他说，中国向来臣妾并论，官僚的作风就是姨太太的作风。官僚的人生观：对其主人，揣摩逢迎，谄媚希宠；对于同侪，排挤倾轧，争风吃醋；对于属下，作威作福，无所不用其极。"对于傅氏高论，王芸生深有同感，因此才把它写入文章。王芸生说："这道理讲得痛快淋漓。这段官僚论，的确支配了中国历史上大部分的人事关系。"

移根的代价与收获

——陶晶孙的世界

◎李兆忠

一

提起陶晶孙这个名字，如今的文学青年恐怕没有几个人知道。这位创造社的元老，中国“现代派”文学的先驱，由于政治的原因，在过去很长的时间里一直顶着“落水文人”、“汉奸”的恶名，惨遭埋没。不过公平地说，陶晶孙在中国文坛的寂寞，并不单单是由政治造成的，就像沈从文、张爱玲曾经遭遇的那样。

郑伯奇在《中国新文学大系·小说三集》导言中这样评介陶晶孙——

> 陶晶孙在日本住得最久。小学就是在日本读的。他用日文写作恐怕比用中国文字还要方便些。他的第一部创作《木犀》，就是用日文写的。当时，留日学生中，几个爱好文艺的同学，组织一个同人杂志，名叫“格林”(Green)，《木犀》便在那上面发表。郭沫若觉得写得很好，才翻译过来，登在《创造季刊》。在创造社初期几个同人中，他的艺术才能最丰，而这才能又是多方面的。他能写作，他又精通音乐；他对于美术有理解，他又能自己设计建筑；他是学医的，他又能观测天文。回国以后，他参加过戏剧运动，无论编剧，导演，照明，效果他都可以干得；而他又是最初倡导木人戏的一个。他是这样多才多能的人，可惜留下的成绩并不多。创造社的初期，他正在大学读书；后期的活动，他曾经参加，可是不久他又回到医学的研究室去了。他的创作，大约都收在《音乐会小曲》的一部小说集里面。在文学的理论，他并没有主张什么主义；但就他的作风看来，当然属于浪漫派。不过，他没有沫若仿吾那样的热情，也没有达夫那样的忧郁。在初期，他有点艺术至上的倾向。他保持着超然自得的态度。生活的苦闷，至少，在他的学生时代是不会有的。所以，他初期的创作找不出个人的呻吟和对于社会的反抗。他自小离开了中国，他言语表现颇富于异国的风

趣。他的作品，因此颇带上一种独特的香气。

作为创造社的同人，郑伯奇在肯定陶晶孙艺术才能的同时，对他的艺术创作又有相当的保留，由此可见陶晶孙在创作社里较为特殊的位置。受历史条件的限制，郑伯奇没有看到陶晶孙在中国“现代派”文学史上先驱的地位，这也是自然的。

陶晶孙某种程度上令人想起李金发，两位都是没有国学根底的人，两位母语表达能力都有限，结果两位都成了中国“现代派”文学的鼻祖。不同的在于，李金发以蹩脚的母语直译法国象征派诗歌，歪打正着，暴得大名，陶晶孙以和式汉语追摹日本的“新感觉派”，艺术上别开生面，却无人理会。这种艺术上的“世态炎凉”，细细想来，与一种“历史的世故”，也就是“进步”观念之下崇洋媚欧的文化心理，有很大的关系。近代以降，西潮东渐，欧风美雨濡染人心，“全盘西化”成为压倒性的文化思想趋势，中国的“现代派”文学正是在这样的背景下发生。李金发来自“现代派”本家的法国，陶晶孙却是来自“二道贩子”的“小日本”。“大中华”观念根深蒂固的国人追捧前者，轻视后者，是正常的。

然而这仅是事情的一方面，除此之外还有更重要的原因。陶晶孙曾这样解释自己作品不受欢迎的原因：“陶晶孙有个主张，中国文学如要普遍大众，须要减少字数，不用老句子，用浅近白话，因此他有意不读老文章，可是他不知道中国社会不合罗曼主义，自己的作品为不合中国大众胃口的罗曼主义作品，他往往见他的作品不受赞词。”（《牛骨集·记创造社》，1944）在《晶孙自序》里，他这样写道：“我的这期的东西就是这个，没有文字之新造而有文句文章的新造，排斥旧句之一切引用，反有外国字句和思想的引用，结果有不能懂的文章，不能懂的思想，仅能理解于很高级之知识保有者及感觉所有者。”“我国罗曼主义的创造，其实没有多少作品留着，因为我国社会情形不便把这个柔弱美丽的花盛开之故。弃美丽之花于垃圾，觉得有些可怜，把柔弱之花放在街上，不忍其被践踏。”（《晶孙全集》，1932）这些话都不无道理，但遗漏了最重要的一点。其实，笼统地说“中国社会不合罗曼主义”并不确切，事实上，“罗曼主义”在现代中国文坛一直占有很大势力，否则就无法解释创造社在当时中国文坛上显赫的地位及日后“革命浪漫主义”的一统天下。当然“罗曼主义”是一个笼统的说法，范围很大，涵盖多种多样的文学艺术流派，因此与其说“罗曼主义”不合中国社会，不如说陶晶孙笔下的“罗曼主义”不合中国社会。不像郭沫若、郁达夫，以呼天抢地、极端化的方式，表达中国人积压已久的苦闷和破坏反抗的情绪，陶晶孙总是在艺术的象牙塔中浅唱低吟，编织“幻想的谎语”，得不到时代的青睐是很自然的。此外，陶晶孙还有一个致命的弱点，那就是国语能力的低下，这才是他的作品“不受赞词”的根本原因。陶晶孙自己承认，他的母语只有中学的水平；与此形成巨大反差的是他的日语，陶晶孙日语的出色，已经不能用“精通”来形容，简直达到了出神入化的程度，在创造社乃至整个留日作家中，无人能出其右，甚至连东瀛本土的文士都佩服有加。日本作家草野心平盛赞陶晶孙的日语具有自己的特色：“这样的富于日本语个性的、使人惊愕的文章表现出了他独特的智慧。”著名思想家竹内好也认为：“他的日本语文章很简练，有诗人般的细腻，感觉敏锐。看起来跟一般人一样，却极有个性地熟悉日本语的特质。”(《陶晶孙百岁诞辰纪念集》，1998)然而，母语能力与外语能力的失衡，给陶晶孙带来了尴尬的后果。当年郭沫若在国民党政治部第三厅当领导，有一次与陈诚商量对敌宣传的事，郭沫若对陈表示：对敌宣传要搞好，光靠几个从日本回来的留学生是不行的，必须有日本朋友的帮助才行，譬如自己，前后在日本呆了二十年，过着与日本人差不多的生活，但日本话仍没有到家。陈诚听了这番话，开始不相信，郭沫若于是说了这样一番话：“凭我自己的经验，凡是学一种外国语，要从小时候起就受到外国人的小学、中学的教育，那样才可以到家，但那样的人可能就不是中国人了。如果上了二十岁才到国外去开始学习的，即使学到老，也不见得会到家。”(《洪波曲》，1948)

陶晶孙的情形，正中郭沫若所言。若从文化人格、思维方式和艺术趣味上说，我们只能说陶晶孙已经不是一个中国人，而是一个日本人。当他以蹩脚的、深受日语思维方式影响的母语表达自己的感受，描写自己的生活时，必然会弄出一种不伦不类、奇妙难解的文字，这种文章往好里说，是朦胧含蓄，东洋趣味，往坏里说，则是佶屈聱牙，文理不通。陶晶孙如果是个诗人，或许可以扬长避短，诗可以朦胧，可以晦涩，甚至可以云山雾罩，可惜他是写小说散文的，文类的性质，决定小说散文必须有相对的明晰性、可解性，否则就难以成立。这也是中国文坛接受李金发的“象征主义”，不接受陶晶孙的“新感觉派”的另一个重要原因。

陶晶孙是创造社作家中唯一没有改行、放弃自己专业的人，写作始终只是他的业余爱好；而在医学科学领域，陶晶孙同样是一位成就卓著的人，他是中国社会医学的开拓者，发表过大量医学论文，从以下列举的文章篇目中，可以看出他作为一个医学家的勤勉和杰出成就：一、上海市小学生肠内寄生虫调查；二、街道上咯痰中的结核调查；三、江苏省地方天花蔓延及种痘结果的相关研究；四、中国健康男子有关包皮的统计研究；五、无锡实验卫生模范区的生态统计学报告；六、苍蝇传播蠕虫卵的研究；七、中国健康女子月经初潮的观察；八、中国衣食住管见；九、中国新医学受难史序论；十、关于天花传入中国的考察；十一、江苏农村地区子女顺位死亡情况调查；十二、关于台湾人口现状及其对策……正如陶晶孙自己所言：“原来我是一个极同情于病苦，又是从基础科学而进于生物学而进于生物物理学的，对于纯粹科学有热烈欲燃的热心的一个学生。”陶晶孙以医学救助人类，造福社会，以文学慰藉自己的感情，安顿自己的心灵，坚持“为艺术而艺术”的写作立场。这种写作方式应当说有很大的优越性，很符合艺术规律。艺术家的敏感多情与科学家的冷静缜密相结合，本可望开出丰盛的文学之花，可惜历史没有给陶晶孙提供这样的机会，而母语能力的低下，前提性地限制了这位才情横溢的作家。一块石头将他绊倒在地。陶晶孙留日时期的小说创作，宛如一颗并不耀眼的彗星，悄无声息地划过中国文坛的夜空。

二

然而，在日本文化界，陶晶孙却是仅次于鲁迅受到尊重和评价的中国作家。著名中国文学研究家伊藤虎丸在给中国文化界领导人的信中这样写道：“陶晶孙是受日本人，特别我们这一代人最为敬爱的作家之一，不仅如此，从我们这样的日中近代文学史专家的立场而言，不能不说陶晶孙实际上是与鲁迅有同样意义的作家。在中国近代文学史上，创造社中陶晶孙的地位虽不说是比郭沫若或郁达夫的更高，但从中日交流史的观点与对日本的文学和思想给以影响的作家而言，除鲁迅而外，陶晶孙是唯一的人物。可以说，在日本郭沫若是在政治上有名，相当多的日本人知道他的名字；喜欢郁达夫的作品，对他作研究的日本的中国文学研究者（即使是少数）也有。但从他们给日本文学的思想影响来说，我们作为中国文学研究者感到有几分遗憾的是他们对在日本认为是当然的事，不能加以全面的考虑。而唯有陶氏的情况有所不同。”（《陶晶孙百岁诞辰纪念集》，1998）

确实，日本人有足够的理由喜欢陶晶孙，他是一位真正的亲日者、知日家，并且能以日本人喜欢的、能够接受的方式“亲日”。这一切，源于他善良的本性与文化性格的日本化，唯其如此，陶晶孙才能站在日本人的角度，设身处地替日本的前途考虑。不像郭沫若、郁达夫，即使对日本再了解，也总归隔一层；不像周作人，即使再迷恋日本文化，也不出中国士人的文化立场。此外还有一个重要因素，就是陶晶孙与爱妻佐藤操的爱——那场超越了种族国界，经受了险恶的战火考验的爱，这是中日文化交流史上一件难得的“杰作”，为陶晶孙笔下的“东瀛女儿国”平添一个最有力的注脚。比起郭沫若未能经受非常时期的考验，一味推诿于日本军国主义的“迫害”，遗弃患难之妻安娜，另筑新巢，陶晶孙坚贞不渝的爱不能不令人肃然起敬（参见泽地久枝《一海相隔　血链相系》，《陶晶孙百岁诞辰纪念集》）。

同样值得一提的，是陶晶孙的晚期日语写作在日本文化界的影响。一九五〇年五月，饱受离乱的陶晶孙从台湾流亡到日本，回到他的第二故乡，开始了日语随笔的写作。在《落第秀才——日本》一文中，陶晶孙这样写道：“如果不回避的话，日本和德国，因一度强暴之故，就被老师看作是落第的秀才，跟在卑微的殖民地人民后面一起干。说是要再次努力前进，要'再次优越'，并把其他学生挤掉，加以蔑视，老师对此要责备。而且老师从一开始就并不允许日本再次成为强国。"在绝笔《为了中日友好》一文里，他这样写道："倒向西欧文化的结果就是十一年前开始的对珍珠港的袭击，好容易进入伙伴后又被列强打倒。而如今奇怪的是，过去我国想当太监的人，自己的某处被割，被邻居唾弃，却还要学礼仪，准备贿赂，好像要出去做官了。没有吃过苦头，再次偎靠列强的心意却显示出来。这样就把人民大众置于鲁迅所谓的尚未实现奴隶志愿的境地。"据说这一段话在追悼会告别仪式上由牧师（陶晶孙名义上是基督徒）读出的时候，全场每个人就像受了日本芥末的强烈刺激而为之鼻塞，其震撼力可想而知。对于刚从战争灾祸摆脱出来的日本人，这些话犹如当头棒喝。写下这些文章不久，陶晶孙就因晚期肝癌逝世，年仅五十五岁。这些文章后来结集出版，书名《给日本的遗书》，在日本知识界产生了巨大反响。竹内好在一九五二年十一月十五日《朝日新闻》上发表书评，其中这样写道："陶晶孙是才华横溢的人，十分多艺。音乐和美术的造诣很深。他的日本语文章很简练，有诗人般的细腻，感觉敏锐。看起来跟一般人一样，却极有个性地熟悉日本语的特质。他的怀念日本明治革新和慨叹当今世界的预言性文章的独特风格，着实打动了我们的心灵深处。此人音容宛在，我们痛失此人之失。"（《对明治日本的怀念》）仓石武四郎在《图书新闻》上撰文称："如果书籍也可以像酒那样分等级的话，那么陶晶孙的《给日本的遗书》可以说是特级书了。这是专门为那些会舔尽小杯底中最后一滴的善于品酒的人写的。"（《出自爱心的言词》）那么，日本的知识界为什么对陶晶孙的批评如此心悦诚服？还是听听伊藤虎丸的解释吧："陶氏对日本的批评虽然是尖锐和严厉的，但这种批评扎根于陶氏的丰实教养和温良的人品，其中蕴含了对日本文化的深刻理解与爱意，在这方面，与他的美丽的日本语一起，陶氏对日本的批评，使在五十年代有良心的日本知识分子在焚毁的废墟中，在对侵略战争反省的基础上树立起建设新日本的决心，有了超越党派和专业的广泛的共识和影响。"

三

陶晶孙在中国文坛的寂寞状态，并没有因为摘掉"汉奸"帽子而有所改变。一九九八年陶晶孙诞辰一百周年，有关人士出于对这位中国新文学元老的缅怀之情，编出一本纪念文集，结果只有薄薄一本，其中将近一半篇幅由日本友人及陶晶孙的亲属提供，却几乎看不到国内重要评论家、专家学者的文字。这再次证明了前述的观点。陶晶孙的不被中国文坛接受，实在有它自身的原因。然而，从中国现代文学的发生、发展的角度看，陶晶孙的作品自有它的价值，因此有必要对它作一种导读。读懂陶晶孙的小说，窃以为必须具备三个条件：第一、懂日语；第二、了解日本生活；第三、艺术感觉比较敏锐。笔者凑巧具备这些条件，举贤不避亲，且来对陶晶孙的小说作一个“翻译”——

陶晶孙的留日小说既不开阔，也不深邃，却有一种秀气和雅致，宛如东瀛的盆栽。它由一位名叫晶孙(或无量)的中国留学生与众多的日本女子构成。在这个世界中，日本的男性几乎是缺席的，而这位中国学子，性情柔弱善感，多才多艺，有明显的女性化倾向，与东瀛女子相处，浑然一体。

这是一个绝无仅有的爱的乐园，日本男子的不在场，意味着情场上不存在竞争对手，中国学子可以随心所欲，独享众花。事实上，除了极个别场合的一点失意，这位中国学子始终是东瀛情场上的宠儿，凭着杰出的艺术才能和乖巧的性格，游刃有余地周旋于日本上流社会，颇得日本的太太、小姐的青睐和女学生的爱慕，无论走到哪里，都有知音，几乎成了这个东瀛女儿国里的“贾宝玉”。

音乐，是晶孙进入日本上流社会的重要媒介，也是他获取东瀛女子芳心的利器，正如《暑假》里描写的那样，凭着一手钢琴绝活，“他成了两位丽人的珠玉”。小说写中国学子被一位名叫爱丽的女学生暗恋，暑期来临时受到她的邀请，到逗子海滨她的亲戚——一位日本海军军医的家中度暑假。女主人是一位年轻娇美、迷恋音乐的夫人，一个十岁男孩的母亲，住在一栋临海的豪宅里，丈夫由于工作的原因经常出门在外。中国学子在那里，受到两位丽人无微不至的关照，过着神仙一样的日子。小说里这样写道——

> 夫人常常要送她的媚视向他，夫人听他的音乐，凝听自己不甚会弹的自己的钢琴里，会发那种音乐；她被他眩惑了，她只会赞叹了。她看着他的手指的一个微动也要赞美了。不过她在年轻处女爱丽的面前又不能呈什么动作。
>
> 他呢，他连他应该把什么样的好意给两人，都不能想了，他没有思考的工夫了。夫人也很趁心他了，夫人的有力的魅力里，他自然要被拉了进去，而他对爱丽又是——
>
> 所以他成了极淡泊的宾客，他替夫人弹许多他所记得的钢琴曲，又会教法国话给A——夫人的男儿——又会同爱丽作无言的散步。
>
> 他成了这两个女性的珠玉，没有不安也没有不和，他竟住到了八月底。

这个爱的极乐园，与郁达夫笔下“弱国子民”的“性苦闷”是多么的遥远，与郭沫若笔下充满悲情的中日跨国恋亦大相径庭。当然，这并不是说陶晶孙的主人公没有一点“弱国子民”的烦恼，相反，他很清楚自己的身份和处境，“他有些寄心在爱丽，不过他很晓得，他是中国人，他恋爱了而破灭是不愿，有许多中国人也走进过日本的上流人家受他们的优待，只是大都也不过是他们一时弄弄中国人，试试优待，试试日中亲善罢了。”但这一点也不妨碍中国学子尽情地享受这种优待，正如小说中写下的那样：“而今他仿佛中世的游历者，在这儿得她们真心的优待，是很快活的事体。”在陶晶孙的小说中，“我是中国人”这句话频频出现，经常是在与日本女子交往的紧要关头，中国学子主动亮出这个身份——当然没有《沉沦》的主人公那种“站在断头台”的恐惧，结果也不是那么可怕。在《音乐会小曲·春》里，那位像姐姐一样呵护他的女友，十分认真地邀请他到家度周末，听到他说“我是中国人”时，马上打断他说：“我也晓得，但这有什么妨碍，如有妨碍，我们早已不能天天见面。”有时候，反倒是中国学子太小家子气，低估了日本女子的思想境界。《菜花的女子》里这样写道，那位思想激进的银行家女儿，听说他是中国人以后，不仅不小看他，反而更喜欢他，与他成了情人，中国学子后来知道她是一个革命者，觉得“自己毕竟是不及她”。而在有些场合，“中国人”的身份反而成为维持尊严、自我保护的屏障。《两姑娘》里这样写道：在银座散步解闷时，中国学子遇到一位不相识的日本女郎亲热地追自己，出于戒备心，中国学子主动亮出身份：“先要跟你讲好，我是中国人。”谁知那位女郎竟是中学时代暗恋过他的情人。

这种相当另类的“弱国子民”爱情故事，某种程度上可以修正郁达夫的“弱国子民性苦闷”的刚性逻辑。公平地看，“弱国子民”的身份确实给海外中国学子带来了不幸，造成他们性的苦闷、爱的匮乏，这些都是毋庸置疑的。然而就像任何事物都有自己的范围一样，“弱国子民”也不例外；“弱国子民”可以在一定程度上，甚至相当程度上左右爱的活动，却无法百分之百地决定它。爱亦有不关它物、非己莫属的性质，最后都要落实在男女之间最微妙的生命情感交流上，一切还得取决于“缘分”。换句话说，即使不是“弱国子民”，也会性苦闷，也会失恋，也会打光棍。除却其他因素，最终决定“爱”的，是一种爱的能力，爱的艺术。因此，过分强调“弱国子民”的因素，有可能遮蔽问题的另一面，而整天把“弱国子民”挂在嘴上的，很可能是个性无能、爱乏术之辈，或者就是一个性放纵者——因为他必须为自己找个借口，否则心理无法平稳。

正是在这一点上，陶晶孙与郁达夫拉开了距离，这直接影响到两位作家对东瀛女子的眼光和描写。郁达夫笔下的东瀛女子，外在的描写比较多，或者是“那一双雪样的乳峰！那一双肥白的大腿！这全身的曲线！”或者是“小小的身材，长圆的脸儿，一头丛多的黑色的头发，坠在她的娇白的额上。一双眼睛活得很，也大得很。”相比之下，陶晶孙的描写含蓄得多，东瀛女子的独特魅力，通过陶晶孙那空灵的笔墨，梦幻般地传达出来。她们温柔、善良、妩媚，情义十足，既给中国学子心灵的抚慰，也给他肉体的快乐，正如小说《温泉》中描写的那样，中国学子与日本女友在温泉相逢，彻夜狂欢，陶醉在“成熟的处女发散的氛围气里”——

> 顿时电灯也熄了，房中被紫外线罩着，两人在跳舞，像青玉和白玉的跳舞。
>
> 温泉在早晨六点钟的亮光中滚滚地流。
>
> ——这是六点钟啊。
>
> ——六点钟的温泉！
>
> ——水的融感真可爱！
>
> ——吸水的嘴唇的触感也一样。
>
> ——水也不在颤动了。

作者调动了全部的艺术感觉，视、听、味、触，还有时间浑然一体，写尽爱的狂欢，生命的欢喜，这是中国现代留日文学中极为罕见的。

令人遗憾的是，在这个东瀛女儿国里，偶尔出现的中国女子，几乎都是负面的陪衬，她们自私、粗俗、霸悍，毫无女性魅力。《两姑娘》在这方面堪称代表，小说一开始，作者就借晶孙之口对中国女人作了一番刻薄的攻击，性情温和的陶晶孙很少这样——

> 他是江南人，他十五岁时候留学日本，也回家去过好几次，只是他对江南一个一个的女人，除了他母亲——妹妹他是没有的——都很慊恶。一归省到江南去，无论哪一根他的末梢的神经，都要感觉许多丑；那好像用漆去漆了的头发，那没有足根的鞋子，那一半从那短衫下露出的很大的臀部——中国的女人他真看也不愿看了。

江南本是中国女子精华所在，自古美人出江南，身为江南出生的中国学子陶晶孙竟不惜予以全盘否定，实有伤国人之心，这意味着陶晶孙的文化立场已经发生偏移，其日本式的偏见是一望而知的，好比口味清淡的日本人吃不惯味重油大的中国菜就厌恶它一样，作者那双看惯了日本女子的眼睛，似乎再也看不惯中国女人。

小说笔墨一荡，写到一位浙江姑娘，这一次是一位新时代的女性：“她穿着一双高足跟的靴子，她穿一身连臀部都包好的长衣，所以他对她的感情也就不同。”看到这里，人们或许以为作者要换一种眼光，正面写一写中国女子，结果不是这样。那位浙江姑娘虽是一身新包装，却是一个令人望而生畏的女强人，任性、专横、自私，连最起码的人情味都没有。未婚夫(即那位中国学子)从老远的地方赶到东京来探望她，她却连去火车站接一接都不肯，只管在家里睡懒觉，把他一个人晾在客栈里。如此冷漠寡情，正好为日本纯情女子施展爱术提供了空间。就在中国学子独自一人在银座街头闷闷不乐地游荡时，不可思议的邂逅发生了，仿佛是上帝的有意安排。面对这位从天而降的少年时代的情人，中国学子一时记忆恍惚，而日本女子却是情义不减当年，热情地把他邀到自己的豪宅，殷勤照料，还特地为他借来了钢琴。最令人惊异的是，就在中国学子酣然入睡时，她替他给他未婚妻——那位中国女强人发了电报，把她请到自己的住处，然后主动回避，让他们相会，等中国女人离开后，她又回来继续照料他，甚至向他表示：即使他同中国女人结婚，她也愿意永远伴随他。两相比较，不能不叫人惊讶：同为女人，差异竟会如此之大！

同样的褒贬，在《女朋友》中以另一种方式得到演绎，小说写无量被一个生活放纵，道德败坏，不讲游戏规则的中国女子诱惑，伤害了自己的日本女友K，整篇小说笼罩在一片淡淡的忏悔气氛中。有趣的是，作者特地点明，中国学子之所以被诱惑，是因为这个中国姑娘外表的日本化，颇有几分大意失荆州的味道："女性的夸张把她的声音给他听，又把日本人特有的害羞拒他的钢琴要求，这动作很趁他的心。"这段东洋味十足的文字，轻描淡写点出了日本女子特有的神态，作者受东瀛女子熏陶之深，由此可见一斑。

在性格霸悍的中国女子面前，晶孙总是显得被动，狼狈不堪，完全失去驾驭能力。在《短篇三章·绝壁》里，回国游春的留日学子被一位"不顾别人的存在"、只知自己一个人"快活"的中国女士牵引着，来到悬崖顶上，最后和她一起，从悬崖绝顶上疯狂地滚向大海。这是一篇象征死亡的小说，在走向死亡的过程中，留日学子扮演的，始终是受裹挟的、受诱惑的角色，而这位中国女士，则有明显的恶魔的特征，是一个莎乐美式的人物，她这样向留日学子施展"法术"："好风啊，从这儿看东方，大概到日本去的船也可以望见了，那儿听说的恋爱着你的夫人也在——你如回去，她必定要叫她的丈夫出外边去，然后来接你——啊，风，啊，像你一般细长的人立在绝壁旁是很危险的，假如你一个人被风吹着落下去到那海里，有什么办法呢？——假如是我，我决不肯一个人从绝壁落下去的——"其恶毒刻薄，恬不知耻，令人悚然。

甚至连身上的气味，都能分出高低雅俗来，中国女人身上的味道，往往浓重、怪异、刺鼻，令人不安或不快，而日本女子身上的气味，则是清香、温暖、悠远，能够给人带来宁静。这显然已经超出正常的理性，中日两国本是同文同种，体质大同小异，没有任何证据可以证明中国女人身上的气味比日本女人的难闻，这种对日本女子"爱屋及乌"式的赞美，对中国女子"恨及袈裟"式的厌恶，说到底，还是不可救药的"日本趣味"在起作用。在《毕竟是一个小荒唐了》中，晶孙这样嘲笑中国的女性解放："原来无论一个什么肉体，把她的器械拿 Benzine 油洗一洗，揩一揩油，说不上文学上的浪漫主义——只把影戏巨片的艳丽、肉感、爱情、浪漫的精神吹进她的脑膜里，抱她在舞厅的滑地板上扭一扭，拍了一拍白粉胭脂，那么一个女性算就是解放了。"

陶晶孙笔下唯一不让中国学子难堪的中国女子，是那个半路出家的舞女弥吉林(《毕竟是一个小荒唐了》)。弥吉林肥得像头猪，毫无女性魅力可言，晶孙与她搞到一起，虽然是退而求其次，其中既有同病相怜的因素，因为他们同属“不合时代生活的异国人”；也是出于自我放纵、宣泄苦闷的需要；此外还有一个更实际的原因：这儿已不是日本。所以，当日本情人雪才纳千里迢迢从日本赶到上海与他相会时，他们的爱情立刻“发作”，雪才纳发现了中国学子与弥吉林的亲密关系，不仅不生气，反而心甘情愿作“第二”，还主动要求替他“陈设姊姊今天的寝室”，并向他表示：“我会在你旁边，会服侍你，我会尽心尽身为你出力。”日本女子的气量，真是大到了匪夷所思的地步。难怪中国学子如此神魂颠倒，就连她的眼泪，都成了一粒粒“真珠”！晶孙这样赞美雪才纳：“你这一件衣服，虽说是半丧服，你不晓得比包一层面纱的美女美丽得多么？不晓得你的两根脚，两个眼睛，你的走路，你的两条眉毛，你的金发，除非化装波斯人，不是，就算化装波斯人，你本来的美一些也不会埋没的。”

写到这里，令人想起日本作家武田泰淳以沦陷时期上海的“东方文化协会”为背景写下的一本《上海之莹》的书，其中写到了陶晶孙，说他是“上海的老油条”，喜欢与“乳房丰满的、风骚的”、身份不明的女性来往，还摆出一副羞答答的样子。书中说：“T先生(即指陶晶孙)就是忍不住地喜欢日本女人。”武田泰淳所说的风骚女人，就是那位以记者身份活跃在上海的日本间谍。陶晶孙当时秘密受命于中共地下党负责人潘汉年，在沦陷区与日本人周旋，经常与这位日本女间谍打交道。武田泰淳不知其中原委，对陶晶孙嘲弄有加。不过他说的“T先生就是忍不住地喜欢日本女人”，却是歪打正着，一语中的。如此看来，与这样一位不同寻常的日本美女周旋，对于陶晶孙来说未尝不是一种快乐的冒险。

四

陶晶孙的“东瀛女儿国”无疑是一个爱情乌托邦，一个白日梦的世界，一种美丽的谎言，也是一种人生的“假设”。正如作者在《音乐会小曲》初版后记中宣称的那样，小说、戏剧就是一种“幻想的谎语”——“人都会梦，有时那梦倒含有些风味的，用笔纸来抄它出来，那梦幻有时也会变为一个创造。换言之，人不会制限他的梦，也不会强做他的梦，而那极不自由的梦幻中，我们能够选出一些灌流人性和人生的有风味的独创。”

然而任何“梦幻”，任何艺术上的“假设”都不是空穴来风，都受到现实的暗中操控，一个人的经历、遭遇、性格和性情，决定了这种“梦幻”与“假设”的方式。

一九〇六年，年仅十岁的陶晶孙随父母来到日本。这是一个精神世界尚处朦胧、文化人格未塑的年龄，宛如一张白纸，有待人生巨笔的书写。沐浴于优美而伤感的东洋风土，陶晶孙在日本度过了整个青春年代，小学、中学、高中、大学一路读上去。其时的日本，正是欧风美雨盛行，中国传统文化受蔑视的时期，陶晶孙国学修养的先天不足因此没有机会得到弥补。陶晶孙一到日本，父亲就把他送到东京神田的锦町小学，插班四年级，与日本孩子一起受教育。两年后入府立一中读书，同学友人中有内村鉴三的儿子祐之，有森鸥外的儿子于菟，可见这是一个上流的学校，在这里陶晶孙打下了文化精神的底子。

仔细想来，陶晶孙的中国生活体验除了十岁之前那点朦胧的记忆和在东瀛与家人的日常生活，再也没有别的，这与长达二十三年、伴随整个青春生命记忆的日本生活体验比起来，孰轻孰重，是不难判断的，这不能不导致陶晶孙文化人格的“东洋化”。尽管从血缘或者观念上说，陶晶孙毫无疑问是一个中国人，正如他自己说的那样：“根底上生有爱乡心，观察外国又得爱国心”，但从文化教养、艺术趣味乃至生活性情上讲，陶晶孙与其说是个中国人，不如说是一个日本人，价值取向明显地偏向日本。西谚曰：“趣味无争辩”，这是毫无办法的事情。陶晶孙爱中国，主要是血缘上，观念上的；爱日本，则是性情上，趣味上的。这种文化上的“亲日”，不经意地流露在他的文字中。在小说《暑假》中，主人公先是感叹自己“久留日本，已经不能合中国人的国民性”，成了“东洋的波兰人”，表示“情愿被几位同期留日的同学以为久留日本而日本化”，尔后对中国人和日本人的异同作了一个奇特的比喻：“他仿佛坐在月台上，他的前面是许多中国人——不过他很看不惯——日本的听众从月台上看，譬如是一朵温室的花，中国的就是枯木上开着梅花一般。”

在“温室的花”与“枯木上开着梅花”之间，陶晶孙除了前者别无选择，理由很简单：他自己已成为“温室的花”之一，其性状已完全东洋化，用他自己的话说：“我久住在国外，欧德罗典都弄过，可是不很通中国古典，所以我写的东西，‘文理不通’没有‘文艺味’，有人说新颖，有人说东洋风。”（《关于识字》）陶晶孙的日文表达远比用中文得心应手，便是最好的证明，处女作《木犀》等许多作品都是先用日文写成，后来在郭沫若的帮助下译成中文的。

正是在这一点上，陶晶孙与他的创造社伙伴拉开了距离。郭沫若二十二岁留日，郁达夫十八岁留日，都是在国内练就国学童子功，文化人格基本定型后来到东瀛的，外国的东西诱惑力再大，吸收得再多，也不足以从根本上动摇自己的文化根基，异化自己的根性。读郭沫若、郁达夫的小说，虽然也让人感到浓郁的东瀛情调，作者身上那股顽强的中国根性和语言表达上的中国底蕴，却是挥之不去的。而陶晶孙的小说，已读不出多少中国的味道，从人物到叙述，都彻底地东洋化，简直就是日本文学的一脉特殊支流。这方面与陶晶孙最具可比性的，要数周作人，两人都是不可救药的文化上的“亲日”派，语言表达也是同样的东洋化。但周作人的东洋化与陶晶孙还是不一样，他是在打下国学根基，成年之后来到日本的，唯其如此，他在“日本化”的同时，也在“中国化”，汉语与日语达到了深度的融合；而陶晶孙则不然，由于前述的原因，他的母语停留在初级水平，日语则日进无穷，达到出神入化的程度，在这场实力悬殊的语言博弈中，日语轻易地覆盖了汉语。陶晶孙的留日小说，极端一点地说，像是用汉字写成的日文，不仅语法日本化，连词汇都如此：诸如“迟刻”（迟到）、“主催”（主办）、“劝诱”（推销）、“洋服”（西服）、“经理员”（办事员）等等，夹杂字里行间。对自己的东洋化，陶晶孙亦有自知之明，在《日本趣味》一文中，作者居然以自己的小说《两情景》中一段文字为典范，来说明与“世界共通的美”不尽相同的“日本趣味之美”，俨然自己就是“日本趣味”的代表——

他静坐一刻，吃这没有一些油混着的素面，远远听见三味线温习会传来的杂音。他正想要回去，他立起来，向廊下走出一步，对面来的一个中年妇人，一看可见她也是一个从小以来在这风流界生活的人，梳着清凉的，风也会通过的日本头发。

“啊，你少先生在这儿，今天温习会，为什么不听？”

“嗳，太拥挤了，进不进去。”

“来来来，我们这儿来，连你的——面也——”

她向对面的房间去，引导他到沿街的房间，那儿许多纯日本装的中年女人和少女，都在看街对面的楼上的温习会。

“谢谢你，谢谢你。”

“哪里有这话——吗，天热了哟，少先生。”

这时候，拉她的日本衣服的襟，开她胸，右手执长袖向胸一挥。

她这时候的襟脚的美！

这段文字确实传达了日本文学的神韵，令人想起永井风荷、泉镜花的笔墨，那种清淡、含蓄、略带伤感的美，这样的文字，同是留日多年的郭沫若、郁达夫是写不出来的。

陶晶孙是留日作家中唯一融入日本社会、了解日本上流社会的人，这固然得力于他的童年教育背景，但更与他的性格与特长有关。日本是一个酷爱美、崇尚技艺的民族，对身怀绝技的艺人向来崇敬有加，尤其日本的女性，对艺术家的崇拜不遗余力。这种风尚同样适合于在日的外国人。日本人虽以排外著称，但假如这个老外掌握着精湛的技艺，并且充分地日本化，在日本还是受优待的，不愁找不到一席生存之地。作为“弱国子民”的陶晶孙，能在日本的大学里组建交响乐队，担任乐队指挥，能娶日本的知识女性为妻，能出入于日本的上流社会，与“乘汽车的阶级间交际”，证明了这一点。陶晶孙过人的艺术才能，连大文豪郭沫若都佩服不已，在《创造》季刊上，他这样推荐陶晶孙的小说处女作《木犀》：“一国的文字，有它特别地美妙的地方，不能由第二国的文字表现得出的。此篇译文比原文逊色多了，但他的根本的美幸还不大损失，请读者细细玩味。”在一九二二年九月十二日致郁达夫的信中，郭沫若刻画了一个活脱脱的艺术精灵：陶晶孙费了二十天的功夫，自己造了一座房子，四叠半大，安了一张床，一张书桌，一架比牙琴，两只坐凳，另外，还养了一匹摩菲斯特匪勒斯，即恶魔般的狗，名叫尤拉，自制的门楣上写着拉丁铭文：这是女孩钦赛妮·塔维奇的家。接着写道：“真是妙人妙事。有人说哲学家是甲虫，我想说艺术家是蚕子，晶孙的茧子算是造成了。他破茧而出后的生产力，真足令刮目相待。”

如果说丰富的艺术才情是陶晶孙进入日本上流社会的入场券的话，那么乖巧玲珑的性格，就是他融入日本社交界的润滑剂，两相结合，产生惊人的魅力。陶晶孙这样分析自己的性格：“太平天国和大清帝国的相克在血管之中，使得不会勇敢而也不会走官邪之道，也使得人成为神经质的，不过这种怯懦同时成为感受性的发达。”(《晶孙自传》)需要补充的是，陶晶孙的神经质与发达的感受性，是与东瀛伤感的文化风土的刺激培养分不开的。然而，陶晶孙精通医学，爱好物理学、数学，发达的感受性中还有理性的制衡，这又是他不同于郭沫若、郁达夫的地方。柔弱、正义、伤感，为陶晶孙性格结构的三要素。柔弱，决定了他和蔼善意，富有同情心，与惊天动地的英雄壮举无缘；正义，决定了他听从良知，恪守道德底线；伤感，决定了他多情善感，善解闺意。这三种要素结合起来，正好是一个贾宝玉式的男人，最适合在女人堆里生活。这种男人不会让女人紧张，也不会让女人尴尬，更不会让女人感到危险。这种“润物细无声”的爱的能力，本为性情刚直的日本男人缺乏，最容易讨得日本女人的欢心。据陶晶孙的自述，中学三年，与高等工业学校某教授的小姐恋爱，又与某子爵的儿子相爱。由此不难看出陶晶孙在男女情事上的早熟与左右逢源的“人气”。

一提起日本女人，人们一般只知其温柔顺从，殊不知，这种温柔顺从中包含着巨大的吞噬性能量。日本原是世界上母系社会传统持续最悠久的国家，至今仍保留着浓郁的母系社会风尚。从表面看，似乎是日本男性统治着日本社会，女性处于从属的、卑微的地位；深层地看，却是那些不起眼的日本女人，在不动声色地调教着日本男人，管理着日本社会。日本著名社会学家河合準雄对这样一个“母性社会的日本”作过专门的诊断，他援引古希腊神话故事，把日本男子比作“永远的少年”，将日本社会的一些病理现象，诸如个人主体性发育不全、能力平均主义，小学生逃学等等，归结为这种母性文化机制。客观地看，这种母性文化机制，给日本社会带来了莫大的好处：日本人特有的“和”的精神，团队协作的精神，安分守己的精神，乃至“万世一系”的皇统，都与这种母性文化有关。而就女性价值来讲，其最大的好处，莫过于女性的原始风情与母爱的完善结合。正是在这一点上，陶晶孙与之有着特殊的默契。在他的“东瀛女儿国”里，中国学子总是扮演着“被保护者”的角色，他与日本女子的恋爱，基本上属于“母子型”的。在《木犀》里，他与一个比自己大十岁的女老师toshiko相恋，纯粹是一个乖孩子；在《音乐会小曲·春》里，女友把他当baby（小男孩）一样地呵护；在《菜花的女子》里，银行家小姐对他的爱，带着一种美丽的专横，连她的呵斥，都是赏心悦目的；即使是与自己的女学生相恋，也难改变这种“被保护”的关系。当然，这决不意味着中国学子是一个被动的角色，事情恰好相反，中国学子总是依托着“被保护”的位置，积极地回应，得心应手地施展爱术，自然而然地将“母爱”发展为纯粹的男女之爱。这种双重性质的爱，既可靠，又不容易变质，必要时也容易解散，为中国学子在东瀛女儿国的纵情，搭好了宽阔的舞台。

和蔼的笑容，传情的眼睛，幽默的谈吐，颀长的身材，这是晶孙的画像，这样一个柔弱、精致、浪漫的多情种子，遇上风情十足、母爱丰沛的日本女子，哪有不束手就擒的道理？反过来说，东瀛女子遇上了陶晶孙那样散发着艺术精灵的乖孩子，焉有不怜惜的道理？这就是缘分。

五

然而话又说了回来，陶晶孙虽然是留日作家中唯一融入日本社会，并且将日本上流社会女性的姿态通过文学作品传达出来的人，但这种传达毕竟是单纯的，也是肤浅的。陶晶孙笔下天使般温柔的日本女子，说到底，是作者鸵鸟式的自我陶醉与不可救药的“日本趣味”合作的结果，至多只能产生印象派式的作品，如法国印象派画家雷诺阿笔下的那种美丽丰腴、缺少灵性的法国裸女。理由很简单：陶晶孙虽然融入了日本社会，这种融入毕竟是浅层次的，他毕竟不是日本的国民，对日本的历史文化也缺乏一种“血浓于水”的感情，因此，他也就很难深刻地理解日本人，对日本的描写也只能停留在表面。

更有甚者，长期的日本生活，导致陶晶孙与中国的疏离、隔膜、尴尬的局面于是不得不出现：无论是中国的，还是日本的，陶晶孙都无法深入，他成了一个没有文化归属感的“边缘人”，正如作者在《到上海去谋事》中形容的那样：“我在这回由日本回到百事都不惯的中国来，好像从非洲搬到动物园里来的狮子一样，已经完全失去了性欲。”又如陶晶孙在《毕竟是一个小荒唐了》中感叹的那样：“留学外国不可以过久，过久了便要失去自己站立的地位，成一个过剩的东西。”从文学创作上看，陶晶孙一九二九年回国之后，改弦更张，放弃了情有独钟的“新罗曼主义”，勉为其难地追赶时代潮流，结果成为一个名不副实的“普罗文学”作家。作为小说家的陶晶孙，从此不复存在。他的艺术能量，要等二十年之后再度释放，不过那又是另一种方式。他成了一座沟通日本与中国的“浮桥”。

想起胡绳

◎ 陈四益　文　　黄永厚　图

一

胡绳先生在世的时候——已经是上个世纪九十年代的后期——我曾问他：“当年你们都是反对钳制舆论的先锋。那时你们确信思想不能查禁，真理不能封杀，它必会赢得群众。所以，尽管政权在国民党手中，报刊也大都在他们手中，你们除去思想与自信，两手空空，但无所畏惧。为什么现在政权在共产党手中，报刊在共产党手中，反而好像缺乏了当年的自信？对那些不太乐意听的话，难道不能用说理的方法，而定要用查禁的方法？”

胡绳沉吟片刻，说：“现在不同了.。”

“什么不同？”

“现在掌权了。”

“是因为掌了权，所以觉得运用权力禁止比运用思想说服更为简单方便吗？”

他又沉吟片刻，说：“掌权了，就怕乱。”

“那么当初呢？”

“当初乱，是乱了国民党。”

我没有再问下去。胡绳是前辈，又身居高位，同一个交往不深的晚辈，能这样不以为忤，坦率交谈，已是非常难能。

二

我之所以向胡绳先生提问，是因为想到了鲁迅，他从以往的事实推测将来，说得那样深刻，深刻得令人战栗。而瞿秋白的《鲁迅杂感集序言》与胡绳论述鲁迅思想发展道路的长文，是我昔时读鲁迅的重要参考。

鲁迅关于《文艺与政治的歧途》的演讲，是一九二七年在上海暨南大学作的。按照对鲁迅思想发展的正统论述，这时他已完成了从进化论到阶级论的转变，成为一个马克思主义者了。

他演讲的大意是说，文艺和革命有不安于现状的同一，但文艺与政治是不同的方向，因为文艺不安于现状，而政治则要维持现状。所以，在革命时期，革命家同文艺家可以有不安于现状的同一，大家都要改变现状，但到革命胜利之后，这种同一就变化了。文艺家依旧不满于现状，想催促社会的进化使它渐渐分离，这样社会才能进步。但革命家因取得了政权而转换了地位，成为政治家。政治家最不喜欢人家反抗他的意见，最不喜欢人家要想，要开口。因为他想维系现状使它统一。于是，“政治家把从前所反对那些人用过的老法子重新采用起来。”仍不免于不满意，要批评这个、批评那个的文艺家，便又非被排轧出去不可，或是干脆割掉他的头。鲁迅当然是从大革命前后的中国现实作出这一分析的，后来的事实不断证明了这一分析的精到。

三

如果用鲁迅的眼光来看文艺与政治的关系，许多先前不大明白的事情就豁然开朗。

譬如，王实味的《野百合花》、丁玲的《三八节有感》、不过是两篇短短的杂文，何以便在延安引起轩然大波？又何以到了一九五七年那场运动之后，还要拿出来“再批判”？以我的愚鲁，当初实在觉得有点小题大做。现在想想，这就是文艺与政治的歧途。王实味、丁玲若是在国统区写两篇批评当局的文章，即便更加尖锐，延安是一定拍手叫好的，因为这样的文艺同延安的革命家在不满现状上是同一的，而国民党的政治家则必加封杀，因为他们是要维持现状的。但这两篇短文不幸是在延安写的，批评的是延安的某些风气，已经在延安掌权的政治家就觉得是在捣乱了，于是也用起了老法子。这也就是毛泽东《在延安文艺座谈会上的讲话》里并不含蓄地宣示的文艺与政治的关系：一切危害人民群众的黑暗势力必须暴露之，一切人民群众的革命斗争必须歌颂之，这就是革命文艺家的基本任务。在新的政治家看来，文艺家在就政治家退出之后，唯一的任务就是歌颂新的政治了。

懂得了这一点，我想，也就不难理解，鲁迅为什么会说革命成功之后，他可能会穿上红马甲去扫马路；而毛泽东在罗稷南问到鲁迅如果活到今天会怎样时，作了那样令人吃惊的回答。

四

鲁迅所说的文艺家，似乎并不是狭义的文艺家，它应该包括思想家在内。思想家对社会的批判，也如文艺家一样，是基于一种理想，在一定时期是同革命家同一的。待到革命成功之后，如果思想家发现，他看到的现实，同所抱的理想并不相同，又不免发出批评。这样他的命运也就同文艺家一样了。但如果思想家只是赞美现在的好社会，不能提出新的理想以祛除社会的弊端，他也就不成其为思想家了。恰如鲁迅所言，“世间那有满意现状的革命文学？除了吃麻醉药！”世间也不会有满意现状的思想家，因为提不出社会的弊端及其

矫正之道，只唱赞美诗的，充其量只是歌星，绝不是思想家！

五

胡绳先生说，“现在不同了”，“掌权了，就怕乱”，说的也是这个道理，只是以他的谨慎和他的地位，不能不谨言慎行，处处设防，以免授人以柄。对一个交往无多的人，讲到这个份儿上，不能不打住了。

不过，在后来的交往中，我感到，他想得更加深，他想提供给社会的，不是感想，而是成熟的思想，哪怕这思想不免会同政治家的想法相左。

那是世纪之交的前一年，我供职的《瞭望》周刊为了出版迎接新世纪的专刊，准备约请学界名家回顾即将过去的世纪，瞻望即将来到的新世纪。胡绳先生自然是首选。他慨然应允了约稿的要求，写成后便打电话叫我去取，文章题为《社会主义和资本主义的关系——世纪之交的回顾与前瞻》。他后来说，文章写得过于晦涩，文字也太短，未能展开，是言未尽意的意思吧。但我当初读后，却感到了胡绳作为思想家的特质。他所思索的是自一九四九年以后，中国何以会一直走到“文革”那条路上去。失误从何开始，又因何而起。这个问题不解决，改革开放的方向也难于坚持，说不定哪一天已经经历的失误又会卷土重来。

六

他说的这个问题，就是如标题所示，是如何正确认识社会主义与资本主义的关系。他的论述，有兴趣的朋友可以去找他的文章来读，给我印象最深的，是他把过去我所感觉到的东西，作了理论上的剖析：企图越过社会发展的必经阶段，一跃而进入“光辉的顶点”，结果带来了经济、社会的巨大破坏。这是民粹主义对中国革命的影响。

这个问题在当时相当敏感，他的文章自然不能不婉曲而言。这大概就是他说的晦涩吧。但他的意思是谁都读得明白的，不然，也就不会因为他的这篇和以后进一步发挥的文章，被自命为“坚定”的什么什么攻击为“老右”了。

此文在审稿过程中，题目被改成了《坚持三个“有利于”，发展有中国特色的社会主义》。这题目无论从点题醒目或是论述中心看，显然都不如原题，且无新意，但它使文章的色彩不致扎眼，或可在见刊前省去一些麻烦。好在文章内容并未删节，我也就没再征求胡绳先生的意见。后来知道他对这标题很不满意，但也未向我提及，我想，以他的经历，对办刊人的难处当是了然于心的。

七

胡绳先生晚年是很想把自己的思考公诸于世的，这是任何一个思想家都有的冲动。他曾戏言自己：“吾十有五而志于学，三十而立，四十而惑。惑而不解垂三十载。七十八十，稍知天命。廿一世纪，略窥门庭。九十无望，呜呼尚飨。”胡绳本名项志逖，不知是用“逖”的本义要志存高远，还是要他立志如祖逖报效中华。他十九岁就写了《新哲学人生观》，青年时代的《帝国主义与中国政治》等著作是几代进步青年的读物。但他晚年回顾一生，却认为自己从四十岁到七十岁的三十年间是“惑而不解”，直到暮年才稍知天命。长期处于政治家的地位，极大限制了甚至消磨了他作为思想家的作用。在生命的最后几年所写的几篇文章，是他摆脱了诸多束缚后得出的最具理论价值、也最具个性化的思考。如果不是要求所有的言论都要统一于一个口径，他那“惑而不解”的三十年，将有多少理论的创造！这一点，是那些以维持现状为第一要务，因而禁止思考，害怕不同思想争鸣的政治家应当深长思之的。

中国自古以来就不乏善于思考的学者，但几千年来罢黜百家、定于一尊的政治传统，阻碍了中国思想学术的发展，许多灿烂的思想，都成了稍纵即逝的火花，以至直到今天，说起古代的思想文明，仍只是津津于儒学一家。

八

胡绳先生患癌症住院期间，我曾去病房见过他一回。他还在为中国走过的路和要走的路思索，但已有时日无多之叹。我请他为我写几个字，他铺开宣纸，写了屈原的“路漫漫其修远兮，吾将上下而求索”。我想，这既是他的心境，也是对后辈的期望。后来读到他写给吴江先生的信，抄录了访李清照故居时为这位女诗人写的一首诗：“瘦比黄花语最清，非徒婉约树词旌。路长嗟暮呼风起，道出从来壮士情。”并说李清照《渔家傲》后半阕“我报路长嗟日暮，学诗漫有惊人句。九万里风鹏正举。风休住，蓬舟吹取三山去”，笺注者以为是从《离骚》中化出（“路漫漫其修远兮，吾将上下而求索”；“欲少留此灵琐兮，日忽忽其将暮”），而他又把李清照的词语缩减为一句（路长嗟暮呼风起）。屈原的这两句诗，鲁迅曾用之于《彷徨》的题词，现在又在胡绳先生的信中读到，真是“道出从来壮士情”——精神界之壮士。

九

因为想起了胡绳先生，重又想到了我对他的提问和鲁迅那篇深刻的演讲。中国几千年来对于思想，除了几个短暂的时期，大体都是要求一律，要求统一，而对于不一致的思想都视为异端，不是烧掉，就是禁止，结果不知扼杀了多少有益的思想。中国今后要求发展，需要多一些思考者，多一些思想家，哪怕只是一得之见，也不要随便弃置。应当鼓励的是探索而不是学舌。政治家如果不把自己当作思想界的无上权威，而只是善于从整个社会的思想创造中择其善者而从之，我们可能会少走许多弯路。

十

中国人把自己命运的决定权寄托于某一个圣明天子的岁月太长久了，整个民族也因此付出了太大的代价。我们民族的文化自有其不可磨灭的光辉，但也有许多需要自省的地方。自省，才是进步的动力。悦

补白

鲁迅“自惭不及白人毒辣勇猛”

李四光教授曾劝鲁迅“十年读书十年养气”。鲁迅回复道：盛意可感。书是读过的，不止十年，气也养过的，不到十年，可是读也读不好，养也养不好。鲁迅是李四光教授所早认为应当“投畀豺虎”者之一，以为鲁迅“东方文学家的风味，似乎格外的充足……所以总要写到露骨到底，才尽他的兴会。”鲁迅自己的意见却绝不同。正因为生在东方，而且生在中国，所以“中庸”、“稳妥”的余毒，还沦肌浃髓，比起法国的勃罗亚——他简直称大报的记者为“蛆虫”——来，真是“小巫见大巫”，使己自惭究竟不及白人之毒辣勇猛。

续貂录

有一种痛死不瞑目

◎虞非子

也是“好人冯二哥”冯亦代先生出版《悔余日录》的那一年，即二〇〇〇年，“一个四十度的大热天”，我的朋友黑马去给冯亦代先生送稿费——黑马的小说《混在北京》重版，将冯亦代的《热闹的黑马〈混在北京〉》作为代序。二〇〇九年春，章诒和怀着“裂骨锥心之痛”写下《卧底》之后，黑马又想起了那个“大热天”的冯亦代：

那时他刚刚大病初愈，羸弱得不成样子，几乎一阵风都能吹倒他。估计那种健康状况与他决定出版自己的日记后的复杂心情有关。只是，当初他的日记，我们都没仔细看，看了也因为不了解情况，根本不懂……我握着他的手，那手一点力气都没有……我当时只是为他的健康心痛，但不知道他的病痛后面有这样大的精神压力……（黑马《冯亦代先生：又一座丰碑倒了下去！》）

也是那个“四十度的大热天”之后不久的一个晚上，“正处在临终关怀阶段”（黄宗英语）的冯亦代接受了一次访谈。当采访者询问他抗战时期为共产党领导的革命活动及文化活动提供帮助的“故事”时——

冯答：“有些事到死也不能讲。”冯亦代沉默了半天，又说：“我做的事都是党让我做的，一些党内的事是不可以公开的。做得不对是我能力有限，是我的责任，但是一开始都是党交给的工作。我只能讲到此为止。”（张者《文化自白书·冯亦代：相见时难别亦难》）

“沉默了半天”之后展开的这一段话，现在看来，或许可以视为冯亦代对其上世纪五十年代末六十年代初那段“卧底”生涯的某种“阐释”——“都是党交给的工作”。

的确，这是“党交给的工作”，但那段生涯却是怎么也不能再“交还给党”便释然的，所以那天的采访者留下了这样一则手记：“冯亦代的痛苦无处诉说，也无法诉说一生的苦难，只能拉着我们的手哭泣……”所以当采访者请他简单地用几句话总结自己的一生时，他只用了一个字：“难”。

“难”，难言之隐，隐痛……一九九四年一月十日，冯亦代撰写的《热闹的黑马〈混在北京〉》“改定于七重天”。文章写道：“书中的人物虽系虚构，却的确隐藏在北京的忙忙碌碌的人流之中，也许你我身上，都有他们的影子……”而“最妙的是黑马引用了《圣经·路加福音》中的话，作为代题记：‘父啊，宽恕他们吧，他们不知道自己做了什么。’意味深长”。

同样意味深长的是，就在“改定”这篇“书评”前十四天，冯亦代写下了《记前纱络胡同》，回忆了他“卧底”时期的旧居——“清时权贵的马厩”：

一九五七年“祸从口出”，原来住的美轮美奂的房子，终有一天被“勒令”搬家……

我原来的住处，有三间大房，容得我历年收罗的书籍……新居之湫隘，简直出乎意外：一家四口的住处，不过是一间不到十平米和一间可以容得一床一桌二椅的地方……

大概是因为有些“党交给的工作”“到死也不能讲”的缘故，一九九三年岁末的冯亦代，在这篇文章里特意将这段“卧底”生涯“翻译”成了“蛰居”生活：

我那时家居养病，一清早听见邻家有人在催取牛奶，便醒了过来，晚上则挑灯夜读，直听到叫卖夜宵声过了，才熄灯就寝，真是“日出而读，夜深而息”……这就是我蛰居胡同的现实。

以后成为摘帽右派，调了工作，住进了二居室的宿舍，邻近胡同，但与胡同里的四合院大不相同；幽居的情趣，便成为过眼云烟了。但我总不能忘掉前纱络胡同，偶有闲时，便到那里去踯躅一番……

从冯亦代“翻译”出来的“幽居的情趣”看，他“偶有闲时，便到那里去踯躅一番”是出于怀念，但透过“原著”《悔余日录》，透过“一前一后”收入《归隐书林》一书的《记前纱络胡同》和《热闹的黑马〈混在北京〉》，却可知他“踯躅”时口中念叨的多半便是很多年之后“沉默了半天”所说的：“我做的事都是党让我做的……”耳边回响的则是“父啊，宽恕他们吧，他们不知道自己做了什么”。

“踯躅”着，是因为终于知道自己曾经做了什么——无论是以谁的名义，甚或某个组织，乃至于国家、人民的名义，任何行为的道德责任最终都要由具体的实施者个人来担当，哪怕不是全部的责任，因为这毕竟是“我做的事”。

有一种痛，时间也无法治愈，或许，只有死亡能让痛者“解脱”。冯亦代的“踯躅”、发表《悔余日录》便是源自这样一种痛，一如“把床笫之语，也当作政治言论，拿到大会上去揭发”的浦熙修，在临近生命终结时向组织上要回罗隆基给她的十几封私人信件一样。

有一种痛死不瞑目。章诒和的“裂骨锥心之痛”或许也是，因为那一段“深情厚谊以及那笑脸后面的一片慈祥”的后面竟是……

但这种足以将人“击倒在地”的痛，无论对冯亦代、浦熙修，还是对章诒和，终究也是一种觉醒，所以章诒和的《卧底》是这样结尾的：

……成功的光环无法销蚀有耻有痛的记忆。一个人不论你做过什么，能够反躬自问，就好。

从抢记王芸生临终回忆说起

◎林　谷

最近读了一本由王俊义、丁东主编的《口述历史》丛刊(第一辑),其中一篇题为《临终片语:所谓“反苏”》(王芸生口述,王芝琛整理并注释)的材料引起我的注意。王芸生先生(1901-1980)是我国著名报人,也是我国新闻事业的开拓者之一,历任《大公报》编辑、编辑主任、总编辑、社长等职,并长期参与和主持《大公报》笔政。他撰写的《大公报》社评视野开阔、气势宏大、充满爱国激情,有很强的感染力,例如他写于抗战时期的文章现在拿出来重读,还会让人激动不已。王芸生的文字还有一大特点,即深厚的历史沧桑感。由于他坚持独立办报原则,不为党派观念所左右,也不受市俗利欲所驱使,因而能冷静、公正和如实地反映历史真貌,并针对发生的种种历史事件发表看法,所以,他的文章本身就是一部活历史,一个民间舆论思想库,具有很高的史料价值。同时,他还有长期写日记的习惯,从上世纪二十年代起,四十多年从未间断,被人视为“中国近代史见证”。遗憾的是,这部极为珍贵的日记竟在“文革”风暴乍起的一九六六年,被他付之一炬了,真是让人痛惜。后来,他的老朋友赵朴初、程思远等先生一再敦促他将自己的一生经历回忆写出来,好作为一份珍贵史料留给后人,他自己也有这样的心愿,但这件事却拖延着迟迟未能实行,直等到他临终(一九八〇年五月三十日去世)前几个月,才就他的一生经历跟他的公子王芝琛讲述,这就是由王芝琛记录整理,但至今尚未出版的王芸生口述传记。《口述历史》丛刊登载的只是王芸生口述自传的一小部分,主要讲他在反右运动中被初定为反苏型右派(后因毛泽东开恩未予戴帽)的经过,并进而披露一九四五年八月九日苏军出兵东北后大肆掠夺和阻挠国军收复东北的历史真相。王芸生口述时已经是风烛残年,但他的记忆力仍相当好,一些扑朔迷离的历史纠葛经他一讲,就变得面目清晰起来,而这些问题却长期被有意无意遮掩着,恐怕至今还有很多人给蒙在鼓里。关于当年苏军在东北拆走大量机器设备并奸淫妇女的情况,我少年时也曾耳闻。那时抗战宣告胜利不久，我正在天津上初中，忽然有一天学校里来了一批东北大学生，他们向同学揭露苏军在东北的种种劣行，我们听后都很气愤，事后天津各校学生还上街游行，以示抗议。但这件事到解放后却有了新的说法，好像苏联从东北搬走一些机器也算不了什么，而对此持有非议的却是“反苏”了。

那么，历史的真相究竟如何呢？让我们来听听王芸生是怎么讲的：“要说蒋介石真是吃了个‘哑巴亏’，他冒着当‘卖国贼’的风险，与苏联签订《中苏友好同盟条约》，让苏联占尽了便宜，只求得他们进东北打日本，他们进来了，日本已投降了，国民党蒋介石非但没有得到他们的帮助，还被他们拒之于东北大门外。中苏盟约订明，苏联要帮助中国的中央政府，即国民政府，而实际上他们事事处处帮助共产党，使共产党一下子在东北组成近三十万人的东北民主联军。”王芸生还指出，苏军进入东北除了把许多重工业机器宣布为“战利品”外，还大量发行所谓“军用票”，大肆搜刮中国人的财富。二〇〇五年七月出版的《苏联出兵东北始末》(人民出版社)一书对这段历史的来龙去脉有十分详尽的叙述，一些资料正好用来作王芸生口述的注释。当年苏军从东北到底拆走了多少机器设备，又交给中国共产党多少武器弹药呢?该书披露：据当时重庆考察团调查，苏联拆走的东北工业设备价值达八亿五千八百万美元，如果加上拆装损坏的部分，则高达二十亿美元。一九四六年一月苏军还拆走嫩宁铁路一百八十公里的铁轨，而这条铁路在日本侵略东北前就已存在，是中国人自己筹建的，根本算不上日本资产。又据杜鲁门派遣的美国调查团的调查，苏军拆走的东北电力设备达一百万以上千瓦，占东北电力设备的百分之六十五。此外苏军还从银行掠走价值三百万美元的金条和五千多万的东北货币，并在东北发行了十亿元的军用票，用以套购黄金和其他物资。至于交给中共多少武器弹药，该书也提供了一组数字：除曾克林率领的十六军分区拉走的一批武器弹药外，仅苏军第一、第二方面军交给中共军队的武器弹药就有三千七百门大炮、阻击炮和掷弹筒，六百辆坦克，八百六十一架飞机，一万二千挺机枪，六百八十座仓库和部分舰艇。此外，苏军还从朝鲜运来两军列武器交给了中国共产党，又从大连向北满中共军队送去五十节车皮的武器，用这么多先进武器装备起来的中共军队真是如虎添翼，已有足够力量与国民党一争天下了。过去我们读中国现代史“第三次国内革命战争”(即解放战争)这一时期，总会碰到一个问题，那就是抗战胜利后国共两党的军事较量为何能这么快即见分晓，仅仅用了两三年的时间就把一个有美国佬支持的国民党政府打翻在地，其原因何在？一般历史教科书及有关著作都从人心向背，毛泽东战略战术英明或国民党腐败无能等方面来分析，但对当初苏联出兵东北后对中共军队的大力帮助却避而不谈，或许这顶多是个外部因素，不值一提吧。但是，王芸生却大胆地讲出自己的看法，他说：“国共两党打内战，最后共产党把国民党蒋介石赶到几个小岛上去，咱们这边说，是小米加步枪打败美国的飞机加大炮。我的看法是：苏联的帮助起了重要的作用，把东北拿下了，其他都好办了。”王芸生讲这话时大概已知道自己离大限不远，对讲真话会带来什么后果已无须顾忌，历史的力量在真言，王芸生临终话语之可贵正在其真。

“文人论政”是王韬、梁启超开创的报业传统，王芸生与张季鸾、储安平等人一样正是这一传统的忠实实践和捍卫者。可惜，由于形势剧变，制度更易，这一优良传统也不得不戛然而止，从此，我们再也听不到王芸生那忧国忧民、慷慨直言的声音。但这次读王芸生的《临终片语》却有一个小小的发现，想不到从这位已不久于人世的老人口中，又听到早已沉寂的议政话语，不过，这只是对亲人讲的窃窃私语，声音显得有点微弱罢了。王芸生临终前的时政批评涉及政治民主、对外关系，以及社会主义制度下的人权状况等。关于民主问题，他说：“咱们这边经常嘲笑美国的议会民主是假民主。我认为美国确实有的地方似乎有表演性质。咱们这边对美国批评并没有全错，但不管怎么说，他们重大事情都要由议会多数通过，这一点比我们这边强。‘文革’中，毛主席最新指示一发布，全国无论男女老少，不管你在做什么，都得马上表态，马上上街游行，表示拥护。……‘文革’中，所谓的‘民主集中制’简直成了‘帝制’。山呼海啸，九叩六拜，蔚为壮观，英国女王、日本天皇也都只能叹为观止，甘拜下风！”王芸生这段有点辛辣的批评虽然是在二十多年前讲的，但今天听来，也并不过时。封建专制思想在中国根深蒂固，它像个幽灵长久地徘徊不去，要想彻底铲除它谈何容易，例如神圣的“人权”二字虽已堂而皇之写进宪法，不还是屡屡发生佘祥林杀妻冤案一类的事吗！中国有句老话是“良药苦口利于病”，这些话真值得好好听听。

关于对外关系问题，王芸生的议论也是我们许多人想说而不敢说的，且听他如何道来：“记得我就听了不少‘反修报告’，声称苏联不行啦，变修了，咱们毛主席要举起国际共产主义大旗，我看咱们主席有点当仁不让的劲头。四海翻腾云水怒，五洲震荡风雷激。咱们送给全世界强大的思想武器，不外乎是‘枪杆子里面出政权’、‘农村包围城市’、‘小米加步枪’、‘游击战加运动战’。……其实咱们这一套，在国际市场上买卖也有限。说句难听的话，还对世界和平起个‘搅局’的作用。”历史的发展正如王芸生所指出的，我们勒紧裤腰带竭力支援的那几个“小兄弟”：如今都哪里去了。

王芸生还谈到解放前他为何犹豫未去解放区的问题(实质上是对人权状况的一种间接批评)，这对研究那一代自由主义知识分子在历史转折时期的思想也颇有价值。他说：“关于苏联内部情况，我也略知一二。解放前就听说所谓斯大林式的社会主义，听了他们国家内部发生的事，真是恐怖，血腥屠杀，知识分子根本谈不上人格。那时我为何十分犹豫是否到解放区，这是一个很重要的原因。抗战胜利后，萧乾回到报馆，说苏联内部‘大清洗’，既生动又真实。我那时还专门找人要了份解放区的报纸，看看王实味《野百合花》，看他到底写些什么？谁知馥郁芳香的《野百合花》，竟带有血腥味。”谈到这里，王芸生对毛泽东似乎比较客气，说毛泽东比斯大林“聪明”，“他不杀人，而是搞群众运动”。在对待知识分子的办法上，毛与斯大林也不同，而是采取“思想改造”。

读者看过我扼要介绍的这些内容后，大概心里还会产生一个问题：王芸生的口述历史是在怎样的心态和情绪中进行的呢？这的确是个很有意思的问题。前不久，我在一份报纸上发现的一个材料，正巧可以满足一下这方面的要求，那就是许水涛于二〇〇四年十月采访王芸生之子王芝琛后写的一篇文章：《王芸生口述历史——王芸生之子王芝琛访谈录》。这篇访谈录着重披露了王芸生临终那种被压抑很久之后终于爆发的情绪，从而向世人展示了最终不可屈辱的人格尊严和大彻大悟的精神境界。当许水涛问王芸生临终前的口述历史是否让他认识到他父亲的另一面时，王芝琛回答的第一句话就是：“全爆发了，全爆发了。”王芝琛告诉访者，他父亲讲的时候，什么也不回避，但一看到我要录音就制止，说你只要记住就行了，王芝琛说，这也不能怪他，他主要怕牵连子女，说明他还是心有余悸。王芝琛说他父亲最悔恨自己的一件事就是他在上世纪六十年代初发表的那篇《一九二六—— 一九四九年的大公报》。王芸生悔恨自己无论有多大压力，有多么悲痛，都不应该写这样一篇“自我讨伐”式的长文，与曹谷冰一起写的这篇文章是他一生中“最大的违心之作”。他说实在顶不住当时的压力，当时根本不想写，周恩来三次找他，最后一次明确告诉我父亲这是毛主席的意思。他无比悔恨地说：“真没想到，在那次围剿《大公报》的战斗中，我居然成了一个可耻的一员，是我自己把《大公报》埋葬了。”

至于王芸生临终口述时的情绪，王芝琛也作了很生动的回忆。王芝琛告诉访者，他父亲一直心里憋得很，这次口述是他多年压抑的结果，讲到愤怒时他会拍桌子，痛心时他会泪流满面。比如有一次他参加统战部召开的高级知识分子会议，是统战部的一位领导作关于知识分子改造的报告。这位领导说，毛主席教导你们每天起码要看三次自己的屁股，看尾巴是不是翘起来就赶快打下去。说到这里，他狠狠地拍了一下桌子。王芝琛说他父亲还有一件让他终身悔恨的事，那就是从于师于友于兄的角度，他都愧对张季鸾，没有为张季鸾写成传记。他说：“我是欠债的，我欠，欠季鸾兄一篇他的传记。”父亲曾多次动了念头想写，但多少次又不得不放弃了。他流着泪激动地说：“我自量没有这个文采，应当恰当地还他一个真实的张季鸾告之世人。别说这么一个历史人物、时代的俊杰，还要再编排一些‘帽子’给他戴上，这支笔如何忍心下得。”说着说着他拿起一张白纸，连声说：“寄给他，寄给他，我的白卷。”读到这里，我不禁发出一阵沉沉的叹息。难以理会的种种压力，终使一部会由王芸生亲笔撰写，并将成为我国新闻史上精彩一章的张季鸾传，就这样无奈地自行消失了……

我的疑问与思考

◎林　凯

近些年来，我在读书的过程中，疑问不是越来越少，而是越来越多。有时自己跟自己因为疑问的疑问，包括疑问的存在、疑问的来源而自己跟自己的疑问交锋，自己跟自己辩论。有趣的是上一个疑问还没有想明白，下一个疑问便接踵而至，这不速之客的突然来访，让我想起钱锺书写的《魔鬼夜访钱锺书先生》，在文章的开头魔鬼就说道："我就是魔鬼；你曾经受我的引诱和试探。"我请不来魔鬼，只有请疑问这位普通的客人来到我的大脑中，与我细谈，长谈，当然我有时也会彻夜难眠……

人的疑问不外乎有这样几个问题：一是对事物是与否的判断；二是对事物渊源的追索；三是对事物未来的变化与发展趋势的分析。这三个问题古往今来的学者们在不断地思考，一刻都没有停止过。每一个学者都是在梳理前人的思想中，批判和继承前人的思想，而后形成自己的理论。再而后就是被后来人用同样的方法推倒重来。那么人们为什么总是在事物原始的本义上纠缠不休？人类在向后看中究竟能看到什么？是不是未来会在过去事物的发展中得到应验？是不是把握了过去就把握了未来？也就是知道了事物的起点真的就知道了事物的终结？这些疑问总是在我的脑子里东来西去，一刻都不休息。举个例子来说，我小的时候就记得鲁迅《祝福》中祥林嫂说过的一句话："一个人死了之后，究竟有没有魂灵的？"我就对这个问题很好奇，问过父母、也问过一些老学者，似乎都没有明确的答复，不知他们是无法答复，还是不愿告诉我。前些日子，我读杨绛《走到人生边上》，书中是这样解释灵魂的："每个人都有一个身体，而身体具有生命，称灵魂。灵魂是看不见的，但身体有没有生命却显而易见。""只有相信灵魂不灭，才能对人生有价值观，而相信灵魂不灭，得是有信仰的人。有了信仰，人生才有价值。"在这里，杨绛把灵魂、信仰、价值串联起来，构成的是大写的人、伟人。但是我们看到现实生活当中，其实平凡人也希望自己有灵魂，固然在有些人看来，这是迷信，但是暗地里他也希望这迷信能发生在自己身上。甚至于人们对死后寄予的希望就是要有灵魂，更希望通过死后的灵魂把一生中不敢做的事做了，把不敢说的话说了。那么人究竟有没有灵魂，这就好像西方人在问这世界上究竟有没有神一样。你要是按康德的说法，就是不能用概念来证明存在。但是我想来想去，我觉得灵魂还是“有”的，“有”就使得人的存在延伸了，人的生命延伸了。当然这个“有”如果用时空的概念来讲的话，有一点玄之又玄，所以我们还是从生命的本体来讲，那么我们就要搞清楚两个本质的问题：一、什么是灵魂；二、人是否有灵魂。我的回答是：灵魂是一种生命状态；灵魂人人都有。这种生命的现象反映在精神世界上就是恐惧、贪婪、奉献、无畏等等，有善有恶，一句话就是悲欢离合，悲喜交集。反映在现实生活中，就是有的人宽容，有的人狭隘，有的人狠毒，有的人善良，有的人动辄愤怒，有的人敦厚老实。凡此，人各不相同，各具面目。这些构成了世界的纷繁复杂，熙熙攘攘，历朝历代都有管理者，历朝历代都出思想家，历朝历代都不得安宁。可以肯定地说，人类的历史不安宁，未来也不安宁。它的根源是人的精神与行为是永远处在矛盾之中，固然有统一，不是大喜也是大悲，“文革”就是最好的例证。我常想，人类是否永远生活在错误之中，虽然人类在避免犯这样那样的错误，但错误永远是层出不穷，因为宇宙之大，人类的认识永远在有限之中，而且人类过于信仰和强调这种有限，致使人类依据着错误的哲学，生活在不断否定之否定的逻辑中。

我出生在一九六一年，也可以说经历了“文化大革命”、思想解放和改革开放；经历了苏联的解体、东欧的垮台、伊拉克战争、美国的金融危机。看到了中国的经济是如何把国有资本转化为股份制；看到了过去一贫如洗的人如何成为亿万富翁；看到有些人对中国文化是五体崇拜，有些人对中国文化是刻骨仇恨；看到了资本主义垂而不死，并在世界范围内的高度扩张；看到了基督文明、伊斯兰文明、东方文明的相互渗透与相互排斥，整个世界越变越小，矛盾越变越复杂。我真心地感谢这几十年的生活，让我大开眼界，我亲眼目睹了人类在这一伟大的变革中的种种行为，有的光明，有的黑暗，有的让人兴奋，有的让人辛酸。这种种现象给我提供了参照，我可以静下心来思考它们的合理性与非合理性，正常与非正常，存在与非存在。我开始对各种事物产生怀疑，也开始对各种人、各种言论产生疑问，尤其是那些带有普遍性的看法和认识，也就是大多数人的意见。我渐渐地在生活中发现，在我小时候学习到的二元论、阶级论的政治观点，这几十年来是一以贯之，嘴上笔上说是多元化，其实骨子里抹不掉二元论的印迹，不仅在“左”的人物思维中存在，在“右”的人物思维中也并不逊色。“左”的用这种思维方法观点打“右”的，“右”的也拿这种思维方法打“左”的，这让我看到了一个事物的两面，虽各有面目，其本质同一。有些人看去很激进，也自认为有思想，但你要是仔细推敲他的思想本原，你会发现他并没有摆脱二元论和阶级论对他的纠缠。但是他会获得掌声，这掌声在有些人眼里是欣喜，在我看来是悲哀，因为鼓掌的人根本就没有好好地思考，甚至可以说就没有思考。可见思想要想获得真正的解放是难上加难。当然，其实思想也谈不上解放不解放，思想本身是自由的，之所以加上解放二字，是明确地告诉你要从甲转移到乙，但这谈何容易。因为知识是确定的，你用掌握的知识昨天会批判甲，今天就会批判乙。所以我们讲自我反思，其实反思什么呢？表面上是反思你昨天做的事情，但更深刻的自我反思在我看来有两个方面：一是反思自己知识的知识，即你所得到的知识是从哪里来，你究竟明白多少，是有益还是有害；二是反思自己方法的方法，即你思考和分析问题的方法是不是科学，是不是逻辑一贯。这两方面构成了你对事物的判断。但是中国人不大喜欢理性的分析，中国人喜欢随意性，想说就说，有时甚至是不负责任地说。西方一直认为只有理性的才是科学，非理性的只是个人的宣泄，是只可看不可信。但是中国人往往相信非理性的说教，为什么信，就是那个说教符合我的意愿，只要符合我的意愿，不管怎样的说法，我都举双手赞成。从这一点上可以看出，中国人口头上提倡大公无私，骨子里是自私，凡是不符合自己的意愿，或是不符合某一群体的意愿，就起而攻之，排斥之，至于攻得对与否，是与非，并不加以深思。这如果也用西方的哲学来解释的话，就是你对知识的概念不清，你不知道什么是对，什么是错。甚至于你坚持的东西，却不知道这东西是怎么回事，但是你却常把它挂在嘴边。比如说民主。它的基本原则是什么？西方的民主究竟是怎么回事？它的历史与现状有那些特点？在中国有许多提倡民主的人并不知道，不知道就讲，不是让别人上当，就是自己早晚也要上当。因为你最终得到的不是民主，而是形式上的民主，是口头上的人民做主，实际上人民根本做不了主，是假民主，是别人恩赐给你的民主，这种民主，恩赐你的时候就有，不恩赐你的时候就无。我敬重顾准先生，就是因为顾准先生对问题的思考是要看明白、想明白、讲明白，他追求和强调事物的真实与真理，他有一种溯流穷源的精神，他从希腊城邦开始寻找，这种寻找在《黑格尔传》中，讲到黑格尔认为合理的社会制度时写道，“年轻的黑格尔认为（卢梭也是这样），这种制度的典型就是古代的民主制。”可见他们的认识有共同的地方。民主不是孤立存在的东西，它是经济、文化、人性的综合产物，是在一定历史条件下的必然产物，这种必然要有条件。如果我们盲目谈民主，别人谈民主，我也谈民主，别人谈自由，我也谈自由，别人谈平等，我也谈平等。这是什么，这就是迷信。所谓迷信，就是迷迷糊糊就信了。过去我们一讲迷信，就认为信佛是迷信，还嫌不够又加上封建二字，叫做封建迷信。那么民国时期的太虚法师、弘一法师信仰佛教，他们是迷信吗？恐怕没人说他们是迷信。这就告诉我们一个基本事实，一个人只要精心钻研和信仰某门人类的知识，都不能按迷信论。叶秀山先生在《哲学要义》里讲到西方的神学家安瑟伦，安瑟伦认为，神不但存在，而且必然存在。叶秀山写道："安瑟伦关于神本体论的证明不可以等闲视之，忽略不计，不是简单的无知、错误和迷信。"但是中国人有谁在谈问题时，要把所谈的问题想清楚，可以说大多数人都没想清楚就开始高谈阔论，有人认为这是一种言论自由，其实这并非是可取的自由，相反倒证实了大多数人都是思想的懒汉，习惯人云亦云。人就要运用自己的理性，以自己观察和分析去判断事物，不轻信任何人和大多数人的观点，才能获得思考的独立性。思考的独立性就是要保持中立，不能先有派别，有成见，这样的思考不能说是独立的，只能说是功利性的思考。在这一点上，我们应该发扬古希腊人的精神，让思考从实际的事物中分离出来，让自己的理性发出自己的光芒。凡是功利性的思考，它错误的概率往往要大于正确的概率，因为它已经失去了客观公正，它有倾向性。凡是功利性的思考，都是利己，他在初始时就想给某些人看，是为了要获得某些人的掌声和赞美。这样的写作和这样行事的人，是我们这个世界的大多数，可见我们这个世界有许多东西不可信，恐怕也正是这种不可信，给人类留下了思考的天空。

疑问与思考是一对孪生兄弟，因为有疑问才会去思考，因为有思考才能解惑疑问，疑问要是前提，思考就是结果，享受疑问与思考这对孪生兄弟的光临，其实是人一生的幸事。

补白

邓小平说：这样发展下去总有一天会出问题

《邓小平年谱》披露了一九九三年九月十六日，邓小平和他的弟弟邓垦的一次谈话。邓小平说："十二亿人口怎样实现富裕，富裕起来怎样分配，这都是大问题，解决这个问题比解决发展起来的问题还困难。分配的问题大得很。我们讲要防止两极分化，实际上两极分化自然出现。要利用各种手段、各种方法、各种方案来解决这些问题。中国人能干，但是问题也会越来越多，越来越复杂，随时都会出现新问题。少部分人获得那么多财富，大多数人没有，这样发展下去总有一天会出问题。分配不公，会导致两极分化，到一定时候问题就会出来。这个问题要解决。过去我们讲先发展起来。现在看，发展起来以后的问题不比不发展时少。"

在非常的年代维护常识的底线

◎王晓渔

郑念女士去世之后，在与朋友的一次聚会中，我感慨，若非郑念去世，我对她一无所知，在座的一位“六〇后”作家有些惊讶。郑念的《生死在上海》(又名《上海生死劫》)在上世纪八十年代末畅销到一年之内出了四种简体中文译本，我居然闻所未闻，确实有些不可理喻。不过，说来又不奇怪。上世纪八十年代，我刚上初中，僻居小城，根本没有机会接触郑念的著作。说到郑念，我又提到林昭，那位朋友问道：林昭是谁？这次轮到我有些惊讶了。仔细想想，同样情有可原。关于林昭的书似乎只有一本纪念文集《林昭，不再被遗忘》(重印时更名为《追寻林昭》)，不算畅销书甚至也不算长销书，林昭在今天的知名度不会高于上世纪八十年代的郑念。

从这种差异，可以看出近三十年公民常识的断裂和接续。上世纪八十年代是一个全民重建常识的年代，可惜这个进程尚未完成就突然中止，九十年代一度处于“反常识”的阶段，虽然也有陈寅恪的起死回生和王小波的死而后生，但是《中国可以说不》的声音压倒一切，直至义和团的幽灵再次闪现。进入网络时代，重建常识的进程再次开启，有点像网络下载的“断点续传”，只是规模暂时还无法与八十年代相比。林昭与郑念的经历截然不同，精神是一致的，都在一个非常的年代维护常识的底线。两位分别在二十世纪八十年代和二十一世纪获得关注，也说明两个时代重新建立了精神联系。虽然《狼图腾》、《货币战争》、《中国不高兴》之类的“反常识”畅销书不断出现，却不再具有压倒一切的威力，而是逐渐成为多种声音中的一种。

在报纸上看到郑念离世的大幅报道，最初我依然没有在意，以为她只是和林徽因一样的名媛，满足了文艺青年的想象。后来看到余英时等先生的评价，又听到身边很多朋友的推荐，把《生死在上海》找到，不读则已，一读就读得天昏地暗。林徽因一九五五年幸运地赶在“反右”之前英年早逝，无从推断她如何面临此后的风暴。她留给后人的与其说是专业成就，不如说是八卦故事，和徐志摩、和金岳霖、和梁思成，等等。这并非出她所愿，却使她拥有了超出专业领域的声名，她为此付出的代价是，更像一个“万人迷”的粉红女郎，而非学者。郑念的经历本来也很符合肥皂剧的标准，出身名门，就读于名校，供职于世界著名的公司，但是《生死在上海》使她摆脱了肥皂剧的引力，她面对“文革”的从容仿佛一种与生俱来的天赋，很多知识人倾其一生也难以学习。

有了《生死在上海》，“伤痕文学”的伤痕纤毫毕现。郑念没有像“伤痕文学”那样控诉，而是安静地讲述着那个非常的年代。越是安静，越是能够看到那个时代的荒谬；越是安静，越是能够听到那些细微的声音。她就像书中提到的年轻女高音，在监狱里唱着《寂静的夜晚》，“监狱变得很静，监狱里所有犯人都屏息听着她的歌声”。郑念的文字在“渺小的个人”和“伟大的时代”之间来回穿梭，仿佛穿行于惊涛骇浪的小舟，证明个人可能是伟大的，而时代可能是渺小的。阅读《生死在上海》，我也成了“监狱里的犯人”，屏息听着她的歌声。郑念在监狱受尽折磨，女炊事员劝她哭叫以换取同情，她没有接受这个善意的劝告，原因有二：一是不能，她不会发出那种原始的接近于动物的叫声；二是不愿，她不愿祈求他人怜悯，更不愿为了求生而出卖自己。我非常期待《生死在上海》能够再版。

郑念与杨宪益同年同月出生，同年同月去世。郑念生于一九一五年一月二十八日，杨宪益生于一九一五年一月十日；郑念逝于二〇〇九年十一月二日，杨宪益逝于二〇〇九年十一月二十三日。两位的一生没有什么交集，但是又具有很多高度相似的地方。杨宪益同样在非常的年代维护了常识的底线。

对于杨宪益，我久闻其名。可是，文化老人数不胜数，即使像我这种所谓专业读者，也常常不明真相。比如在二〇〇九年之前，有多少人能够说出文怀沙、黄苗子、冯亦代和杨宪益的区别？惭愧的是，若非杨宪益去世，我对他的了解也仅限于道听途说，知道他曾在“文革”中入狱，知道他和戴乃迭的跨国之恋。但是，这又能说明什么？文怀沙不也宣称自己在“文革”中入狱吗？黄苗子和郁风，不是被称作艺坛的“神仙眷侣”吗？冯亦代和黄宗英不是也有黄昏之恋的美丽传说吗？如今，一位是疑似江湖骗子，一位是疑似卧底，另一位则确证为卧底。

杨宪益的《漏船载酒忆当年》就在手边，但我浅尝辄止。曾经翻开过，在第二页读到这么一段话就停了下来：“孙中山先生过早地逝世后，曾在逼迫前清末帝逊位中起主要作用的袁世凯，就自命为中华民国大总统，接着还企图称帝，但他的图谋还没有得逞就死去了。”这句话有多处史实错误，孙中山逝世于一九二五年，袁世凯担任中国民国临时大总统是在一九一二年，前后相差十三年，不存在孙中山逝世所以袁世凯担任总统的任何可能，除非时间逆转。袁世凯一九一五年恢复帝制，一九一六年在反对声中宣布取消帝制，随后逝世，称帝以失败告终，但是不能由此认定称帝未遂。《漏船载酒忆当年》的原稿是英文，不太清楚这是作者的错误，还是译者的错误。但无论原因出自何方，编辑都应该注释说明这些问题。可是，这本书的最大问题不是这些硬伤，而是有所删节，杨宪益一生中最为光华闪现的时刻被忽略不计。

直至杨宪益去世之后，我读了雷音的《杨宪益传》，才理解杨宪益为何是杨宪益。具体是什么，这里卖个关子，有兴趣的读者可以自己找来一读。杨宪益的旧体诗集《银翘集》也是传诵一时，写于一九九○年的"有烟有酒吾愿足，无官无党一身轻"，在他去世之后被媒体反复征引。其余诸如"从来风派难摸准，莫怪今天气象台"、"一朝解放反生愁，久惯牢房怕自由"、"每见是非当表态，偶遭得失莫关心"……避重就轻，却有四两拨千斤之效。像我这种对今人旧体诗存有偏见的读者，看到《银翘集》，也被杨宪益的"久无金屋藏娇念，幸有银翘解毒丸"吸引。

二○○九年，刚刚出现对文怀沙、黄苗子、冯亦代的批评，就有呼吁宽容的声音出现。我不反对宽容，对于这几位没有什么深仇大恨，但是不能同意以宽容为名鼓励遗忘、拒绝反思。必须充分呈现并且反思那些跌破底线的行为，否则，不是宽容，而是惩善扬恶，是对维护底线者最大的不宽容。

补白

蒋介石的反省

蒋介石是一个爱反省的人。他的日记某种程度上也可以说是他的反省记录。一周过了，有《本周反省录》；一月过了，有《本月反省录》；一年过了，也常有"本年反省录"一类的记载。例如，在反省失败的"总因"时，他说自己"本身的骄矜、愤懑、自恃、忙迫，不能澹敬虚心，全凭主观行事。"一九四九年五月二十七日蒋介石自我反省，认为一生大病是"轻浮躁急"。一九五一年十二月八日，他反省自己一生重视科学，却总不能实践"科学之精神"。一九五五年十月三日，他批评自己个性太强，凡大小政策，无不自信自决，以致无人进言，不能集思广益，折中至当……蒋介石的正确或不正确的反省，都深深影响着此后一段时期台湾历史的发展进程。

傲慢与偏见

◎汪家明

我希望彬格莱先生喜欢你的这顶帽子。汤姆森 作于 1894 年

“凡是有钱的单身汉，总想娶位太太，这已经成了一条举世公认的真理。

“这样的单身汉，每逢新搬到一个地方，四邻八舍虽然完全不了解他的性情如何，见解如何，可是，既然这样一条真理早已在人们心目中根深蒂固，因此，人们总是把他看作自己某一个女儿理应所得的一笔财产。

“有一天，班纳特太太对她的丈夫说：‘我的好老爷，尼日斐花园终于租出去了，你听说过没有？’……”

《傲慢与偏见》的故事就是这样开始的，小说的基调也就这样定下来了：轻松、风趣、从容，铁了心要讲好听的故事，不怕你不读下去。

故事发生在距今整整两百年前。在离伦敦几十英里的一座镇子上，一个家庭，父亲、母亲和五个女儿。父亲班纳特先生是个绅士，有点清高，但也绝不算脱离世故；母亲则十分俗气，一心要将五个女儿打发给好人家，而她所认为的好人家，就是有钱的单身汉，越有钱越好；五个女儿都漂亮，大女儿吉英善良、宽厚，有点逆来顺受的味道；二女儿伊丽莎白聪明、自尊、有个人想法，甚至独立不羁，但也未超出淑女的界限，与父亲默契；其他三个，两个活泼、没教养；一个古板、戴一副眼镜。这样一个古老英国典型的中产家庭，生活中本应波澜不惊。可是按当时的法律，班纳特先生没有儿子，他死后，产业将由家族旁系男性后代继承，所以女儿们有一个好的归宿就十分要紧了。这一点，班纳特太太清楚，班纳特先生和女儿们也都清楚，所以，当镇上的尼日斐花园搬来了一个适合谈婚论嫁的富家子弟，这位富家子弟还带来了同样是单身汉的年轻朋友，带来了舞会，提供了有更多年轻男子出入的社交场所，于是大家都心照不宣地“参战”了。

故事围绕着二女儿伊丽莎白和富有、英俊的青年达西展开。达西初次见到伊丽莎白就爱上了她，但他警告自己这是错误的，因为门不当户不对，何况她母亲和妹妹俗不可耐，在公众场合丢尽了丑。所以，他一面与伊丽莎白交往，一面又总有一种屈尊感；伊丽莎白虽然对达西也暗含着某种期望（在她那个社交圈里，这是每个女孩子都会有的），但她一开始就感觉到达西的傲慢自负，有了这个前提，就很容易听信别有用心的人说达西的坏话，加上她认为达西蓄意破坏了姐姐和另一位富有青年彬格莱的婚姻，更是对达西恶言相向。达西不明就里，受挫之下，反而控制不住自己的感情（虽然他仍旧认为爱上她是不明智的），结果遭到伊丽莎白的痛斥：“哪怕天下男人都死光了，我也不愿意嫁给你！”后来真相大白，是她的偏见误解了他，而他的傲慢则伤害了真正的爱情。最后伊丽莎白和达西、吉英和彬格莱有情人终成眷属，皆大欢喜。

舞跳得这么好可真是非常少见。
汤姆森 作于 1894 年

看到他听她讲话的那副神气，证明他完全无动于衷，她不禁大为愤怒。
汤姆森 作于 1894 年

“我向他们讲了那些事。”
汤姆森 作于 1894 年

这本来是一个坊间的通俗故事，只写了村镇里三四家人的日常琐事。作者奥斯丁(1775~1817)是一个没上过学、几乎没什么社会经历的闺中女子(写这本书初稿时才二十一岁)，为什么却流传两百年，传遍全世界？进入二十一世纪，据调查统计，《傲慢与偏见》仍在英国人最喜欢的小说中名列第二；许多国家评选世界有史以来一百部有影响的文学作品时，都不会漏掉它；所有的文学史都不能忽视这部三十万字的小说——它影响了后世许多作家；而据此多次拍摄的电影、电视剧收视率至今不衰，伊丽莎白一直是许多女演员喜爱诠释的角色……这里面一定有点什么特殊的东西。

记得小时候我读到伊丽莎白在舞会上，一方面受着达西傲慢的伤害，一方面为母亲和妹妹俗不可耐的作派懊恼，可是以她善良的本性，又无法责备、怨恨家人时，我的心同样在受着煎熬。这是对人性的拷打，这位美丽清高的女子就是在这种不断的拷打中越来越闪出光芒，牢牢抓住了我的心。书中对话连篇，可以说整个故事和人物性格都是靠对话刻画出来的。这些对话是何等美妙、妙趣横生啊，其中处处隐藏着机锋，话中有话，对每个人而言都是恰如其分，恰到好处。比如班纳特先生，他总喜欢说反话。大女儿吉英失恋后，他对伊丽莎白说"我倒要祝贺她。一个姑娘除了结婚以外，总喜欢不时地尝点儿失恋的滋味。那可以使她们有点东西去想想，又可以在朋友面前露露头角。几时轮到你头上来呢？你也不大愿意让吉英超前太久吧。现在你的机会来了，麦里屯的军官们很多，足够使这个村子里的每一个年轻姑娘失意。让韦翰做你的对象吧，他是个有趣的家伙，他会用很体面的办

伊丽莎白在写信。汤姆森 作于 1894 年

达西先生，让我把这位年轻的小姐介绍给你。

勃洛克 作于 1895 年

吉英在路上遇到了大雨。

勃洛克 作于 1895 年

柯林斯先生夫妇在门口和两位女客谈话。
勃洛克 作于 1895 年

韦翰顿时气急败坏，大惊失色。
勃洛克 作于 1895 年

法把你遗弃。"这位明智的、洞察世事的老先生很让我喜爱，觉得他的话句句中听，几乎忘记了这本是作者的把戏。伊丽莎白说起话来则尖刻泼辣又不失教养——这分寸把握起来挺难的。我猜想，伊丽莎白混合了作者本人的影子吧。

小时候读的那本《傲慢与偏见》出版于一九五五年，里面有四十幅插图，是线条精细、流畅的铜版画，从中可以窥到遥远年代、遥远国度的风情。女子盖住脚面的长裙、长到肘部的手套、扎到头顶的卷发，男子的礼帽、燕尾服、竖起的白领、长筒袜或皮靴……还有像一只写字台的钢琴、小小的单屉桌、像奥运会奖杯一样的器皿，以及在起居室里大家怎样谈天，绅士见了小姐怎样鞠躬、吻手等等。伊丽莎白的确很美，标致的脸蛋和身材，胸前还系了一个蝴蝶结。据译者王科一写的"前记"，画家名叫勃洛克(Charles E. Brock)，这些插画作于一八九五年。

上世纪七十年代末，在大学里重读《傲慢与偏见》，我注意到作者津津有味地讲述庸常生活中的细节，似乎毫不费力。她对平凡生活中的人情世故的参悟达到入木三分的地步。她善于表现这样一种境况：读者已经明白事情的原委，明白各种偏见、误会的严重性，可是小说中的主人公却浑然不知，硬是向悲剧的结果走下去，让我们干着急。据说，奥斯丁是英国文学中第一个以描写日常生活为主要内容的作家，是一个典型的"风俗作家"。后世有人指责奥斯丁的小说没有反映伟大时

她伸出手来让他吻了一下。
勃洛克 作于 1895 年

她看见姐姐和彬格莱一起站在壁炉前。
勃洛克 作于 1895 年

代，晚奥斯丁一百年的女作家伍尔芙却说：的确，奥斯丁的小说里“没有什么悲剧，也没有什么英雄壮举。然而，不知为什么，与表面上那种隆重气氛极不相称的是：这个小小场面非常动人……表面上，她写的是区区小事，然而这小事又包含着一点儿什么——它在读者心中扩大发展，变成具有永恒形态的生活场景。”有人评价奥斯丁的小说的另一个特点是结构匀称，整体看来没有任何滞碍。伍尔芙说：“她在多种才能之间能够保持一种非凡圆满的平衡，凡是她完成了的小说都没有败笔，也没有哪一章写得不如其他各章。”甚至有人说，《傲慢与偏见》是世界上最为典范的小说，是小说原本含义的表达。它未受任何小说理论的污染，目的纯正，就是要讲述一个好听而且表述巧妙的故事。

在中国，很多年里没有被人注意这位古典的女作家，一九八〇年之前，只有她的《傲慢与偏见》和《诺桑觉寺》被译成中文出版，她的另一部代表作《艾玛》直到二〇〇五年才有译本，《傲慢与偏见》也于一九九三年有了新的译本。值得庆幸的是，这两本新译都选收了精美的插图，前者二十一幅，作于一八九六年；后者十四幅，作于一八九四年，画者都是汤姆森(Hugh Thomson)，这些插图与勃洛克画的四十幅加起来，足有七十五幅之多！这七十五幅插图放到一起，组成了十九世纪初英国中产阶层生活的风俗画卷，与小说相得益彰。前些年新拍的电影《傲慢与偏见》，其人物形象和装扮就是根据这些插图创作的。

谁是告密者：舒芜？胡风？

◎舒 簾

“胡风反革命集团”冤案，已经过去了半个多世纪，离一九八八年党中央最后一次为胡风彻底平反也已过去了二十多年，我原以为，舒芜同胡风之间的恩怨已经平息。因为，上世纪八九十年代许多涉案人士的回忆文章，以及作家、学者的专著和论著，尽管对他们之间的恩怨产生的原因多少有些不同的认识和议论，但也没有引起多大的波澜，应该说已尘埃落定。

可是，最近我读到一篇题为《舒芜胡风恩恩怨怨俱往矣》的文章，作者周筱。猛一看文章的标题，作者似想表明自己的观点：舒芜、胡风之间的恩怨随着时代的发展已经过去了，今天我们要向前看。如果作者是出于这种愿望，我非常赞同。当我读完文章后，却感到迷茫。因为，这篇文章的具体内容，作者所表达的，恰恰不是“舒芜胡风恩恩怨怨俱往矣”，而是重新挑起他们之间谁是谁非的论战，甚至要把“告密者”的帽子从舒芜头上摘下，然后戴到胡风头上，似乎只有这样，才符合当时实际，才显得公平合理。现在，我想还是根据周筱先生文章的具体内容，谈些自己的认识和看法。

周文开头就说：“在公众的视野中，舒芜好像永远无法走出‘胡风事件’。”这好像作者是在指责“公众”，是“公众”在“胡风事件”中有意抓住舒芜不放。这句话应该说是完全违背历史的。我以为，我们如果承认“胡风事件”是新中国成立不久所出现的一段历史，而舒芜又与这段历史有着密不可分的关系，当“公众”面对这段历史时，舒芜又如何能走出“公众”的“视野”呢？再说，“胡风事件”已过去了半个多世纪，“公众”真的还在盯着舒芜吗？至少像我这样曾亲身经历过“胡风事件”的人，舒芜也早已走出了我的“视野”。要不是这次读了周先生的这篇宏文，我也不会再去重温这一“事件”的有关资料，当然也不会再一次走进这一“事件”中去。至于说现在还有人注视着这一“事件”，我想除非是有关专业的大学生、学者、专家在学习、研究新中国的政治史、文学史时,会接触到“胡风事件”,舒芜也就进入了他们的“视野”。然而,对舒芜在“胡风事件”中所扮演的角色,所起的作用作出怎样的评价,那是这些学者和专家们的事了。这又另当别论。

文章开头还说舒芜是“一位重要文化人”,结尾又充分肯定舒芜“在他这一辈人中,他是学问和才情最好的。”当然,对舒芜作出如此高的评价,自然有周先生的自由。不过,说他是“这一辈人中”“最好的”,是不是有些绝对化了。

周文第一章节的小插题为“一本揭开文化伤疤的书”。这一章节,作者主要是写作为学者的舒芜。

从文章中得知,周筱先生也是一位研究女权主义的学者,因此他对舒芜在研究女权主义方面所表现出的成就推崇备至,还为舒芜的《哀妇女》一书写了长篇序文,并感受到了作为学者的舒芜所具有的“先贤之风”。无可非议,学者舒芜是有才情的。我读到有的回忆“胡风事件”的文章,就有人转述曾和他共过事的老专家,也赞叹过他的才学。连李辉在《胡风集团冤案始末》一书中,也盛赞舒芜的才学,说他“即使写这种检讨类的文章,那份聪明和才华,还是流露在字里行间。”再说,舒芜的才学,不仅仅是在研究妇女问题上,还涉及到其他学术领域,如对周作人等的研究。收入他的《回归“五四”》一书中,就有研究周作人的四篇文章。作为学者的舒芜,尽管“他是学问和才情最好的”,但我总认为,他在“胡风事件”上的表现,应该说他在人品和道德上是有不足的。试举两例为证:李辉在《胡风集团冤案始末》一书中,写到一九五五年舒芜同冯雪峰的关系,冯对舒“总是毫无顾忌,大胆地说出自己想的、忧虑的一切”。他不满于政治标准第一,艺术标准第二的文艺观点;还谈到社会主义民主等。这些私人间的谈话,“反右斗争”开始,舒芜就交代了(也有说写成大字报进行了揭发),成了批判冯的重要证据。绿原在《胡风和我》一文中,写到“文革”时期的一九七〇年,他同舒芜一同下放干校,并在同一个连队。这时又搞起了清查“五一六反革命集团”的斗争。这使舒芜的“政治热情重新勃发,贴了满墙的大字报,揭发‘五一六反革命集团’,要胡风骨干分子写材料”,还当众将了绿原一军。在小组会上,他还揭发了一个解放以前在三联书店工作过的“走资派”,使这位同志“在落实政策过程中……因此多少遇到了麻烦”。这样的例子,我想足以说明舒芜的人品问题。也许有人不以为然,那就不妨按照那位曾肯定舒芜才学的老专家所指出的:“他的弱点就是政治上的自我表现欲。”我看这对舒芜是恰如其分的评价。事实也证明,正是由于他的这种“政治上的自我表现欲”,不仅对“胡风集团”最后的“覆灭”起到了重要作用,最终也使自己丧失了原本想追求的政治前途,改变了人生轨迹。不能不这样认为,他的这个“弱点”,对他自己来说也是致命的。

周文第二章节的小插题“谁是告密者?”这可以说是周文的中心议题。因为,他为舒芜半个多世纪以来“一直背着沉重的道德包袱”鸣不平。他抱怨作家“李辉等和胡风案涉及人士关系密切的作家那里，获得的并非事实的全部”。于是，他在读胡风的《三十万言书》时竟有了新的发现，原来“早在舒芜交信之前一年的一九五四年，胡风就给党中央写信，引用私人信件和私人谈话内容”，告发了舒芜，并说舒芜有四项主要罪名。于是，他根据这一新发现，就要把“告密者”的帽子戴到胡风头上。他这样做，也许是想帮助舒芜从“告密者”的阴影中解脱出来。其实完全没有这个必要。根据我阅读的一些“胡风集团”涉案人士写的回忆文章，以及作家、学者写的一些专著和论著，直截了当指责舒芜为“告密者”是极个别的，大多是对“胡风事件”的发生、发展作出比较符合情理的分析，并指出舒芜在这一事件中所起的作用和要负的责任。然而，周先生完全不理会这一点，而无端指责胡风，实在有失公允。

为了搞清上述问题，我想首先就应该搞清楚胡风是在什么背景下给党中央上书的，又为什么要在上书中的第三部分写了“关于舒芜问题”这样一节文字？真要说清楚这个问题，文字就相当冗长。我不妨介绍周先生能耐心地去阅读绿原写的两篇文章：一篇是《胡风和我》，另一篇是他应湖北人民出版社之约，为他们出版胡风的《三十万言书》而写的《试叩命运之门——关于“三十万言”的回忆与思考》一文。这应该能回答胡风是不是“告密者”的问题。现在，我想根据我对已阅读过的有关文章的理解，简要归纳几条，不知是否能说明事实真相。

一是一九五二年正当文艺界紧锣密鼓地批判“胡风文艺思想”的形势下，舒芜很能审时度势，为急于摆脱胡风对他在政治上造成的不利影响，并抱着政治上赌一把的心态，主动出击，写了《从头学习〈在延安文艺座谈会上的讲话〉》一文。该文名为检查自己，实为揭发他人。这一做法果然奏效，不仅得到高层领导的赏识，还邀请他到北京参加“胡风文艺思想讨论会”。这时的舒芜，可说是春风得意。他在从南宁赴京路过武汉时竟对曾卓说：“北京对胡风没办法，要我去开刀。”他还随身带了第二篇文章《致路翎的公开信》，到北京修改后发表。他这样做，客观上造成了对胡风步步紧逼的态势。

二是此时对胡风文艺思想的批判，调子已步步升级，给他戴上了“反马克思主义”、“反现实主义”、“宗派主义”三顶帽子。

三是周扬以高压态势同胡风谈话时警告说：“你说的话就是九十九处都说对了，但如果在致命的地方说错了一处，那就全部推翻，全部都错了。”

四是胡风对舒芜揭发中的不实之词有意见要申辩，对舒芜这个人的人品有看法要反映，希望党中央和最高领导人不要偏听偏信，作出错误的判断。

五是胡风不认为自己的文艺思想有什么大错，需要向党中央和最高领导人申辩。

总之，胡风相信他当时的处境是党中央、最高领导人所不了解的。只有通过上书，让中央了解实情，就能帮助他从目前的困境中摆脱出来。于是，他就同他的友人一起商量，写了《三十万言书》。当然，后来他同友人因此而遭到灭顶之灾，是谁也料想不到的。

周文在这一章节中，还提出这样一个问题：舒芜交出胡风的信是《人民日报》“编辑在领导的要求下找到他家去要的，他能不交吗？”周先生这样讲，他似乎并没有读过舒芜如何交出胡风信件的有关文章。根据当事人叶遥、舒芜、林默涵的文章内容可以肯定几点：一、《人民日报》编辑叶遥到舒芜家去组织他写批判“胡风宗派主义”的文章，舒芜答应并主动告诉叶遥他有胡风等人给他的私信。叶遥得知后就提出要借阅，舒答应了；二、舒芜自己承认他写《关于胡风宗派主义》一文时，已“引用了不少胡风给我信中的话”；三、胡风给舒芜的这批信是如何到了林默涵的手上，尽管叶遥、舒芜、林默涵各有说法，但不论是借也好、交也好、要也好，最终总应该是从舒芜手中出去的；四、最后舒芜在林默涵的授意下将这批信进行编辑并加注释，署名舒芜，作为《关于胡风反党集团的一些材料》在《人民日报》上公开发表。这样的梳理，我想舒芜主动交出胡风给他的私人信件的事实应该是很清楚的，任何人的辩解都是无法改变的。我还认为，按照舒芜具有那种在“政治上的自我表现欲”性格的人，随着当时“胡风事件”发展的态势，他也必然会采取主动交出这批信件的举动的。当然，他的这一举动，会使“胡风集团”的性质由思想问题步步升级到政治问题，最终成了“反革命集团”，我想他也许始料不及。

周文第三章节的小插题是“走不出的‘胡风事件’”。我读着这一小插题就陷入沉思：当前还有谁没有走出“胡风事件”？是作者文字开头所指出的“公众”，还是作者所指责的“胡风一方”的人？我想这两方应该都已走出了“胡风事件”。毕竟“胡风事件”已经过去了半个多世纪了，“公众”还能有谁没有走出去呢？至于“胡风一方”的人，除了他们的后人，当事人这些年来大多已先后作古，就连曾在报刊上公开指责舒芜为“告密者”的何满子先生，也已于二〇〇九年仙逝，活了九十一岁。用排除法一一排除，作者所说的还没有走出“胡风事件”的，似乎就剩下他本人了。因为他至今还在为舒芜抱不平，非要把“告密者”的帽子戴到胡风头上才觉得公平。如作者果真如此，那他将永远也走不出“胡风事件”。

下面我们再来看这一章节的行文，先来读这样一段文字：“我并没有认为上交私人通信是正确的，这确实是舒芜一生最大错误，但他也为此付出了沉重的代价。”此话令人费解。难道反“胡风集团”的两年后舒芜被错划右派，是与他两年前揭发胡风、交出信件有因果关系吗？我虽然不知道舒芜被错划右派的原因，但我也相信周先生不会用这样的推理来为舒芜辩解。

周文中又指责说："同样在告密行为上走得更远的胡风一方，却从来没有表示过忏悔。"他要"胡风一方"表示什么样的忏悔呢？难道因"胡风一方"的"告密"，使舒芜受到了政治迫害，从而妻离子散、家破人亡？可众所周知的事实是，当时被作者指责为应当忏悔的"胡风一方"，包括他们的亲朋好友，正在遭受着无尽的苦难；而舒芜作为反戈一击的英雄，正风光无限地到处做报告。他的那种"政治上的自我表现欲"正得到充分的满足。我想作者总不能对这样的事实都加以否定吧。

这一节中又说："似乎胡风就是完全的受害者，即被'打倒'者都是完全的受害者，只字不提他们在被打倒前也整过人。"这样的文字令人难以理解。"胡风集团"的受害者难道不是完全的受害者，而舒芜这位当年被视为反"胡风集团"的勇士反到是受害者？"他们在被打倒前"整过谁呀？被整的人又怎样了呀？周先生作为一位学者，似应摆出事实来。

再下一段文字是写作家聂绀弩同舒芜友谊的，也写了聂对舒后来的遭遇抱同情态度。这没有什么可奇怪的。因为，聂绀弩同胡风的友谊应该说也是非常深厚的。人与人之间的关系本来就是很复杂的。决不能因聂同舒的友谊，就肯定舒而否定胡。

对于舒芜在"胡风集团"冤案中所起的作用，到底该如何评价？我读到过两段文字，应该说是比较客观公正的，不妨作一介绍。一段是"胡风集团"冤案中受害人之一的绿原先生说的。他在《试叩命运之门》一文中最后的第二段，既讲到了"个别文艺领导根深蒂固的宗派主义和最高领导人的失实判断"，也讲到"胡风本人性格上的……一些缺点和局限性"。最后讲到舒芜时说："时下有不同议论，甚至相互矛盾；但他当年以检举代替检讨，随后交信和撰写'材料'对'胡风问题'之从思想范畴提升到政治范畴，以至动用专政工具，起到不可或缺的环节作用，却是不争的事实。"另一段是黎之先生在《文坛风云录》一书的《关于"胡风事件"》一文中说："有的文章把这次事件的偶然性归结为与舒芜交出个人之间的通信有很大关系。这有一定道理。但是，并不全面。"据黎之了解，舒芜通信材料发表之前，"中央关于批判胡风的报告的批示就把'胡风集团'的性质定为'反党反人民'"。这说明，"'胡风集团'不是孤立的。这样天大的历史事件的起因归结某一个人、某一个细节，都很难得出正确的经验教训的。"我以为，这样分析评说"胡风事件"应该是比较客观的。我还认为，周先生在文章的结尾时说，舒芜"被政治轻轻地利用，又被政治重重地抛弃，这并不是他一个人的悲剧"的话，也是不无道理的。所以说，"胡风事件"的发生，不单单是舒芜交出了私信，还有当时政治的不清明，周扬等人在二十世纪三十年代左联时期所实行的关门主义、宗派主义还在起作用。当然，这些应该说今天都已"俱往矣"，让历史上发生过的这些政治运动，还是留给治政治史、文学史的专家学者们去探讨研究吧！

果戈理没结婚

◎蓝英年

果戈理像　颜 仲木刻

果戈理一生充满矛盾。他的作品真实地揭示出十九世纪俄国愚昧、野蛮和残酷的现实，剖析了俄国人身上的民族劣根性，至今仍有现实意义。但果戈理笃信宗教，交往的多是农奴主(地主贵族)，是他们的座上宾。果戈理的思想与他的作品之间存在巨大差距，他的真实社会地位与他的文学声望同样存在巨大的差异。他的作品尖锐地嘲讽了俄国地主和官吏身上一切丑陋的东西，他笔下的人物可以称为丑陋的俄国人。直到如今，多数俄国人身上或多或少仍存在果戈理笔下人物的影子。果戈理时代贪污受贿风行，无处不在，同今日的俄罗斯没有区别。果戈理曾敏锐地预言，贪污腐败已成顽症，如不根除，必将导致俄国灭亡。在烧剩的《死魂灵》第二卷最后几页残页中，果戈理说得再清楚不过了。这几页没头没尾，一般人不会注意。乞乞科夫被释放后，公爵召集全城达官显贵，对他们讲了一段话，大意是：现在贪污腐败成风，你撤换贪污腐败分子，换上诚实的人，但过不了多久，诚实的人又变成贪污腐败分子，这样不断撤换，直到无人撤换为止。下面是果戈理的原话："公爵对达官显贵说……重要的是，我们面临拯救祖国的重任，我们的国土已在日益沦亡，敌人不是二十种外族语言（指 1812 年拿破仑入侵俄国的军队。这支军队由各种民族组成)的入侵，而是我们的自身；在合法统治之外，已经形成了另外一股统治势力，它比任何一种合法势力都强大得多。它制定出自己的条件，给一切都标上价格，甚至使这些价格达到家喻户晓、尽人皆知的地步。这种邪恶风尚，是任何一位国君无法加以纠正的，纵然他比天下所有立法治国的君主都贤明，纵然他设置监察员竭力限制品格恶劣的官员的行动，也无济于事。只要我们每个人还不知醒悟，觉得自己应该如同起义时代人民武装反抗入侵之敌一样，奋起反抗不义，一切都将是徒劳无益的。"(《死魂灵》，第 466 页-第 469 页，人民文学出版社)。一百五十年前果戈理就看到国家法令之外还存在着潜规则，而社会的运转依赖的就是这种潜规则。一切政府法令和规章通通没用。今天俄罗斯怎么样了呢?二〇〇九年七月二十七日,俄罗斯内务部经济安全局发布了全国贪污腐败数据。数据显示:俄罗斯平均每次贿赂金额已攀升到二万七千卢布(约合人民币 7000 元),比此前增长了三倍。俄罗斯总统梅德韦杰夫虽然大张旗鼓地反贪腐,但收效甚微。俄罗斯反腐调查中心认为反贪腐工作只触及皮毛,执法部门不愿意插手危险的"灰色地带",以免触犯禁忌,招来横祸。反腐调查中心负责人巴菲洛娃女士坦言道:"二万七千卢布仅仅是贿赂医生或因行车超速而通融警察的数目,真正的商业贿赂尚未曝光。"她认为俄罗斯目前的反腐还仅限于基层,无力在政府中层展开,如对俄罗斯各州首长和国家各部委官员肃贪。执法人员不敢对俄罗斯权贵阶层肃贪,投鼠忌器。如对大权在握的政府大员的贪污腐败案件处理不当,执法人员往往会丢掉乌纱帽,甚至沦为"阶下囚"。(《世界博览》2009 年 17 期)

果戈理一百五十年前的话不幸成为谶语。潜规则代替了国家法令。前些日子俄罗斯领导人封闭了莫斯科切尔基佐沃市场,使中国商人损失惨重,有的血本无归,也是潜规则运作的结果。中国商人想走"白色清关",但俄罗斯伙伴却千方百计地让他们走"灰色清关"。因为这样海关才能获益,伙伴才能任意宰割中国商人。如一定要走"白色清关",货物不知要扣压多久。与俄国人接触多了,便会发现其中有不少人不讲信用,夸夸其谈,懒惰酗酒,使你不禁想起果戈理笔下的人物。他的人物具有顽强的生命力,一直快快活活地活到今天。

果戈理出生于乌克兰小地主家,社会地位不高。他中学毕业后来到彼得堡,二十三四岁出版了《狄康卡近乡夜话》,接着又出版了《密尔格拉德》,成为普希金之后文坛上又一颗耀眼的明星,深受知识分子的欢迎,普希金也给予他极高的评价。青年人更不用说了,果戈理成为他们的偶像。一九四二年《死魂灵》出版后,大学生们不上课,在教室里轮流朗诵《死魂灵》。但在沙皇和保守的大臣眼里果戈理不过是弄臣,插科打诨的人,而对这类人沙皇的态度是宽宏大量的,说出过头话也不见怪。一八三六年喜剧《钦差大臣》上演,沙皇尼古拉一世率领大臣们观看。他们是到剧场寻开心的。特别是主角赫列斯塔科夫由著名喜剧演员丢尔扮演,更让沙皇和大臣们相信喜剧一定逗乐。但他们越看越觉得不对劲,脸色越来越阴沉,演出结束后,沙皇走出剧院说道:"大家都挨骂了,我挨得最多。"但沙皇并没有把果戈理流放到西伯利亚去,宽恕了果戈理,因为果戈理在他眼中不过是弄臣。试想一下,如果斯大林率领全体政治局委员看戏,闭幕后,斯大林说:"大家都挨骂了,我挨得最多。"剧作家的下场如何,导演和演员的下场如何,不难想象。因为斯大林把作家看成人类灵魂工程师。苏联作家的神圣使命就是歌颂斯大林所领导的体制。一八四六年果戈理准备到耶路撒冷圣地旅行,他请求沙皇尼古拉一世发给他一本特殊护照,他经过的所有地区都要接待他。沙皇说俄国没有这样的护照，但仍令果戈理途经地区的俄国使馆接待他。沙皇满足了弄臣果戈理过分的请求。其实中国伟大的诗人李白在唐玄宗眼里何尝不是弄臣呢？李白要唐玄宗的大太监高力士为他脱靴，杨贵妃为他研墨，但他写的《清平乐》是赞美杨贵妃的："云想衣裳花想容，春风拂槛露华浓，若非群玉山头见，会向瑶台月下逢。"唐玄宗和杨贵妃正在欣赏牡丹，要人助兴，便把李白叫去了。李白和果戈理当然不是弄臣，但在唐玄宗和尼古拉一世的眼里未必不是弄臣。

十九世纪四十年代，沙皇宫廷女官斯米尔诺娃·罗谢特回忆道，一位公爵问他，果戈理是何许人？当时果戈理已名满天下，可公爵却不知道果戈理。当然不只他一人不知道，很多脑满肠肥的大贵族也不知道果戈理。果戈理的求婚被拒绝是贵族对他的蔑视的露骨表现。果戈理与维利耶戈尔斯基公爵一家关系良好，不时拜访，有时还给他们朗诵自己的作品。维利耶戈尔斯基一家待果戈理也很好，每次果戈理来访都热情接待。维利耶戈尔斯基公爵是亲近沙皇的重臣，为《死魂灵》的出版出过力。果戈理爱上公爵的女儿安娜公爵小姐，托安娜的姐夫代他向安娜小姐求婚。但果戈理的求婚激怒了维利耶戈尔斯基公爵一家，遭到断然拒绝，并从此不许果戈理踏入他们家门。这件事在上流社会传开，等于打了果戈理一记响亮的耳光，使他无地自容。果戈理从此患上忧郁症。维利耶戈尔斯基是世袭贵族，安娜的母系更加显赫，出自比龙家族。比龙是安娜·伊万诺夫娜女皇的宠臣兼面首。他们怎么看得起小地主家庭出身的果戈理呢？作为作家的果戈理他们可以接待，就像接待各类艺人一样，但决不会把女儿嫁给一个身份比他们低下得多的人。在他们眼里果戈理同样是弄臣。果戈理活了四十三岁，没有再看到果戈理向女人求婚或与女人恋爱的记载。

果戈理的作品无情地鞭笞了俄国的现实，但他却没有俄国革命民主主义者赋予他的推翻农奴制的使命。俄国朋友送了我一本最新出版的《果戈理百科辞典》，我翻了一下，看到他与贵族地主的交往，他们的通信。他的思想与这些大农奴主的思想没有多少区别。世界上的一切都是上帝安排的：农奴给地主干活是上帝的意志，所以要好好干活。女人守寡也是上帝的意志，那就好好守寡吧。他对贵族的那种阿谀口吻让人看了反感。别林斯基特别看重果戈理的作品，因为果戈理展现了俄国丑恶的现实，抨击了农奴制。果戈理写的是他亲眼看到的，他不得不这样写，但他并没有革命民主主义的思想，主观上要推翻农奴制。他出版《与友人书信选》是他一贯思想的集中表露。世界观与创作之间的矛盾在不少作家身上或多或少地存在，但在果戈理身上表现得最为突出。我们常说，作家要改造思想，深入生活，才能写出无愧于时代的作品，但在果戈理这儿得到的恰恰是反证。为什么会这样？我一直想不明白。

孟什维克的路线

◎萧文泉

中国革命开创的时候，造反的知识分子喜欢使用许多苏俄新名词，例如“苏维埃”、“布尔什维克”、“孟什维克” 等等，不一而足，常常使不入门的人一头雾水，根据地的农民们还以为“苏维埃”是一个姓苏的大官的名字。然而对于革命党人，这些词都有性命攸关的重要性。长期以来，苏联党的名称后一直附着个“布”字，明示与“孟什维克”的区别，受《联共(布)简明党史》的影响，在中文里这两个名词也褒贬明确，只有忠贞坚定的革命者才配得上称布尔什维克，堕落邪道的就是孟什维克。斯大林时代出产的那些所谓的“红色经典”更让百姓们爱憎分明，布尔什维克是好人，孟什维克是奸贼。虽然由于时代关系，中国共产党内只曾跟着斯大林大抓严捕“托派”而似乎没有开展过反“孟什维克”的运动，但是在我们的理论文章里和正式史书里将“孟什维克”作为党内反动派的别号，却是屡见不鲜的。

那些背着恶名的孟什维克到底是些什么样的人呢？历史书上都解释说，“孟什维克”是俄语“少数派”的意思，而“布尔什维克”则是“多数派”的意思，典故出自于俄国社会民主工党第二次代表大会为建党原则而进行的一次争论，列宁的正确路线获多数代表的支持，成了多数派，而错误路线只得到少数人的支持，故称他们为孟什维克。这次代表大会是一九〇三年七八月间在布鲁塞尔和伦敦举行的，说是代表大会，参加者也只有几十个人，都是流亡者。分歧出现在如何写党章第一条的问题上，即什么样的人能算党员。其实，讨论中谁也没有把这个条款太当一回事，对两个草案的区别更没有什么理论上的考虑和阐述。列宁主张党员标准严格一点，马尔托夫则认为要宽松一点。列宁的建议得到了采纳，他的这个多数派实际上也只比反对意见多四票而已。据与会者的回忆，当时党内在许多问题上虽有不同意见，但是各人之间并没有深刻的和全面的立场和观点上的分歧，党是一个非常小的党，大家都信奉马克思主义和社会主义，思想上的共同点大大超过不同看法。后来党壮大了，卷入国内政治事务深了，互相之间也分歧大了。理论家们和历史学家们才把许多思想内涵追加到那次代表大会上的讨论中去，演绎出了一个布尔什维克主义和孟什维克主义，而且苏联党越强大，对布尔什维克主义和孟什维克主义之间在政治思想和理论上的对立的阐述越深入。这颇有点像中国古史上的所谓“层累地”建立的模式。政治正统的确立需要一个创世神话，布尔什维克主义与孟什维克主义之间两条路线斗争的说法恰好适合了这个需要，所以革命胜利后列宁会说，如果我们没有在一九〇三至一九〇四年战胜孟什维克，那么我们也无法在一九一七年赢得革命。实际上在第二次代表大会上俄国社会民主工党内产生的派系更主要是按人事分的，进入了《火星报》编辑部的人和没能进的人之间的区分要更加重要得多。同是《火星报》编辑的列宁和马尔托夫，虽然后来一个是布尔什维克的首脑，一个是孟什维克的领袖，两人之间原来的关系却是相当密切的。分裂发生后许多党员都惊讶万分，托洛茨基称之为“晴天霹雳”，没参加大会的党员们在会后想从代表们那里弄清楚分裂的原因，却发现两派在政治立场和观点上实在没什么区别，于是大家就按照个人关系的亲疏来选择阵营。这样布尔什维克和孟什维克两个派系由此形成了。

在一九〇三年到一九一七年之间，双方都作过努力要团结起来，一九〇六年在斯德哥尔摩共同举行过团结的大会，他们之间在政见上并没有截然的区别，而且两个派别内部还有许多不同的政治立场和见解，并没有后来意识形态专家们所说的纯一的布尔什维克主义和孟什维克主义。对俄国国内问题，两派内部有许多立场其实是非常相似和重合的。特别是孟什维克的左翼常常和布尔什维克的右翼具有相同的观点，例如一九〇九年普列汉诺夫领导的孟什维克左翼和列宁支持的布尔什维克右翼就联合起来反对布尔什维克左翼抵制杜马的立场。在工人阶级自发革命性问题上，在是否与工会合作的问题上，在应该不应该参与杜马的问题上，一会儿布尔什维克采用了原来是孟什维克的立场，一会儿孟什维克采取了原来是布尔什维克的立场。在都参加了杜马后，各自的成员在杜马里也能密切合作一致对外。一九

斯大林时代的油画作品中所反映的十月革命场景

〇五年革命后布尔什维克主张建立临时政府，并要参加进去，一九一七年二月革命后则是孟什维克主张建立临时政府并参加进去。两派互相间的指责也一样，都说对方是分裂主义、小团体主义、机会主义、背离工人阶级等等。最说明两个派别的一致性的是，尽管他们各自独立，一直到一九一七年革命之后，他们都处于同一个党内，都还遵循着一九〇三年大会通过的党章，孟什维克派在一九〇七年还投票通过了那个造成最初分裂的党章第一条。

但是，政治历史告诉我们，因个人恩怨和利害关系而造成的分裂要比由思想不同造成的分歧更难以弥合。尽管基层党员们很厌恶那些上层知识分子之间的吵闹，这促使领袖们不时做出要团结起来的姿态，布尔什维克和孟什维克依然互相对立。为了取得正统的地位，俄国社会民主工党的两派转向国外的同志们，期望自己而不是对方得到国际共产主义运动的认可和支持。首先当然要争取当时国际共运的精神领袖考茨基的举足轻重的支持。考茨基开始一直拿不定主意，他既为俄国人互相攻击所用的恶毒语言而震惊，更觉得他们所争论的问题无甚意义。和其他关注俄国问题的国际社会主义领袖一样，他认为从社会主义运动的根本利益出发，最重要的是维护党的团结和统一，这样他决定由社会国际执行局出面在布鲁塞尔召开俄国党所有派系的会议，以实现全党的团结。孟什维克积极参加，但是布尔什维克的表现令人失望，列宁没有出席会议，布尔什维克最后拒绝接受会议的团结决议。这样，在全世界社会主义者眼里，布尔什维克显然应该负分裂的罪责了，这也埋下了以后列宁从第二国际脱离出来建立第三国际的根子。

一九一四年布鲁塞尔会议后布尔什维克的处境相当不妙，无论在国内国际都非常孤立。是俄国革命救了布尔什维克。突然爆发的第一次世界大战使俄国国内的形势骤变，面对战争，布尔什维克内和孟什维克内都有反战的国际主义者和支持战争的卫国主义者。和以前一样，派系的区分不是按政治立场而是依照人事的从属。当一九一七年二月俄国爆发革命时，布尔什维克在国内的力量远不如孟什维克。孟什维克是当时俄国最强大的政党，轻易地取得了革命后成立的彼得堡苏维埃执行委员会的领导权，并和社会革命党一起主导了彼得堡的苏维埃。按照他们对革命性质的认识，作为社会主义者的孟什维克不出面执政，他们任命了一个由开明进步的资产阶级人士组成的临时政府。这个政府完全依靠孟什维克主导的苏维埃支持才能统治。势单力薄的布尔什维克根本无力反对，他们赞同孟什维克的政策，支持孟什维克组建的临时政府，同意孟什维克颁布的和平宣言。当时从基层到中央，两派合并的呼声高涨。按照托洛茨基的说法，在一九一七年三月，斯大林和加米涅夫领导的布尔什维克已经走到了孟什维克的大门口了。

如今只是历史的一个注脚的孟什维

克当时显然正把握着历史的龙头，如果孟什维克能够把这个势头保持下去，俄国的历史以至世界的历史都会完全不一样。但是历史是充满了难以预测的偶然性的，一九一七年彼得堡街头的形势瞬息万变，渐渐地布尔什维克的运气开始扭转，逐步地扩大了影响力，而主张武装起义的列宁这时也在德国人的帮助下回到了彼得堡。科尔尼洛夫将军的叛乱给了布尔什维克一个天赐良机，叛乱被镇压下去后布尔什维克第一次在彼得堡苏维埃里占了多数席位，布尔什维克的领袖托洛茨基成了苏维埃主席。最后在武装的工人和起义的士兵的冲击下，布尔什维克从临时政府那里夺得了政权，这就是十月革命。

从二月到十月，孟什维克从权力的高峰跌到了深渊。在被放逐的漫长日子里，他们不免要反思历史的教训。到底什么原因使得布尔什维克取代了他们成为新政权的主人？理论家们和历史学家们提出了种种解释，这些解释常常是互相矛盾的，有的说是因为孟什维克太教条不灵活；有的则相反认为是孟什维克没原则过分妥协；有的把他们的失败归咎于他们对民众的害怕；有的则指出孟什维克领袖们当时只防备反革命的叛变，没有注意来自左翼的危险。历史决定论者肯定地说历史规律决定了布尔什维克将胜利，而道德论者则相信，是因为孟什维克往往受道德信条的约束，他们的行为光明正大，而布尔什维克则背信弃义，无所顾忌，当然会在残酷的政治斗争中胜出。解释的多种多样或许也说明了一九一七年彼得堡的这场一日三变的大戏的进程里本来就偶然性超过了必然性。

解释历史是痛定思痛时的事，十月革命后孟什维克的当务之急是如何在新政权下生存的问题。新的苏维埃政府是由同为马克思主义的信徒、同为社会主义者、理论上还是同一个党的昔日同志执政的，他们却又是长期的敌对者。孟什维克领导人认为最主要的危险还是来自于反革命复辟，最重大的任务还是要维护社会民主革命的声誉，即便这意味着间接地支持布尔什维克。他们决定坚持进行合法斗争，决不转入地下。尽管马尔托夫、唐恩、阿布拉莫维奇等孟什维克领导人在一九一八年就被逐出了苏维埃执行委员会，孟什维克还是苏维埃的成员，他们利用苏维埃这个讲坛发表自己的政见，对布尔什维克的政策进行批评。孟什维克把自己看作是苏维埃制度内的反对派。由于不少布尔什维克也认为苏维埃应该是一个政治辩论的场所，许多地方苏维埃主席还邀请和欢迎孟什维克的代表来发表反对意见。在革命后的一段时间里，孟什维克发出了新体制下唯一听得到的反对派声音。当内战结束后外国工人代表团和兄弟党代表团络绎来访新生的无产阶级国家时，布尔什维克政府还非常乐意让孟什维克出场参加接待，以显示新政权的民主风范。

如果历史向另一个方向发展，孟什维克可能会成为像英国议会里的“忠诚的反对派”一样的一个合法的反对党。

但是这种资产阶级议会的两党制完全不合列宁等布尔什维克领导人的口味。契卡早已开始找孟什维克的麻烦了，以种种借口封闭孟什维克机关，逮捕和审判孟什维克党人。布尔什维克的主要镇压目标是孟什维克的出版物。敖德萨市的一场对孟什维克期刊编辑的审判结果引起了工人们的示威，在哈尔科夫的另一场类似的审判也因为工人的抗议而中断。最有名的官司是斯大林控告马尔托夫污蔑罪。审判结果是法庭谴责马尔托夫对苏维埃政权不尊重，但是也没有判斯大林得胜，理由是他的案子超出了法庭的权限。那时是一九一八年。

很快地，孟什维克的日子越来越难过了。列宁公开把孟什维克称为是最危险的敌人，托洛茨基把苏维埃政权的一切反对者都称为孟什维克。契卡镇压孟什维克的工作一直在继续，尽管从法律上来说孟什维克还是一个合法的组织，契卡总有理由逮捕孟什维克把他们送进苏维埃监狱。幸亏契卡的最高领导捷尔任斯基对孟什维克的一些成员不无好感，吩咐手下善待孟什维克囚徒，所以孟什维克在狱中倒没有受什么虐待，有的还高兴坐牢，因为在牢里吃得比外面好。

到了一九二一年，布尔什维克不想再听到孟什维克的反对声了，他们决定使用沙皇的老办法，流放孟什维克到远离城市和火车站的荒凉地区去。四十五名孟什维克绝食抗议，孟什维克领导人唐恩提出，沙皇政府还让革命党囚徒在国内流放和国外流放之间做选择，苏维埃政权至少不能做得比沙皇差吧。布尔什维克的政治局就此投票，以仅仅一票的多数决定让步，接受唐恩的建议。于是孟什维克们都从监狱里放了出来，准备流亡。

唐恩自己原来是选择国内流放的，但是他回到莫斯科以后看到苏联国内每下愈况的政治经济形势，改变了主意，选择流亡国外。布尔什维克政权希望他们在即将到来的莫斯科苏维埃选举前尽快离开，国家给每个选择出国流亡的孟什维克十三美元和苏联护照。孟什维克党中央实际上非常不希望它的党员离开苏联，但是当时苏维埃政府答应流放者在一两年内都可以回国，因此不少人就走了，打算很快就能回到一个恢复正常的祖国来。谁也没有想到这一去就再无回乡路，而留下的人的命运更惨，所有选择在苏联国内流放的孟什维克后来都被斯大林枪毙了。

对于孟什维克领袖们来说，流亡海外不是什么新经历，在沙皇时代他们常常遭此惩罚，只是现在是他们为之奋斗的革命成功了五年以后又踏上流亡之路。沙皇时代的流放都有一个期限，这次他们也满心以为流亡日子不会太长。和流亡的白俄不一样，他们等待的不是苏维埃政权的垮台，他们期待的是政治形势的正常化，使他们可以作为一个社会主义政党在苏维埃体制里活动。开始的时候，国内的形势好像也真的在好转，苏共第十大开始了重大的政策转变，战时共产主义被新经济政策所取代。这新经济政策不就是孟什维克多年来一直主张的国内经济政策吗？在一九二〇年的第八次苏维埃大会上唐恩还和列宁就经济政策发生激烈争论，列宁痛骂唐恩提出的搞活经济的政策是投降，现在他自己要推行了原先唐恩提出的政策。苏维埃的新经济政策和孟什维克一九一九年的政纲里的经济政策基本一样，这使得孟什维克的机关报评论说，他们现在在做我们三年来一直在教他们做的事。而有的孟什维克甚至指控布尔什维克是利用契卡没收的孟什维克中央委员会文件来制订他们的经济政策。

尽管政策立场上两派没什么差异了，莫斯科方面对于这个反对派的态度还是没有任何缓和的迹象。所有流亡的孟什维克都珍视和祖国的联系，他们定期地更新自己的苏联护照，期待着有一天能回国。这个希望不久也彻底粉碎了。一九三二年苏联政府宣布注销孟什维克流亡者的苏联护照，取消他们的国籍。孟什维克抗议说他们的护照不是斯大林政府发的，所以斯大林无权勾销他们的苏联国籍，但是这样的抗议当然没有任何用，孟什维克由此注定要在他乡长住了。在这之前斯大林还组织了一场对孟什维克的审判，这个审判完全是个闹剧，因为孟什维克领导人都在国外，被法庭审判的被告实际上都不是孟什维克，都是一些曾经参加过孟什维克的老布尔什维克，早就和孟什维克没有关系了，被告们大多是在国家的经济部门担任重要职务的经济学家。国家检察长控告他们怠工和破坏苏维埃经济，他们也像类似的审判中的被告一样，完全承认控告他们的罪行，得了重刑。观察家们猜测，斯大林安排这个审判，是假打击孟什维克为名，为他将要推行的灾难性的经济建设总路线扫清障碍。

流亡在海外的孟什维克无法影响国内的政治了，他们能做的工作最后只剩下一项：编辑出版《社会主义通报》。这份期刊是他们刚到国外时为了交流情况而决定出版的。当时是作为一个临时措施来实施的，因为他们在苏联国内的报纸被封了，这在他们看来是一个很快就会被纠正的非常情况。不料非常成了常态，创办的编辑和最早的读者都想不到，这份期刊居然会连续出版四十五年，成为证明他们的存在，显示他们党的团结以及保持和苏联国内的联系的首要象征，也是后人了解他们的思想和立场的主要来源。

孟什维克的《社会主义通信》的内容大多是报道和分析苏联国内的政治经济形势，显然他们有一个来自苏联内部的信息渠道，而且这些信息都相当及时和准确。即便是反对诋毁孟什维克的人也不得不承认《社会主义通信》披露的消息都很可信。例如，早在一九二四年《社会主义通信》就发布了列宁遗嘱的内容，由于这份遗嘱严厉批评斯大林，当时许多人还怀疑是孟什维克在造谣。三十二年后赫鲁晓夫在他的秘密报告中公布了列宁的遗嘱，这才清除了遗嘱真假的疑问。今天的历史学家们核对下来，《社会主义通讯》在二十年代所刊布的有关苏联领导层的内部斗争的所有文件都是真实可靠的。但是直至今天，我们也不知道到底是谁在从苏联国内给孟什维克提供消息。

尽管孟什维克被苏联的宣传机器宣布为共产主义事业最凶恶的敌人，他们并没有改变对马克思主义的信仰和对社会主义事业的追求。马尔托夫曾经申言，孟什维克决不参与任何企图以强力反对苏维埃政权的活动，这就是所谓的“马尔托夫路线”，被驱逐出苏联后的二十多年里，孟什维克一直遵循着这个路线。考茨基是他们流亡德国时的依靠，也是他们非常尊重的理论家，但是在涉及苏联的政治问题上他们并不苟同考茨基。考茨基认为布尔什维克早已完全堕落成一支和法西斯不相上下的反革命力量，应该号召全苏联各阶级的民主力量团结起来反对布尔什维克的反动统治。孟什维克觉得不能同意这个论点，他们以为还是要以工人阶级为基本力量来推进革命，他们也不认为苏联的工业计划和农业集体化导致了新的阶级变化。孟什维克和考茨基论争，倒不是他们对斯大林还有什么幻想，只是他们对苏联国内的马克思主义分析和考茨基不同。

在国外流亡的生活是非常艰难的，希特勒法西斯在欧陆日渐嚣张，孟什维克被迫从德国转移到法国，最后逃亡到了美国。历尽艰险的孟什维克国外代表团（他们坚持认为自己是一个根在国内的政党，流亡的领导人称自己是党派往国外的代表团）成员大多终老新大陆。孟什维克领导人都没能在生前看到苏联的灭亡，最后一名代表团成员死于一九八九年十二月，那时苏联及其东欧卫星国正在开始解体。只有几个比较年轻的孟什维克亲眼看到了苏联的终结，但是新生的俄罗斯已经完全是面目全非了。

补白

“我在编漆黑文选”

周作人评说黄侃：他的国学是数一数二的，可是他的脾气怪僻。有一次，一个大官拜访黄侃，说要与黄侃讨论学术。黄侃嘲云：“你们做官刮地皮的，配谈这个吗？”对方大窘而归。黄侃对于戴季陶之流，其“嘲骂”更显现出爱憎分明的耿直。一次戴季陶和他相遇，问他“近来有什么著作？”黄答曰：“我在编漆黑文选，您的大作已经编进去了。”戴季陶何尝不知黄将“漆黑”与《昭明文选》中的“昭明”二字反意用之的奚落用心，便愤愤而去。奇怪的是，胡适等许多遭受过黄侃嘲骂的学术界名流，依然很敬重他。

细读霍嘉特《查泰莱夫人的情人》一九六一年版序言

◎黑 马

读理查德·霍嘉特为雪耻后的首版《查泰莱夫人的情人》(以下简称《查》)所写的序言让我有醍醐灌顶之感,现在就谈谈细读这篇序言的感受,自然多为叙写。(1961版,可以说是该书第一次名正言顺、光明正大地面世。)

作为文化研究伯明翰学派的奠基人,霍嘉特是以研究诗歌和小说起家的,对文学自有其过人的深邃洞察。不过,这篇序言秉承了他一贯的作风,是写给大众读者的,因为《查》书获得平反昭雪后出的是大众化平装本,几十便士就能买一本,发行海量,可以说一时间平铺了英伦三岛和英语世界。所以,霍嘉特的序言真正做到了深入浅出,用俗常的语言道出本书的非常之道,言简意赅,又不失理念和哲思的高蹈,同时字里行间充满了对小说作者的同情、对当时英国社会文化氛围的失望和悲悯,是一篇大德大爱大仁大义之作。作为文化研究学科的创始人之一的理论家,霍嘉特能如此贴近生活,放下精英身段,完全以 speaking to each other(此乃他的一本论文学与社会的书名)的普通人姿态发言,实在难得。霍嘉特继承和发扬了利维斯式的细读文本的学术精神,同时又不囿于书斋式品读,为文本的细读注入了"常识"、补充上现实与历史的肌理与血脉,其对作品的解读自成风流。霍嘉特的言说方式,我想,与他的"我的社会主义(my socialism)"立场有关,他说:"我的社会主义是一种道德社会主义——当然希望不是道德说教社会主义,是古老的英国式社会主义,而非理论的、意识形态的,是人道的、自由派的、伦理的社会主义。(My socialism is a moral (I hope not moralistic) socialism, an old English style, not theoretic or ideological but humanist, liberal, ethical ……)"可见他与正统左派的区别。他曾经批评左翼精英化写作常常流于激烈的漫骂与说教而非发乎人之常情,更为极左的

劳伦斯像

则与右派批评如出一辙。他特别痛心的是，他认作同类的左派批评之堕落。于是他来身体力行地从事他的批评写作，完全出自“人性、道德、自由和伦理”的立场，因此他做到了文笔犀利但寓理于情，冷峻又不失幽默(dry wit)，贴近常识而非意识形态和道德的说教。

霍嘉特开宗明义说，这本书是洁净严肃的美文（is not a dirty book. It is clean and serious and beautiful)，如果我们试图把它当做淫秽作品，我们不是在玷污劳伦斯，而是在玷污我们自己（We are doing dirt, not on Lawrence, but on ourselves)。

他明确地指出，当初英国查禁这本书，大的背景是，当时的英国社会对待性问题所持的态度是“肮脏与羞耻感并行”(smutty and ashamed at the same time about sexual questions)，要么对这个话题三缄其口，要么在公共厕所的墙上写满下作无聊又苍白的性笑话(boring, sniggering, sterile round of dirty jokes)。可见这位西方马克思主义理论家对彼时的英国社会的批评是多么严厉刻薄。

而偏偏劳伦斯要逆风飞扬，逆流而上，面对那样的社会环境，竟然要公开、诚实并温柔地谈论性(openly, honestly, and tenderly)，岂非大逆不道？所以霍嘉特说，我们阅读这本书时要把握好分寸(read properly)，这对我们是一种挑战，看我们能不能有点滴的进步(a challenge to grow an inch or two)，从“肮脏与羞耻感并行”的心态中得以摆脱。

我们常说玉成某事需要的是恰当的人在恰当的时间和地点做恰当的事，指的就是这个 proper，四要素都恰当了，事情就周全了，否则不是差强人意，就是毁于一旦。劳伦斯写这本书是恰当的人做的恰当的事，可惜不是在恰当的时代，他的受众也非恰当的受众而是惯于在这本书所涉及的问题上持“肮脏与羞耻感并行”态度的大英帝国子民。这也就是中国人说的天时地利都不作美，就毁了“人和”，自然也就坏了世间一件美事。

到了一九六〇年，英国的社会风气和人情世故都与一九二八年判若云泥，主要是庶民们所主宰的“情势”和语境都发生了脱胎换骨的变化，这个时候就出现了“天时地利”，“人和”也就水到渠成。审判这本书的过程竟然成了鉴赏和赏析的受用过程，成了民主和知识界的良心在法庭上的狂欢。从辩护律师到出庭证人形成一个豪华的阵容，一连六日，从大作家福斯特到剑桥批评家哈夫到新派左翼学者霍嘉特，一干社会名流在伦敦中央刑事法庭上频频亮相，慷慨陈词，为一本长期受到不公待遇的小说辩护。保守势力对此始料不及，审判结果竟然是寥寥“无罪”二字，从此企鹅平装本《查》风靡英伦。这样高调开场的严厉审判本来是想要企鹅出版社的好看，杀一儆百的，结果却是检察官溃败，被霍嘉特称为一出“光荣的喜剧”(gloriously comical)。英国的和谐社会于是在一九六〇年实现了。桂冠诗人菲利普·拉金感慨而不乏讽刺地对此评论说：生活和性交都始于《查》解禁后。

霍嘉特强调说，出自对我们自己的尊重，我们也要对这本书做出恰当的解读才是，他所说的自我尊重，指的是：尊重常识、尊重独立见解、尊重自己对感情的诚实、尊重使人际关系走向成熟的意愿(our common sense, our independence, our honesty about our feelings, our wish to be more grown-up in our relations with others)。而且读这本书要读其全文，而非仅仅读那些为坊间过分渲染流传的段落 (not merely those passages which have been so excessively and obsessively talked about.)。

谈到小说男女主人公的恋情，霍嘉特说他们爱情的催化剂是怜悯与欲望的交织(mixture of compassion and desire)，这和中国人一般所说的“情色相生”基本是一致的，怜悯之情与情色的情还是很有不同，前者强调感情，后者强调愉悦。这里指的是猎场看守麦勒斯偶然看到孤独的查泰莱夫人手捧小雏鸡时伤感落泪那一幕。

他再次转身看她，看到她跪在地上，缓缓地盲目将手伸出去，让雏鸡跑回到鸡妈妈身边去。她是那么沉默，那么凄楚，那模样令他顿生同情，感到五内如焚。

不知不觉中他很快靠近了她，又在她身边蹲下，从她手中拿走小鸡，将它放回笼子里去。他知道她怕那母鸡。这时他感到腰腹间那团火突然烧得更旺了。

他面带惧色地瞟她一眼，她的脸扭向一边，自顾哭泣，哭出了她一辈子的痛苦和凄楚，一时间她把他的心都哭化了，化成了一星火花。他情不自禁地伸出手去，手指搭在她膝盖上。

“你不该哭！”他轻柔地说。

她用手捂住自己的脸，感到心都要碎了，径自不管不顾地哭泣着。

他把手放在她肩上，开始温柔地顺着后背轻轻地捋下去，不知不觉地抚慰着她，一直滑到她弯曲的腰窝。他的手停在那里，无限温柔地抚摸着她的侧腰，凭的是不知不觉中的本能。

霍嘉特说他从这一段里读出的是一个人对另一个人的尊重和同情心，读出了他们之间生情的原委，那不是突如其来的瞬间冲动。难怪劳伦斯最初想到的书名是《柔情》(Tenderness)。

以此类推，霍嘉特说，我们应该读整本的书而非片段，那样我们就会觉得书中的性描述段落是整本书的有机组成部分，它们的意义就在于此，是整体的部分，而不能与整体割裂，更不能断章取义。这本书讲的是如何克服困难建立起人与人之间诚实和健全的关系(relations of integrity and wholeness),与我们休戚相关的人之间的关系意味着不仅是精神关系,还有肉体关系(in body as well as in mind)。

在此霍嘉特引用劳伦斯自己的话说:“若想要生活变得可以令人忍受,就得让灵与肉和谐,就得让灵与肉自然平衡、相互自然地尊重才行。(life is only bearable when the mind and the body are in harmony... and each has a natural respect for the other.)而这本小说中的男女主人公所做的就是寻找一种“柔情、肉体激情与相互敬重并行的关系”(relations in which tenderness, physical passion and mutual respect all flow together),因此不能说它仅仅关注的是性关系,远非如此单线条。

与此同时,霍嘉特指出,人类的语言在性描述上是词不达意的,这表明我们人类在这个问题上困惑、惭愧,过于肮脏和羞耻(our language for sex shows us to be knotted and ashamed, too dirty and too shy),所以才有了所谓四个字母组成的脏字如fuck等。我们从小就知道那些字词是骂人的话,是脏话,而一旦我们要自然简单地谈论性时,我们居然发现我们没有恰当的词汇。知与行之间赫然出现了鸿沟,人们为此感到困惑。劳伦斯并非鼓励人们把这些字词当成“口头语儿”滥用(use these words at every end and turn.),但他确实希望人们能在严肃的情境中严肃地使用这些词汇,从而“洗涤这些字词上的污秽,也就清除了人们对性事的困惑”(to cleanse them of their dirty and so to clear some common confusion about sex)。一九六〇年审判这本书时,第一个出庭的辩护证人、剑桥学者格拉姆·哈夫上场后提到的就是这个论点。他也谈到英语里缺乏有关的正常词汇让人们严肃公开地谈论性,现有的词汇要么是脱离感情的抽象的医学词汇,要么是多年来被当成脏字的那些词汇。劳伦斯试图在故事情节中“救赎”这些词汇,拭去其污秽。这种以其矛攻其盾的努力自然是造成小说被禁的原因之一,但其攻盾的勇气则是值得赞许的。

霍嘉特要强调的另一个问题是,男女主人公并非乱性。查泰莱夫人曾有过几次“性自由”经验,但并没有从中获得任何快乐。麦勒斯和他的妻子因妻子过分追求性享乐而分居,他宁可独自生活。所以,这两个人从一开始就对爱情持抵制态度,因为他们都因为过去的经历而不再相信爱情。他们之间发生了爱情,也只是到同情与欲望强烈交织时的事(pity and desire have become powerfully intermingled)。这一点可以从他们发生爱情后麦勒斯目送康妮离开时的心情看得出:

望着她远去的背影,他几乎感到心里发苦。在他想孤独的时候,是她又让他有了交融。她让他牺牲了一个铁了心要遗世独立的男人那苦涩的孤独。

从另一方面看,康妮的丈夫和他的那些高谈阔论的朋友们似乎都把性事看作原始的机械行为,她丈夫在结婚前就持这种态度。劳伦斯让他截瘫,令人产生了误解，以为他对性的态度是瘫痪造成的，其实不然：即使他不受伤，他照样讽刺地对待性事。这是解读他性格及康妮与他不和的一个关键。在他看来，“性不过是心血来潮的事，或者说是次要的事：它是废退的人体器官笨拙地坚持进行的一个奇怪程序，真的是可有可无。”

他甚至可能认为性事有点堕落：没它不行，有它又麻烦。霍嘉特坦率地指出，人类的性器官与排泄器官如此紧邻甚至共享，这个位置本身就令人类尴尬：我们如此扎根于浑浊之中，却偏偏以此诞生了高尚的人类，他们能自我牺牲，诚实，能从事音乐和诗歌这样高雅的文化事业，是莎士比亚赞美的那种“多么了不起的杰作！……宇宙的精华！万物的灵长”。

如果人们都像克利福德和他的高雅朋友们那样看待性，人们实则是在诋毁自身。霍嘉特提醒人们不要忘记在基督教的婚礼仪式上人们常向对方表达的那句话：“吾以吾身崇拜汝（with my body I thee worship）。”仅此一句，就说明了人性几何。

而瘫痪的克利福德居然冷漠地允许康妮和别人生子，为他家延续香火，这就更为可笑，说明他对肉体贬低到何种地步。他关心的仅仅是，那个替他播种的人要出身高贵，不辱他家的门楣，至于那个孩子，则是被他用一个 it 打发了的。这残酷的一招几乎令康妮无语。或许，这更坚定了康妮对麦勒斯的爱情。他们本可以避孕，但都没有，也没有准备把他们的孩子过继给克利福德当少爷，他们准备负责任地结婚，让爱情圆满。

在爱中，他们也在学习爱，让爱成长。他们体验着爱的愉悦，同时也遭遇到性爱激情的低潮，但他们都直面爱的困难，从而学会相互理解。这些描写都是围绕着真情和真爱而作，不是脱离复杂的情感肌理的孤立描写，因此是整部书的有机部分。第十二章里有一段他们难以琴瑟和鸣，康妮为此难过时麦勒斯对她安慰的话很能说明他们之间的理解和探索的努力：

她实在难过，在她自己双重的意识和反应的折磨下，她开始哭泣。他毫不注意她，甚至都不知道她哭了。哭声渐渐大起来，震动了她自己，也震动了他。

“诶！”他说，“这回不好。你心思不在这儿。”

原来他知道啊！于是她哭得更厉害了。

“可这是怎么回事啊！”他说，“偶尔是会这样的。”

“我，我无法爱你！”她抽泣着，突然感到心都碎了。

“没法儿！行了，别发愁！没有哪个王法非叫你爱不可。该什么样儿就什么样儿吧。”

他的手仍然放在她的乳上，但她的双手都离开了他的身子。

他的话丝毫没有让她感到安慰，她抽搭得更厉害了。

“别，别！”他说，“有时好，有时孬。这回是有点不好。”

她痛苦地哭泣着说：“我是想爱你，可

就是不行。只觉得可怕。”

他笑笑，那笑，半是苦涩，半是调侃。

“没什么可怕的。”他说，“就算你那么觉得。你别一惊一乍的就行。也别为你不爱我发愁，千万别难为自个儿。一篮子核桃里总有个把坏的，好的坏的都得要。”

这一对爱人特别看重的是婚姻的价值，正如劳伦斯所说：“婚姻是通向人类生活的途径。”

所以劳伦斯说，他写这本书，就是想让人们“全面、诚实、纯洁地看待性(to think sex, fully, completely, honestly and cleanly)”。

本书的另一个主题应该是对工业化及其对人类的毁灭性影响的谴责，多处大段的景物描写，都是为工业化的中部地区做出的最真实和惊人的暴露：

汽车艰难地爬上山坡，在特瓦萧那狭长肮脏的街区里穿过。黑糊糊的砖房散落在山坡上，房顶是黑石板铺就，尖尖的房檐黑得发亮，路上的泥里搀杂着煤灰，也黑糊糊，便道也黑糊糊、潮呼呼。这地方看上去似乎一切都让凄凉晦暗浸透了。这情景将自然美彻底泯灭，把生命的快乐彻底消灭，连鸟兽都有的外表美的本能在这里都消失殆尽，人类直觉功能的死亡在这里真是触目惊心。杂货店里堆着一堆一堆的肥皂，蔬菜店里堆着大黄和柠檬，女帽店里挂着难看的帽子，一个店接一个店，丑陋，丑陋，还是丑陋。

对黑暗龌龊的矿区，劳伦斯发出的几乎是咬牙切齿的恨恨然之声，这声音几乎可以通过朗读下面的段落发自肺腑，当然我指的是英文原文，不仅是节奏，用词几乎都有咬牙切齿之音响效果，如连用几个black，几个utter和几个ugly，这样的几个短音节词不断跳跃在字里行间，发自牙缝和舌间，听上去完全是掷地有声的咒符。

The blackened brick dwellings, the black slate roofs glistening their sharp edges, the mud black with coal-dust, the pavements wet and black. It was as if dismalness had soaked through and through everything. The utter negation of natural beauty, the utter negation of the gladness of life, the utter absence of the instinct for shapely beauty which every bird and beast has, the utter death of the human intuitive faculty was appalling... ugly, ugly, ugly.

如soaked through and through everything这样声效与节奏同步的短语，应该说是朗朗上口，逼着你不能不叨念出声。

书中透露出的对现代文明的批判是掷地有声的，这种批判是与工业化如日中天的进程共时的，因此难以在那个语境中得到理解，只有在后现代的视野中才彰显其力量和“预言家”的本质。而这种工业文明的结构又与英国特有的阶级结构相交织，因此本书亦是对英国的阶级隔阂现状的批判。

有趣的是，书中的克利福德瘫痪后开始从事小说写作，靠写通俗小说很是风光,此人还善于“炒作”自己,硬是靠着媚俗和炒作成了风靡一时的流行大作家。一边是发展工业剥削工人发财,一边是附庸风雅,靠着华丽的词藻描述些空洞的感情成名,可谓是两手都硬的工业大亨与写作大腕。劳伦斯通过对作为作家的克利福德的批判,也道出了小说写作的真谛,应该说这也是一本涉及小说写作的书:

“一个人不妨听听别人最隐私的事,但应该是对人家的挣扎和倒霉抱以尊重,因为人人都如此,而且应该对此怀有细微、明察的同情心。甚至讽刺也算是一种同情呢。对我们的生活起决定作用的是我们的同情心释放或收敛的方式。对了,小说的至关重要也在于此,如果处理得当的话。它能影响并将我们的同情心引入新的天地,它也能引导我们的同情心从死亡处收敛回来。于是,如果处理得当,小说可以披露生命中最为隐秘的地带:因为,是在生命之激情的隐秘地带,而不是别处,敏锐的感觉潮汐在涨落、洗涤和刷新着。

但是小说和流言一样,也能激起虚假的同情,制造虚假的收敛,对人的心理造成机械致命的影响。小说能将最腐朽的感情化为神奇,只要这些感情是符合传统意义的“纯粹感情”。在这种情况下,小说就像流言,最终变得恶劣,而且像流言一样,因为它总是昭著地站在天使一边而变得更恶劣。”(第九章)

而克利福德的小说“写的是他以前熟人们的奇闻逸事,文笔俏皮,有点恶毒,但说不上为什么,就是无聊。其观察角度特别,很不一般,但缺少触角,没有实质性的触觉。似乎整个故事都发生在一个人造的地球上。不过,既然当今的生活界面基本上是一个虚幻的舞台,他的故事反倒奇特地忠实于现代生活了,就是说符合现代人的心理。”“没完没了地编织着文字的网,编织着意识的细枝末节,这就是被马尔科姆爵士说成空洞无物、流传不下去的小说。”

这一段可能在不知不觉中流露出了劳伦斯对一九二〇年代英国小说创作的揶揄,这是我的感觉。我们读劳伦斯论小说的一些随笔,能发现他对从普鲁斯特到乔伊斯的那些冗长晦涩的小说十分反感,不乏贬损。两相对照,应该能感觉出劳伦斯有所影射。当然这段评说是有机地融于对克利福德人物塑造之中的,意在说明克利福德内心空虚,康妮也忍受着与他一起空虚的日子。但无论如何对评价现代英国小说还是有旁敲侧击价值的。

最后霍嘉特引用劳伦斯的一段信来阐明劳伦斯创作这本破冰之作的初衷:

“我一直致力于同一件事,那就是让性的关系变得实在而宝贵,而不是可耻。而这本书是我所努力的极致。我觉得它美、温柔,而且如我们赤裸的自我一样娇嫩(I always labour at the same thing, to make the sex relationvalid and precious, instead of shameful. And this novel is the furthest I've gone. To me it is beautiful and tender and frail as the naked self is.)。”

美国印象三题

◎刘春水

二〇〇九年年底，本人随一个考察团就地方政府公共管理专题赴美进行了为期三周的学习考察。中美两个国家制度不同，但美国地方政府在公共管理方面的一些做法、经验和理念，对我们进行政府职能转变有一定的启示。

一、美国地方政府及其公共管理的几个特点

美国地方政府及其行政管理有什么特点，是此次考察首先需要了解的情况。本人认为，以下几个特点似乎可以较清楚地说明什么是“美国式的地方政府”和“美国式的公共管理”。

1. 有限型政府。美国从联邦政府到地方政府都有明显的“有限性”特点，其有限性就是我们通常所说的“小政府、大社会”，政府不包揽一切，政府不主导一切，行政的力量十分有限。也就是说，美国地方政府是相对“弱势”的政府。政府的职能严格控制在尽可能小的范围内，该管的就管，绝对不包办一切。

地方政府的主要职能是提供公共产品和服务、管理公共事务。所谓地方政府该管的就是指那些单个个人、组织不愿做、不能做或者根本做不了的却又直接关系到民众切身利益和社会生活正常运行的公共事务和公益事业，如税收、教育、道路、供水、排污、供电、供气、消防、救灾、治安、环保等。考察中我深深体会到，美国的地方政府主要忙于以下几件事：税收、预算管理、水电气保障、社会治安、防灾救灾、环境保护等。

一般情况下，美国地方政府不介入与公共事务无关的事。在社会公众与企业集团利益发生矛盾时，政府是中立的，不干涉、不参与矛盾纠纷，而是通过法律来解决此类问题。比如，经济生活中的商业欺诈、假冒伪劣等行为，如果由政府去管、靠行政手段去管，不可能从根本上解决问

题。美国政府制定基本的规则，通过规则服务于社会和市场。在美国社会的日常运行中，很少看到政府及公务员的身影，但整个社会却处于一种相对有序的状态，这就是规则的作用。比如，在美国的大城市中，正常情况下，你很难看到值勤交警，但几乎所有车辆都会按照交通规则行驶，因为一旦被发现违背交通规则，不仅要接受很严厉的惩罚，而且还会和个人信用联系起来，直接决定车辆下年度的保险数额。在美国考察期间，访问过的城市都没有公共厕所，而商店、超市、饭店、博物馆等公共场所都有公共厕所，硬件条件较好，干净卫生，顾客可以随时光顾，十分方便，不用交纳任何费用。政府把修建厕所这样的事情交给了社会组织，规定相关场所必须配套厕所设施，使人性化服务成为这些社会组织应尽的社会义务。美国认为，凡是公民自己能做得好的事情，无论是个别做还是集体做，政府都不应该插手。

作者在美国国会山一侧留影

美国的地方政府也不直接介入各经济领域的具体事务，全美二千七百多万个企业按照市场法则，实行自由竞争，优胜劣汰。例如，乔治亚州州政府的财政预算编制和执行是以“市场失灵”为标准，凡是市场能够解决的，财政就退出，凡是市场不能解决的，财政就介入，因此，该州教育支出占财政支出的百分之五十七，其次是医疗健康(17%)、公共安全(8.5%)。

2. 自治型政府。“自治性”是美国地方政府的又一个显著特点。美国是联邦制国家，实行三级政府架构：联邦政府、州政府和地方政府。其中，地方政府包括县、市、乡镇、学区及各种特区，共五种类型。美国地方政府数量庞大，有三千多个县、二万多个市、一万七千个镇、一万五千个校区、三万个特别区（如灌溉区、公园区等等）。美国的联邦、州、地方三级政府均实行立法、司法、行政三权分立的制度，分别通过各自的立法保障体系保障其法定的税收政策、财政经费开支政策，以行使各自不同的管理职责和管理权限。联邦政府主要负责行使州政府无法单独行使的职能，如国防、外交、货币、出入境管理、对外贸易、邮政等。宪法中没有明确赋予联邦政府但也没有被明文禁止的政府权力，归于州政府或者人民，联邦政府与州政府、地方政府没有直接的隶属关系。

地方政府的“自治性”突出体现在地方政府都是相互独立的自治机构，互不隶属，辖区民众决定本地方政府的组织结构和运行机制，也就是说，各个地方政府根据辖区多数居民的意愿选择本地方政府的机构设置、政府机构运行模式、选择地方行政长官,实行自主管理。目前,各地方政府普遍采用公司制管理,市长、县长以及市(或县)政委员会聘请市(或县)政经理,对经理实行目标管理,经理具体负责处理各项公共管理事务。市长、县长以及市政委员会和县政委员会的日常事务随时向民众公开,重大决策要征得多数居民的同意。市政经理、县政经理完不成目标任务即予辞退。可见,地方政府具有很大的自主权和灵活性。在这里,地方政府的自治性,实际上就是辖区民众的自治。

3. 多样化运作的政府。美国地方政府的组织与运作方式形式多样,没有固定模式,而且可以根据需要进行改变。政府可以是政权的形式,也可以运用企业化管理的方式,市长可直接管理政府事务,也可以雇佣经理承担辖区日常管理和专门项目管理。政府运作形式之千姿百态,令人大开眼界。而这种形式的依据是地方议会、民众的意愿和选择。只要某种组织方式在某地能卓有成效地处理辖区公共管理事务,民众对此无反对意见,就可以合法、合理地存在下去。多样化的、自主选择的政府组织系统也给美国地方政府因地制宜、动态修复提供了便利。

在实现分权管理和自主管理的基础上,美国地方政府还大力借助非赢利组织实现公共利益,把大量政府干不了、干不好的事情交给非赢利组织,在社会事务管理中发挥了重要的作用,形成了政府分权管理、地方自主管理、非赢利机构加以补充的完善公共管理体系。为了提高效率、降低成本,近年来,美国各级政府运用"企业家精神"改造政府,提出"引入竞争机制"、"讲求效果","政府掌舵而不划桨"等一系列改革思路,采取"压缩规模,下放权力"的办法,如有的地方把环卫等职能转移给社会,实行社会化管理,取得了一定成效。

4. 服务型政府。美国地方政府的"服务性"特点很明显,"政府服务以公众为中心,公民权益至上"的原则得到较好的落实。社会公众的共同需要就是公共管理的目标。因此,美国地方政府公共管理的基本模式是"服务型",或者说是"支持型",其宗旨是为公众服务。

在美国,服务型政府的基础来自于其政府的产生机制。民众推选代表组成地方政府机构,从政府首长到一般办事员等所有政府工作人员都叫"政府雇员",实际上就是民众的"雇员",是纳税人雇请他们来为纳税人打理公共事务,因此,政府及其雇员的基本职能就是为纳税人服务。在美国,传统意义上的官员已经不存在了,代表各地方政府管理地方公共事务的人员的身份仅仅是"雇员",州长、县长、市长无一例外,都是雇员。民众和雇员形成两对关系:一方面,民众是雇主,政府工作人员是雇员;另一方面,政府雇员是服务提供者,民众是客户。

有趣的是,地方政府不少高级雇员自觉以奉献社会、服务民众为志向,他们竞选州长、县长、市长不仅不图特权、不图高薪，而且只拿象征性的少至一美元的“年薪”，有的甚至把自己的积蓄献给公共事业，用于公共福利，为的只是服务社会的荣誉感，如加州州长施瓦辛格。在美国，这种情况不是个别现象。当然，一般的、多数政府雇员还是以工作为职业，通过工作获得薪酬。

这种服务型的政府，当然要充分了解服务对象的现实需要。政府通过仔细听取民众客户的意见来确定其工作内容和方法，通过为客户提供尽可能多的选择来有效满足其需求。同时，通过及时、全面地收集客户的意见和建议来客观评估政府的效率，保证政府公共管理职能的有效实现。美国已经形成了较为完善的公共服务体系，并把“服务”的理念贯穿始终。地方政府对公共事业投入较大，重视并尽可能满足社会公众、服务对象的多样化需求，并建立了包括合理制度、相关约束和控制手段在内的配套措施。美国的公共服务较为充分地覆盖到了社会弱势群体，尤其是老人、妇女、儿童及残疾人能够获得更多的社会帮助。

5. 法治型政府。人们对美国各级政府的“法治性”特点并不陌生。政府遵规守法，依法行政，政府雇员严格按照法定职责办事，任何违法行政行为均要受到责任追究，这是美国地方政府及其雇员的基本工作准则。

尽管由于国情、历史或者政治意识背景不同的因素，世界各国对法律至高无上的理论与实际均有较理想化的修饰，但美国在法制观念、法律体系的完备、政府依法运作等方面，的确有其值得称道之处。美国各级政府的行政管理，无一不是在法律框架中运作，任何一个部门，任何一项政策，任何一个工作项目，如没有找到相应的法律依据，或不能寻求立法部门的法律支持，也就不能实施和运作。

6. 节约型政府。在美国，各级政府尤其是地方政府十分注重节约，政府公共管理的各项经费都要经过严格的预算程序，经费使用接受全程监督。政府公共管理中的每一个环节都是精打细算、不铺张浪费、不尚奢华。政府办公楼朴实无华，隧道、地铁不作任何装修，政府机构和人员少而精，政府雇员的薪酬也要随着财政状况的变化而调整。政府雇员公费旅游、公车私用、公款吃喝现象几乎没有。总体而言，美国地方政府不能乱花纳税人的钱。

二、政府与媒体的关系

处理政府与媒体的关系是政府公共管理的一项内容。由于工作性质的缘故，本人此次考察的重点放在政府与媒体的关系上。媒体在美国社会具有强大的信息传播和舆论引导能力，媒体监督无处不在，美国各级政府都很重视与媒体的关系。

1. 媒体与政府首先是监督与被监督的关系。培训过程中，我们了解到，美国地方政府的工作，随时都会面临媒体的质询，媒体提出的问题往往很专业、很尖锐，政府及其雇员必须接受媒体的质询和监督，认真面对，诚实而巧妙地应对。政府普遍接受媒体的严格监督，并把对媒体交待当成政府工作的一项日常事务。

当今世界，大众媒体对政府乃至整个社会生活进行监督，使之朝着社会共同的道德准则运行。美国历来就有新闻舆论监督政府的传统。这种传统中最为重要的就是普利策的“新闻揭丑”思想。十九世纪末二十世纪初，美国经济迅速发展，但急剧的工业化和城市化使社会产生了种种腐败问题。在这种情况下，普利策倡导报纸进行揭露性报道，他说：“罪恶、卑鄙、腐败最怕的就是报纸……每一期报纸的刊发，都提供了一个机会，也是一种责任……要永远绝对地独立，要永远不惧怕抨击邪恶……”普利策毕生的办报宗旨就是揭露社会弊病，以扩大发行量影响读者和推动社会改革。揭露社会弊病这一新闻手法是众所周知的，但谁也没有像普利策那样运用得如此巧妙和有效。普利策“新闻揭丑”思想后来不但成了由其自己发起成立的普利策新闻奖的“主旋律”，而且逐渐演变成了美国新闻报道观念的主流话语。

事实上，媒体监督的实践也是卓有成效的。美国历史上的“水门事件”以及后来的安然安达信事件都是突出例证。

2. 媒体的监督对政府工作和政府雇员提出了更高的要求。政府的决策、工作能力和水平、工作成效、政府雇员的行政能力和品行，均是媒体监督的重点。媒体的监督，促使政府依法行政、科学决策、公开透明、优质高效，促使政府雇员勤奋工作、主动创新、廉洁自律。为了面对媒体，政府雇员普遍重视学习，精通业务，注重训练自己的口才，以求在与媒体打交道时处于有利地位。这种主动适应媒体监督的做法，在媒体、政府之间形成了良性循环，政府和媒体都在为“战胜对手”努力完善自己。在美国考察，不少政府雇员坦言训练口才的重要性，对自己的口才训练津津乐道。当然，口才的发挥必须建立在诚实和坚实的工作基础上。

3. 媒体的监督促使地方政府加强政府信息平台建设。美国地方政府普遍重视政府信息平台建设，设立专门的信息办公室负责政府信息发布和接受民众咨询。政府信息平台包括政府自己的网站、报纸、广播、咨询电话、社区板报（公告栏）等，大多数信息还在商业媒体登公告、告示，政府信息网络一直深入到社区。政府的信息发布效果很好，政府信息平台往往在媒体介入前就让民众获得了对公共事务的知情权、参与权、监督权，很大程度上避免了媒体对政府的抱怨和质疑。美国地方政府信息平台立足于预告、公开、接受监督，立足于使民众理解和支持，立足于解答民众的疑问，减轻了政府面对媒体的压力。

4. 媒体监督受到政府和民众的普遍尊重。美国人认为，政治民主与舆论监督具有一种内在的互动关系。美国两党政治开始的同时，有些思想先驱对民主的理念开始深化，报纸自然承担起作为“社会公器”的使命。十九世纪末二十世纪初，媒体主张消除它的党派性，进一步成熟和强大起来，开始承担起作为“社会公器”的责任来。直至今日，媒体的这一使命仍然得到政府和民众的普遍尊重。

美国人认为，媒体的负面报道，并不表明媒体对现实社会完全持否定态度，相反，却彰显着美国社会主流价值观，即自由意志、社会责任感、民众知情权、信用、监督权、社会正义、同情心等。美国媒体的负面报道虽然会使部分受众涣散抗争斗志，产生惊慌、恐惧甚或看客心理，但它更多时候使人们对负面事件本身的认知进一步深化，引发人们的思考，有助于普通民众和政府官员在接触媒介信息的过程中潜移默化地培育社会正义感与责任意识、历史使命感以及维护社会公德、主持社会公道、保护弱势群体、铲除丑恶毒瘤等诸多基本社会价值观念。这正是我们所看到的，在美国尽管负面报道之风劲吹，可社会稳定和秩序之树却不但少见根基动摇，而且有愈吹弥坚之势，由此看来，以负面报道、新闻自由为核心价值观的新闻界与美国政府这两股势力都巧妙地求得妥协，致力于同一个目标——维护资本主义民主体制和现行制度。

5. 媒体自律的情况。“打铁先要自身硬”。媒体监督政府，媒体自身的工作和行为自然要经得起法律、道德和事实的检验，否则，媒体的监督将丧失效力。美国媒体的自律是媒体监督得以实现的重要的因素。资料显示，在媒体自律方面，美国传媒界形成了不少的“传统和经验”：第一，伴随着媒体专业化的步伐，美国媒体从二十世纪初期就开始尝试建立一整套自律机制。如：美国报纸主编协会颁布的《新闻法规》，比较全面地界定了媒体自律的基本要素，包含了责任、独立、真实、公正等准则，是美国媒体普遍遵循的规则。第二，除了行业自身的自律规定之外，美国媒体界还有来自于行业外的监督组织、专业组织以及新闻委员会的批评监督。第三，美国媒体特别是主流报纸奉行陈述事实与发表意见分离的职业原则，在此基础上实行新闻报道部门与新闻评论部门分立，文体和版面分离。第四，美国成熟的媒体在业务上的标志，普遍表现在日常操作程序中的规范性实用文本上。比如ABC的《新闻标准手册》、NBC的《新闻方针与指导原则手册》、《纽约时报》的《风格与用语手册》。它们既体现了明确的原则规范，也体现了细密的程序规范。

尽管总体上美国媒体自律规范比较健全，媒体自律也相对做得较好，但是，新

作者在乔治亚大学教学楼前留影

闻自由的滥用、虚假新闻的制造、新闻记者以权谋私等现象在美国依然不可避免，也是美国媒体面临的难题之一，因此，自律是美国媒体面对竞争不断推进内部改革的重要内容。

三、观念之启示

美国之行，对本人印象最深、触动最大的是美国地方政府在政府运行、公共管理方面的一些先进理念和观念。这也是最值得我们学习借鉴的。

1. 以民为本的观念。客观地说，美国地方政府"民本"理念贯彻得是比较好的。尽管政府本质上是国家政权的相片，但在美国，地方政府一般不把自己当成是统治公民的机构，而是受公民委托的为公民提供服务的机构。同时，政府雇员是民众的雇员。换言之，是广大纳税人支付工资聘请政府雇员为管理公共事务、建设公益事业、提供公共产品和服务，因此，政府工作人员一般不以"官员"或"统治者"自居，不敢利用工作之便谋取法定收入（待遇）以外的任何特权和利益。

2. 以法为据的观念。美国人普遍相信国家政权由宪法规定并由一系列法律制度予以保障，遵守法律就是对政权最好的支持，违法就是对政权最根本的破坏，依法运作是政府行政和公共管理的根本规范。一切皆要依据法律，皆须受法律制约。政府职能依法确定。按照"法未允许，即为禁止"的原则，把政府行为严格限制在法律许可的范围内，政府不具有法律未赋予的职能。政府职责不明确，行政职能交叉、权力越位、错位和不到位的现象便得到较好解决。同时，法制和法治观念已经成为政府雇员的普遍意识，依法履职基本上成为人们的自觉行为。政府和公民都在法制的规范中合法行使权利和履行义务，政权的稳定和社会的秩序便能得到保证。

3. 务实的观念。美国地方政府总体上比较务实。务实首先是作风踏实。主要体现在注重决策的科学化，注重科学的论证和评估。美国地方政府比较重视公共管理和政府改革的科学理论研究工作，已形成了比较全面而系统的指导思想和理论体系，以此来指导决策和管理，力求政府工作的科学化。

其次，务实体现在具体实践中讲究实效。一是主张政府管理向企业管理靠拢，即政府在公共管理方面应尽量多地采纳私营部门创造的一些成功经验，吸收现代管理科学创造的最新成果，如业绩预算、绩效评估、全面质量管理，精简管理机构、中间层次，简化规章制度，实行灵活和富于竞争激励性的人事管理制度等。二是主张社会公共事务的管理应尽可能运用市场机制，尽可能通过竞争，而不是依靠行政垄断，将政府管理的一些公共项目通过招标交给私营或公共组织，互相竞争，帮助政府提供社会服务，提高政府管理效能，降低行政管理成本。三是政府的公共管理以社区为中心，以公众为中心。政府的公共管理重视公民的意见要求，确定政府公共服务的质量标准，改善政府服务的方式，满足公众需要。四是政府的公共管理应以结果为中心，以价值为中心，即纳税人花钱买的是产出，而不是投入。

再次，务实体现在注重资源的节约和保护。最大限度地节约和保护资源，是科学发展理念的重要体现。美国人科学发展的理念从他们对环境的重视和对资源的保护上最能看出来。美国的地表资源和地下资源基本上处于封存状态，河流、山坡甚至大量可耕地，都不开发利用，让其处于自然状态。美国目前已经基本没有高投入、高消耗、高污染的企业了，服装鞋帽等日用品基本不在美国本土生产。尽管美国的地位特殊使得其可以做到这样，但我们不得不承认，这就是科学的发展理念的具体表现，说明其科学发展的理念确实贯彻到了实践中。这种发展理念是务实精神的体现，只有务实的思想才能保证一切工作遵循科学规律，才不会出现为了政绩不惜牺牲长远利益的浪费现象和短期行为，才能避免为了个别人的利益不惜牺牲公共利益的现象。务实的观念往往使人们对事物和自身能较好地把握一个“度”，正因为如此，美国社会相对比较稳定，人们的心态总体上较平稳、宁静，心浮气躁、急功近利等不良社会心理很少见。

4. 公开透明观念。相对而言，美国地方政府公众监督机制比较完善，公民可以较为广泛地监督、参与公共事务，政府机构的工作基本上可以做到公开透明。

保护公民的基本权利、让普通公民有效而平等地监督、参与政府运作是公共管理的重要内容。要实现公民的有效监督和广泛参与，要求政府公开透明。政府的每一项决策、每一项工作的过程和结果，都在阳光下，在公众的视线里，不符合公众利益的事情就可以最大限度地避免。美国通过三权分立制度来加强对行政、立法和司法相互制衡、相互监督，同时通过公民监督、参与政府管理和自治管理等一系列制度来加强对政府行使公共权力的监督。保障公民各种基本权利和政治参与权的过程，就是了解公民意愿的过程，就是一个发挥人的积极性和创造性的过程，也就是一个极大地促进经济和社会发展的过程。

政府运作的公开透明，客观上要求政府应进一步增强民主管理的观念，健全民主管理制度，丰富民主形式，集思广益，发挥集体智慧，走群众路线，保证广大公民依法行使民主管理和民主监督的权利；扩大公民依法、有序地参与政府重大决策，改革和完善决策机制，推进决策民主化；完善深入了解民情、充分反映民意、广泛集中民智的民主管理决策机制；不断创新政府运作公开透明的有效形式和手段，消除政府与民众之间的信息不对称。公开透明也有助于完善行政规范、降低行政成本、提高行政效率，形成运转协调、公平公正、廉洁自律的良好局面，保证公民赋予的权力真正用来为公民谋利益。

（注：本文引用了此次考察活动主办方提供的一些文字资料。）

2010 年 1 月 2 日

海外书情

被当做历史的故事

◎ 张　雨

《伪造的历史》
R·弗里策著
理克逊图书公司

人类社会上总是流传着许多似是而非的故事，被大家当做是真实的历史。不仅街谈巷议是这样，学术界和官方的正史里也常常充斥着虚假的历史。这些没有事实根据的假历史还很有生命力，这是因为人们总是相信他们喜欢相信的事情。

西方从古到今有几个影响深远的虚假历史公案。最著名的是所谓沉没的亚特兰提斯大陆，这片大陆最初是柏拉图在他的一个对话里讲到的，很可能也不是他的创造，是从埃及人那里听来的。柏拉图以后，这个消失了的亚特兰提斯一直吸引着人们的兴趣，亚里士多德认为这只是一个故事，普罗塔克相信真有这么一片大陆，也有人认为亚特兰提斯实际上是公元前一五二五年的一场大地震中陆沉的爱琴海中的塔拉岛。培根写了一部《新亚特兰提斯》，说这片大陆就是美洲。十七世纪的一个瑞典医生则更绝，他说亚特兰提斯就在离瑞典乌普萨拉不远的地方，是所有的人类文明的起源地。而德国纳粹的宣传机器也把亚特兰提斯的存在当做是信史，说那里是高贵的亚利安人的故乡。

美洲的发现也是许多荒唐史话的题材，自从哥伦布从新大陆回到西班牙后，一直有人要从哥伦布那里夺走他的发现权，关于哥伦布之前的真正的新大陆的发现者的说法层出不穷。包括古埃及人、古腓尼基人、从特洛伊逃出来的希腊人、遇海难的罗马人、传法的佛教徒、蒙古人、阿拉伯人、非洲商人、印度人、中国难民以及外星来客等，都曾被断定是踏上美洲的最早主人。提出这些假冒历史的人常常是为了获得实在的物质利益。哥伦布在发现新大陆后感到西班牙没有兑现给他的许诺，提出诉讼来要求取得他应得的财富，西班牙法庭于是暗暗地鼓励种种假托的新大陆发现史，这样就可以驳回哥伦布的要求。而英国人不甘心西班牙独霸美洲，肯定地说美洲是威尔士王子马多克在十二世纪发现的，证据是有一个印地安部落说的是威尔士语。

有的假历史是为政治目的服务的。在十九世纪有人“证明”古代以色列的十个部落最后去了欧洲北部，成了日耳曼民族的祖先，其中一支成了盎格鲁-撒克逊人，另一支去了美国。这个说法一直到今天还有人信奉，是所谓的“基督教本质”这个种族主义运动的理论基础。

大部分的种族主义思想都有一个伪历史的根据。对于美国南部的蓄奴的白人来说，黑人是亚当出现以前的一个低等民族的后裔，而犹太人则是夏娃的儿子和撒旦结合产生的子孙。对于那些相信伪历史的人，很难用证据来使他们放弃他们的信念，因为人们总是根据自己的利益需要来选择历史理论。

阿富汗的泥潭

◎ 李英辉

《滑向混乱》
A·拉希特著
企鹅出版公司

我们的近邻和友邦巴基斯坦现在成了世界上最为动乱和危险的地区，那里发生的事对中国的国家安全是相当有关系的。作者是一位巴基斯坦记者，对这个地区的历史和现状有着非常深入的认识和了解。在他看来，尽管美国在尽力推动巴基斯坦打击塔利班组织，巴基斯坦看来也在积极配合，但是实际上巴基斯坦的根本利益却不在消灭塔利班。巴基斯坦的一切政策只有一个目的，那就是抗衡印度。为了和印度对抗，巴基斯坦必须保持在阿富汗的影响力，使自己在和印度的斗争中有一个后方纵深地带。所以他们一定要把印度排除在阿富汗以外，维持一个伊斯兰的阿富汗，主张伊斯兰神权统治的塔利班实际上是受巴基斯坦保护的。巴基斯坦现在在打压塔利班，但是他们心里相信，美国人终究要走的，这个地区还是要回到原先的状态去的。

这个地区事实上一直在重演历史，作者指出现在这个地区发生的事一点也不新鲜。十九世纪中期，英国人统治阿富汗时，就把他们在喀布尔遭到的麻烦归咎于今天的巴基斯坦的拉合尔邦政府，就像现在美国人一样。而当时的英国政府也试图剿平巴基斯坦西北边境地区的部落区，但是失败了。当时和现在一样，这个地区一直会出现不妥协的宗教领袖，给世俗政府带来巨大麻烦，大军压境也无济于事。

今天驻阿富汗的美国军队的处境也和几十年前在阿富汗的苏联军队相似。他们都努力在阿富汗建立一个世俗政府抵抗社会上宗教的和部落的反叛。他们都在自己的盟友中寻找支助，苏联人叫来了当时华沙条约国的成员，美国则发动了北约的盟军共同出兵。苏联在阿富汗投入的兵力要大于美国今天的驻军，在苏联占领阿富汗的后期，苏联设法在阿富汗建立起一个民族团结政府，而且在一九八六年几乎已经有了成功的迹象，但是在自己国内厌战情绪的压力下，最后功亏一篑，黯然撤军。在阿富汗消耗过度的军力国力还是苏联垮台的间接原因之一。美国现在在阿富汗也处于一个进退两难的地步，在奥巴马的领导下，它是不是能逃脱历史的命运呢？

被遗忘的文明

◎ 张　力

《拜占廷》
J·赫林著
企鹅出版公司

西方中古史学界近年来有一个值得注意的变化，原来一直受冷落被贬低的东罗马帝国拜占廷，现在成了热门，对这个延续了千年的古老帝国的评价也越来越高。在西方的想象中，拜占廷过去是繁文缛节和阴谋诡计的同义词，现在历史学家给读者展示出了一个灿烂辉煌的高度发达的文明。和我们过去学的西方史教科书里说的完全不一样，所谓的黑暗的中世纪只是对西欧一角而言才是事实，古罗马和古希腊文明从来没有消亡过，在西罗马帝国灭亡后的一千年里古典文明在拜占廷继续存在着发展着。

公元六世纪时，迁居西欧的野蛮人只会造一些粗笨的罗曼式教堂时，而同一个时代的拜占廷的建筑师运用复杂的数学计算，建造了宏伟优雅的圣索非亚大教堂的巨大穹顶。拜占廷艺术家的精美的圣像画，马赛克镶嵌画和雕刻品让今天的博物馆参观者惊叹不已。在艺术领域里，拜占廷以其作品表明，西方的艺术水准一点也没有衰退。

在法学方面，拜占廷的成就更了不起。公元五二九年查士丁尼皇帝下令编纂的《查士丁尼法典》是世界法学的经典，这部规模宏大的法典，以密密的小字在大对开本上要印成二千多页，是欧洲中世纪大学生的必读教材，是欧洲所有国家法律的源头，它的影响远远超出了欧洲，从日本的商法到巴西的土地法，都是按照这部法典制订的。不要说欧洲大陆的法庭用语，就是现在英美的法律用语里也充满了拉丁词汇，这些词汇都是直接从《查士丁尼法典》里借来的。

拜占廷的科学也不逊色，植物学、化学、天文学、几何学、光学、力学，门门都相当发达，而尤以数学为最优异。虽然拜占廷长期和穆斯林世界作战，在学术交流上倒一点没有门户之见。拜占廷的学者一直和来自阿拉伯和波斯的学者互通消息，许多重要的学术著作是他们之间合作的结晶。

在哲学方面拜占廷的贡献也是巨大的。由于希腊古典哲学传统的声誉太高，拜占廷的哲学家在哲学研究方面没有特别的新开拓，但是他们对经典的悉心保护使得这些经典能够完整地传承到现代，而且他们对古代经典孜孜不倦地研究和注释，使得我们现在也能够克服文字的困难而读懂这些古老的经典。从这点来说，正是靠着拜占廷学者，西方思想才能薪尽火传发扬光大。无怪乎现在西方史学界对拜占廷文化的研究热情日益高涨。

原始教会的性别之争

◎ 陈明良

《抹大拉的玛丽亚》
R·格里菲斯－琼斯著
坎特伯里出版社

《圣经》的四福音书都讲到一位叫玛丽亚的女子，称为抹大拉的玛丽亚，她在耶稣生平故事中起过一个非常重要的作用。《约翰福音》里记载她单独一个人在耶稣墓地旁的伊甸花园里遇见了复活的耶稣，因此是耶稣复活这个至关重要的基督教圣迹的见证人。两千年来一直引起人们的极大关注。近年来丹·布朗在流行小说《达·芬奇密码》中将她描写成耶稣的爱人，使得专家学者感到有必要理清这段迷雾重重的情节。

《圣经》里还说到另外两个叫玛丽亚的女子，一位原先是妓女，她被耶稣感化后跪在耶稣的脚下哭泣，另一位在耶稣上十字架前用昂贵的香料涂抹耶稣。在《圣经》的文字中没有证据可以说这三个玛丽亚是同一个人，但是人们总是不满足于零碎的事例。到了公元六世纪基督教会就正式认定，这三个玛丽亚是同一个人，把三个事迹串成了一个有头有尾的故事：耶稣宽宥了当过妓女的玛丽亚的深重罪孽，感恩的她向受难的耶稣慷慨地献上珍贵的香料，为了报答她的虔诚，耶稣给她以见证自己复活的恩惠。

但是，如果人们思考得再深一点，或许会看到在抹大拉的玛丽亚的这个故事背后隐含着一个基督教教会发展史上的重大变化。耶稣复活是基督教信仰的基石，如此重大的圣迹，居然是让一个女子做唯一的见证。而在我们现在看到的基督教文献中，一切都是以男子为主的，十二使徒全是男的，早期的基督教传教士和教会领袖也全是男的。为什么在上帝之子显示他的神性的时候，所有的使徒都不在场，反要让玛丽亚来见证？抹大拉的玛丽亚见证耶稣复活的故事是不是一个提示，说明在耶稣创立他的新宗教的开始时，妇女其实发挥着重要的作用。只是男子随后主导和控制了基督教会，他们故意地贬低和抹杀妇女的地位，以至于我们现在已经看不到妇女在基督教创立时的真实地位和作用了。而在这里，我们能察觉到早期教会里争夺领导权的斗争痕迹。

其实，对于抹大拉的玛丽亚见证复活的意义，过去的异端教派诺斯替派早就做过非常多的释读。他们认为玛丽亚的故事说明了出于纯粹信仰的感悟要比理性的认知更能把我们带到基督身边，而玛丽亚在最神圣的耶稣墓边上的伊甸园里和耶稣相遇，象征了新的亚当和新的夏娃在天堂里的重逢。这样的解释不为正统的教会所认可，但是长期以来一直不断有人重新提起，因为这个解读很能激发人们的想象力，历来总有许多艺术家和文学家以此为题材进行创作。

为达尔文辩护

◎ 蔡　丰

《为什么进化是真实的？》
J·科因著
牛津大学出版社

达尔文的巨著《物种起源》已经发表了一个半世纪了，他的进化论是解释这个世界上的生物形态的最有力的或者说唯一有效的理论，但是直到今天还不是所有的人都认同这个理论，科学家们还是觉得有必要来为达尔文的进化论辩护，有时他们还需要像当年赫胥黎那样激情地争辩，这不是因为进化论本身有什么问题，而是表明这个理论带来的对人和世界的看法是多么难以为人接受。

反对达尔文的进化论的人主张所谓的“智慧设计说”，名称新颖，实际是上帝创世说的别称。据调查，在美国和英国，由于宗教观念的深刻影响，大部分人希望在学校的科学课程里教授“智慧设计说”；在英国，只有百分之六十九的人希望在学校里教进化论；在美国，百分之四十以上的人相信，自古以来世界上的生物就是现在这个样子，是在大约一万年以前上帝创造出了现在的所有生物。

面对这样一个情况，科学家们觉得责任重大，许多第一流的生物学家在繁忙的科研工作中抽出时间来做进化论的普及工作，写出富有教益又充满新知的作品来，驳斥创造论，捍卫进化论。

创造论者一直散布着“中间环节缺乏论”来证明进化论的不可靠，说至今发现的生物化石构不成一条完整的生物进化链，在原始的生物化石和后来的化石之间缺少中间环节。但是，这个论据是建立在无知上的。过去古生物学中曾有过中间环节缺少的情况，现在无论在宏观上还是在微观上进化链早已完整地建立起来了。还在讲缺少中间环节的人实际上是不了解最新的科学发展。

相反，创造论者不大肯正视生物的地理分布问题，在世界各个隔绝的区域里生活着各种独特的生物，这个事实只有用进化论才能解释。

新兴的建立在基因上的遗传学给现代进化论以坚实的基础。在遗传学家测出的生物基因图谱中，有许多无用的已经不传递任何遗传信息的基因，所有的生物身上的这些废弃的基因也具有连续性，这个现象只能以进化史来解释，废弃的基因就是生物退化的性状的遗存。如果生物真是上帝设计的，那么上帝怎么会在他的图纸里留下那么多的无用的设计呢？在生物学家看来，基因的发现和它的演化，无可置疑地证明了达尔文是对的。

法德之间的音乐竞争

◎ 郭　嘉

《贝多芬的世纪》
H·麦克唐纳特著
罗切斯特大学出版社

几个世纪以来法国和德国之间的明争暗斗波及到了各个领域，疆场上兵戎相见外，文化上也是常常较着劲。但是，当竞争的是音乐时，德国人似乎总能占些上风。

德国的瓦格纳相信德意志至上，他对德国音乐的崇扬，达到了沙文主义的热度。瓦格纳曾写过好些音乐论文，以德国音乐为傲，颇为轻视法国音乐。普法战争后，他还写了一个题为《投降》的剧本，宣扬德国的胜利。他声称，普法战争中德国的大胜和贝多芬的百年诞辰，是德国精神光大的两个象征。

面对趾高气扬的瓦格纳，法国音乐家决定要进行反击。一八七一年，圣桑和他的同伴组织了一个“民族音乐协会”，协会的宗旨就是要排除瓦格纳在法国的影响。但是他们在室内乐方面的创作，听来听去都脱不开德国音乐的模式。到了十九世纪的八十年代，瓦格纳的音乐大举返回巴黎，先是在音乐会的节目里，后来占据了歌剧舞台。“民族音乐协会”的年轻成员们也随着潮流学习瓦格纳的音乐。他们中的一个还去了瓦格纳的根据地拜罗伊特出席瓦格纳歌剧《特里斯坦和伊索达》的首演，不过在听到一半时他和其他反对者假装晕倒退了场。

既然无法驱逐瓦格纳的音乐，有个法国音乐家就索性宣布瓦格纳的音乐实际上就是法国音乐。还有人根据贝多芬的父亲是出生在法兰德地区这个事实，断言贝多芬的音乐代表了最纯粹的法国音乐。

法国音乐人这样说，现在听起来好像很自欺欺人，但是在当时的音乐世界里是有点儿根据的。因为巴黎那时是世界文化之都，无论什么国家的艺术家都在巴黎显示他们的才华，音乐也不例外。当时世界上最好的音乐家，不管是作曲家还是演奏家，都以巴黎为他们的主要舞台，瓦格纳自己也是在巴黎博取名声，他的那篇大力鼓吹德国音乐的文章就是以法文发表在巴黎的一家音乐评论杂志上的。巴黎人并不在乎你是来自什么国家，只要你的作品优秀就能得到他们的喝彩。在这样一个大都市的国际文化背景下，瓦格纳的民族主义狂热显得很不协调也很出格，所以法国的音乐人就显得有点不知何以应对了。

离开了纸的学术界

◎ 张小华

《数字化这本书！》
G·霍尔著
明尼苏达大学出版社

谷歌的雄心勃勃的数字图书馆计划到处遭遇抵制和诉讼麻烦，特别是那些作家，好像他们的权益真的受到了什么侵犯，读者们都将不买他们的书而到谷歌网站去白看了。这实际上是神经过敏了，没有先搞清谷歌的数字图书馆到底是怎么一回事。这个规模宏大的数字图书馆本不是为普通读者服务的，一般读者不能在谷歌上读小说或散文集，不管是畅销的还是另类的。谷歌的这个数字图书馆是为研究者服务的，和这个图书馆的发展密切相关的是学术界特别是大学的学术研究。

这并不是说谷歌的数字图书馆就不会带来问题，谷歌的图书馆只是文本数字化大潮中最具规模最有名的一个，文本载体的变化给学术界带来的影响要比其他任何领域都深刻，因为目前学术界的运作完全是建立在纸介质的文本上。大学里的研究者的研究成果都是以发表在纸介质期刊的论文形式出现的，对研究者的评估也完全看他们在什么期刊上发表了多少论文。而如果没有了这种评估，学术界赖以运转的整套学位制度和等层制度就没有了基础了。

学术的数字化会威胁目前的这种评估制度的正常进行，纸介质期刊的有限篇幅必得要求有严格的编辑筛选，这样即便不懂行的人，知道论文在什么期刊上发表，就能知道这篇论文有什么样的水平。

学术期刊的昂贵费用已经开始使许多期刊走数字化道路，这导致了重大的变化，网络的无限空间使得论文能够附带音频和视频的材料，能提供各种相关的链接，能让读者搜索。这都是数字化带来的好处。但是，问题是发表论文的空间也随之无限地扩展了，对质量的选择和控制没有了必要性。很显然，学术界发表成果的数字化将给学术界的运转带来重大影响。对于人文学科和社会学科，问题要更复杂。因为人文科学和社会科学的成果更多是以专著形式出现，这些专著的出版本来是亏本的多，将它们数字化是一个解决办法，但是谁来编辑，谁来在屏幕上读呢？

最使学者们担忧的是维护问题。纸虽然脆弱，但是保存的时间还是相当长的，研究者总能在图书馆里找到他们需要参考的书的，但是数字化后，思想的成果变成了一串电子流，瞬息间就会消失得无影无踪。读学术论文和专著的人总是非常少的，谁能保证谷歌或别的虚拟世界的公司会永久地花钱维持他们的数字图书馆？

开明君主

◎ 彭　霞

《约瑟夫二世》
D·比尔斯著
剑桥大学出版社

奥匈帝国的约瑟夫二世在位的时候大致和我们的乾隆皇帝差不多，他也统治着一个幅员广阔的多民族的古老帝国。两人都喜欢在帝国的辽阔的疆土上出巡。约瑟夫二世没有乾隆那么长寿，只活到四十八岁就去世了。自称“十全老人”的乾隆在晚年对自己一生的成功得意非凡，而约瑟夫二世相反是在失望和痛心中度过最后的时光，他自以为他的一生是失败的。

但是历史的判定不是以当事人自己的感觉来做出的。约瑟夫二世的统治是使中欧走向现代的关键的一步，他生平的事业给德国和中欧的近代化打下了良好的基础。

十八世纪中期以后，整个欧洲都深受启蒙思想的影响，如何实施启蒙的理想进行社会改革，这是当时欧洲各国面临的共同课题。法国人选择了大革命，而一些别的欧洲国家选择了君王主导的改革，当时在俄罗斯有叶卡捷琳娜女皇，普鲁士有腓特烈大帝，在奥匈有约瑟夫二世，都信服启蒙思想，都有意推进社会政治改革。在这三位称为“开明君主”的欧洲帝王中，约瑟夫二世的声望不算最大，但是做的事情最实在。他亲政后大力加强教育，在帝国全境推行普遍小学教育；他剥夺天主教会的特权，实施宽容的宗教政策，使奥匈帝国成为当时欧洲宗教信仰最自由的地区；他解放了农奴；他统一了国家行政机构，还制定了体现了平等和进步精神的刑法和民法。约瑟夫二世是个专制君王，但是他以理性的精神统治国家，明白自己的使命是为臣民的利益服务。约瑟夫二世不信任帝国的精英阶层和官僚机构，他喜欢直接到民众中去，了解民众的疾苦。他在位时最爱微服出访，而他的宫殿的大门永远为上访请愿者开着。

约瑟夫二世在国内推行的改革给国家带来深刻的变化，他的新政应该说是非常成功的。然而他最后还是遭遇到了失败。失败的一个原因是他的外交政策，在最需要他集中精力和国家资源推行内政改革的时候，他不谨慎地卷入到了和土耳其的战争，也正是在前线，他染上了当时是不治之症的肺结核。另一个原因是他的理性精神引导下的改革政策常常受到传统力量的抵制。他想在匈牙利进行人口统计，以推动行政的合理化，却遭到匈牙利贵族的竭力反对。欧洲人那时在有雷雨时要敲钟警告大家防备闪电，他认为新发明的避雷针完全可以防范闪电的危害，所以下令禁止在有雷雨时敲钟，这个法令居然引起了老百姓的激烈反对。改革的艰难可见一斑。

和当时的许多欧洲君王一样，他也是文学艺术，特别是音乐的热情赞助人。昔日的奥匈帝国早已不存在了，从这一点来看，我们或许可以说，约瑟夫二世留到今天的最大的功绩是他对莫扎特的支持。没有他，莫扎特的许多杰作恐怕不会问世。因此，有的历史学家说，约瑟夫二世统治的最大荣耀是莫扎特的音乐。

媒体不时有一些值得关注的信息，现摘录若干，以飨读者——

未来十年的十项挑战，腐败问题列为首位

由《人民日报》主办的《人民论坛》，征询了一百多位专家的意见，就未来十年我国会遇到什么样的挑战，列出了二十多个选题，通过对八千余人的调查，得出以下结论：

未来十年的十项挑战分别为：第一大挑战为“腐败问题突破民众承受底线”，82.3%的受访者选择了此项；第二大挑战为“贫富差距拉大，分配不公激化社会矛盾”，80.6%的受访者选择了此项；第三大挑战为“基层干群冲突”，63.2%的受访者选择了此项；第四大挑战为“高房价与低收入的矛盾”，62.8%的受访者选择了此项；第五大挑战为“诚信危机，道德失范”，61.7%的受访者选择了此项；第六大挑战为“民主政治改革低于公众预期”，52.3%的受访者选择了此项；第七大挑战为“环境污染，生态破坏”，51.6%的受访者选择了此项；第八大挑战为“老龄化矛盾凸显，老无所依，老无所养”，44.1%的受访者选择了此项；第九大挑战为“大学毕业生就业更加困难，诱发不稳定因素”，43.4%的受访者选择了此项；第十大挑战为“主流价值观边缘化危机”，36.3%的受访者选择了此项。

公车消费每年逾三千亿元

国家财政部、国家发改委和国家统计局调研数据显示，二〇〇五年以来，我国财政行政事业公用经费支出每年增加一千多亿元人民币。自二〇〇七年以来，该项经费支出已接近每年九千亿元，其中，公务用车消费支出（不包括医院、学校、国企、军队以及超编配车）每年约一千五百亿元至两千亿元。目前，我国党政机关及行政事业单位公务用车总量为两百多万辆，每年公务用车购置费支出增长率为百分之二十以上。

业内人士认为，如果加上国企、学校、

医院、军队以及各地各部门普遍存在的超编配车，每年公车消费至少三千亿元以上。党政机关的公车，每万里(五千公里)运行成本是社会运营车辆成本的五至六倍，公车使用效率仅为社会运营车辆的五分之一至六分之一。这意味着，公车使用中多出的成本在很大程度上变成使用公车的官员以及司机的“灰色福利”。尽管一些地方尝试公车改革，但效果都不理想。公车消费黑洞仍然是官场和社会腐败的温床之一。

全球四分之一的奢侈品由中国人购买

据 Gucci 集团总裁 Robert Polet 说：二〇〇八年，仅中国内地的富豪，就买了全球四分之一的奢侈品。而据统计数字显示，其中百分之六十是他们在国外购买的。中国将取代美国成为全球第二大奢侈品消费市场。未来五年，中国奢侈品市场将会达到一百四十六亿，占全球消费品总额的首位。

暨南大学经济学主任刘金山教授认为：中国奢侈品消费正进入黄金时期，这主要是因为中国已经出现了一批有消费能力的富人阶层，他们追求“品位”和个性化消费；此外，首先富起来的阶层中，奢侈品形成一种示范效应，形成了“排浪式”的消费浪潮。也有人认为，如今媒体，特别是电视剧的一些宣传和画面，忽略对节俭的宣传，崇尚享受，也起了推波助澜的作用。

我国每年有二十个天然湖泊消亡

二十一世纪人类争夺的是水，而不是石油。人类直接能够使用的淡水资源只占地球总水量的 0.01%。在二〇〇八年全球就有十八亿人没办法满足用水需求。我国快速发展二十年付出的代价不小，特别是湖泊资源严重透支。在过去的五十年间，中国已减少了约一千个内陆湖泊，全国平均每年消亡的天然湖泊达到了二十个。在历史上曾有“千湖之省”美誉的湖北省，现存湖泊面积仅为上世纪五十年代的 34%。

我国淡水湖泊生态已十分脆弱，已有一万四千平方公里的湖泊富营养化或已在富营养化边缘，水华暴发事件时有发生。在二〇〇七年调查统计的四十三个湖泊中，有二十七个湖泊处于富营养化状态，其中太湖、巢湖、滇池等十二个湖泊处于重度富营养化状态。

一万座希望小学没有了！

根据国家审计署对中央企业的审计披露：截止二○○九年十一月底，全国十三户中央企业因决策失误、管理不善和违规操作等造成的损失，已使国有资产流失 63.72 亿元，初步确认，有 28.42 亿元已无法追回。有人作了计算，这 28.42 亿可修一万座希望小学，平均每个学校容纳一百名学生，那就可使一百万名失学儿童走进课堂。

中国男女不平衡世界之最

接天津南开大学经济学院人口与发展研究所所长透露：依照资料推算，中国二○○六年的刚出身至二十六岁的存活人口中，男性比女性多出三千四百零二万人，短期内这个数字还将扩大。中国人口男女差距的规模，在世界人口大国史上是前所未有的。按照婴幼儿的性别比例，到二○二○年，处于婚龄的男性人数，将比女性多出三千万到四千万，这意味着，到那时平均五个男性中，将有一个找不到配偶，也就是说，那时中国至少有数千万男子面临光棍困局。

富民和强国

清华大学梁小民教授认为：改革开放三十年来，我国经济的年增长率为 9.7%左右，这在世界经济史上也是一个奇迹。但高速增长背后一个严重的问题是消费不足。一九五二年，我国的消费在 GDP 中占 69%，与当年美国相近。但在一九七八年，这一比例下降至 45%，一九九二年下降至 42%，二○○七年又下降至 35%，而美国的这一比例始终在 70%左右。

消费不足并非国民不愿意消费，而是他们没钱消费。美国的国民收入，80%由国民所拥有。在我国，国民得到的国民收入仅有 45%，其余的归政府与国有企业获得。美国政府得到的国民收入，大部分又以社会保障与社会福利的形式再分配给了国民。二○○七年美国的财政收入为 2.5 万亿美元，其中 1.5 万亿用于社会保障和福利。而同年，我国财政收入的 5.4 万亿人民币中，只有 6 千亿元用于社会保障和福利，其余的则用于政府支出和投资。换言之，美国的国民收入相当一部分用于富民，而我国的国民收入相当一部分用于强国。

第一座毛泽东塑像修建始末

◎杨涵舒

曾几何时，神州大地到处能见毛泽东的塑像。这是特殊年代的特殊产物。如今，这些塑像大部分被拆除了；尚剩的在岁月风雨的洗刷下，其光彩与当年也不能同日而语。

据回忆，"文革"开始后，全国掀起的修建毛泽东塑像的热潮是由清华大学的红卫兵引起的。《中国新闻周刊》发表的《第一座毛主席塑像修建始末》一文，介绍了此事的经过，现摘录如下——

"清华的校门是青砖砌的，涂着洁白的油质，一片缟素的颜色反映着两扇虽设而常开的黑栅栏门。"一九一五年就读于清华大学的梁实秋曾经这样描述它早年的风貌。

"二校门"是清华大学最早的校门，一九一一年初，校门建成，其大拱门的两侧各嵌两根西式立柱，门楣上刻有清末要臣那桐的手迹"清华园"。古典优雅的校门成为了清华大学的标志。一九三三年清华大学扩建，修了西校门，原校门便成为了"二校门"。

1967年5月4日清华大学在"二校门"原址上竖起的第一座毛泽东塑像

一九六六年八月二十四日下午，伴随着"只准左派造反，不许右派翻天"的口号和"拿起笔做刀枪，集中火力打黑帮"的歌声，这座巴洛克风格的古典西洋砖石结构大门，在锤子的敲击下，在汽车拉绳的拖曳下轰然倒塌，"二校门" 周围的大字报则在被撕毁后

1928年的清华大学校门，后来被人们称作“二校门”

1966年8月，清华大学的红卫兵在砸毁“二校门”牌坊上的“清华园”题字

把一些校、院系领导和‘黑帮’拉出去游街，拉倒‘二校门’后就押着他们拆，拆完了搬砖。当时主要是中学的年纪比较轻的红卫兵，他们自己也干。”

处在被押之列，时任清华大学党委副书记的胡健对此有着惨痛的记忆：“那些造反的人，用皮带抽打着被抓去的干部拆墙背砖。背砖不是量力而行，而是给多少，就得背多少。因为背不动，倒在地上，拉起来用棍子、皮带疯狂地抽打，背不动也得背。一直折腾到凌晨以后，累得人们骨头快要散架了，许多同志累得走不动了。每个人都被他们打了。”

付之一炬。清华大学出版杜出版的《清华大学九十年》对此记述：“清华大学红卫兵总部纠集十一所中学的红卫兵来校搞红色恐怖，撕毁所有大字报（其中有批判刘少奇的大字报），推倒‘象征封资修’的二校门。后被称为‘八二四’事件。”

当时的电子系研究生、后来加入清华大学红卫兵组织“四一四派”的陈弘毅说：“在刘菊芬和贺鹏飞的带领下，上千名红卫兵冲进清华园，拉倒了‘二校门’。他们

“这是清华无政府状态的开始。”时隔四十余年后，旁观了“八二四”事件的清华大学教授陈弘毅这样总结。

一九六七年初，在一次开会时，清华大学建筑系美术教研组副主任程国英提出了一个主张：“二校门”被拆后，显得空空荡荡，是否可以在那里立一座毛主席塑像？这一想法立刻得到了当时实际控制学校的红卫兵组织“井冈山兵团”（简称“团派”）的支持。

雕像筹备组很快成立起来，包括美术教研组教研室主任、雕塑家宋泊，青年教师郭德巷和宋泊的夫人徐沛贞。“团派”派来的高鲁冀担任负责人。

做塑像首先需要设计稿，年过半百的宋泊尽管在雕塑方面已经颇有经验，仍不敢贸然动手。已经被划成“右派”的他早就挨过清华附中“造反派”们的打，对雕像蕴含的政治风险也心中有数，加之时间紧迫，筹备组很快在北京雕塑玉器工厂选定了叶毓璋做的一座九十多厘米高的毛主席全身像设计稿，并得到了“团派”负责人的同意。

设计稿拿回来后，光是放大就用了一个多月。北京工艺美术总公司的雕塑家张松鹤也在后来加入。“因为张松鹤是党员，给毛主席像塑脸的任务就交给他，宋泊和我负责做身体和衣纹。”

这座塑像不同于以前的空心塑像，而是采用钢筋水泥进行了实心的灌注，这项工程是由清华大学土木系自行完成的，“自己舂水泥、用的是麻花钢，(塑像)腿上的粗钢筋一根挨着一根排得密密麻麻！”郭德巷说。

一九六七年五月四日，在清华大学“二校门”的原址上，全国第一座大型毛泽东塑像正式落成。

一九六七年五月五日的《人民日报》记载了全国第一座毛主席塑像落成时的“盛况”。

“团派”还专门在塑像旁装起了当时罕见的钠灯，四面照得通明。取代了“二校门”的毛主席像成了新的景点。因为毛主席像的高度远远超过原来的“二校门”，人们需要退到几十米外才能够看到全景。各地为造毛主席像，前来参观取经的也络绎不绝。“团派”特地抽出专门人手，负责把雕像组从放大到浇注整个过程编成一套材料，以供来访者索取。郭德还记得：“北大西门、二炮司令部都用了我们的模子。有的外省市干脆开汽车来到学校，请我们翻模好再用汽车拉回去制成成品。”

新疆喀什毛泽东塑像现状

林彪的“四个伟大”题词刊登在一九六七年五月一日当天的《人民日报》上，即“伟大的导师、伟大的领袖、伟大的统帅、伟大的舵手毛主席万岁！万岁！万万岁！”

五月四日该题词手迹就迅速出现在

贵州都匀电厂毛泽东塑像现状

湖北黄石毛泽东塑像现状

清华大学的毛泽东塑像底座上，这种“完美”的组合形式也被许多地方在塑像时效仿。一九六七年“九一三”林彪叛逃事件后，该手迹被清除。

毛主席塑像和毛主席像章、红宝书一道，成为了特殊年代的历史记忆。在那个年月，人们对领袖的热爱之情难以抑制。北京大学、复旦大学、韶山火车站、海军大院……从南至北，毛泽东塑像在全国各地拔地而起。由于校内的红卫兵派别互相对立，北京大学甚至先后在北大西门和图书馆处建起了两座毛泽东塑像。北京科技大学和中国地质大学的两座毛泽东塑像一模一样，相对挥手，隔街相望。

在上海，工总司、同济东方红、上体司、红三司、外语学院革造部、红卫兵新复旦师、新师大师等十七个红卫兵组织听到清华大学塑毛主席像的消息后，提出了《关于铸造巨型毛主席立像的联合倡议》。尽管巨型立像没有造成，但各大学都纷纷建起了毛泽东塑像。

同济大学“东方红兵团”修建的毛泽东塑像高七点一米，加上底座三米，总高度达十点一米，且底座上和清华大学一样刻有林彪题词“四个伟大”。

复旦大学红卫兵“新复旦师”则在修建毛泽东塑像时独创了一套完整的“三数模式”：像高七点一米，加上五点一六米的底座，分别纪念中国共产党在七月一日诞生和由毛泽东主持起草的。“五一六通知”

——即“文化大革命纲领性文件”《中国共产党中央委员会通知》。而七点一加上五点一六，正好是十二点二六，又是毛泽东的诞生日。这套“三数模式”也被许多地方在修建毛主席像时仿效。

山西长治地区竖立的毛泽东塑像

没有人能统计清楚，“文革”期间全国党政机关、学校、城市公共设施，包括村庄在内，到底曾立起了多少座毛泽东塑像。一九八〇年七月三十日，中共中央发出《关于坚持“少宣传个人”的几个问题的指示》，指出：毛主席像、语录和诗词在公共场所过去挂得太多，今后要逐步减少到必要限度。文件发出的当天，人民大会堂前悬挂的巨幅毛泽东画像被两辆吊车取下。

尽管《指示》中主要讲到的是画像，但一些地方的毛泽东塑像也开始被拆除。三个多月后，中共中央办公厅专门在十一月六日发出《关于毛泽东同志塑像问题的通知》称：对已建成的钢筋水泥塑像或其他坚固塑像，没有必要一下子全部毁除。现在有一些地方为了塑像问题引起了争端，中央希望，凡在有争议的地方，一般不要拆毁。

到了二〇〇八年，包括北京科技大学、中国地质大学、中国农业大学、北京体育大学、北京化工大学、北京邮电大学和北京交通大学在内，北京的高校中还有七座毛泽东塑像伫立，其余则已拆除，清华大学也不例外。

一九八七年八月二十六日，清华大学校方先在清华主楼大厅挂起了直径两米的圆形毛泽东青铜浮雕像，宣布“以代替目前已局部破损的位于‘二校门’位置的旧塑像”。三天后，曾轰动一时的第一座毛泽东塑像一夜间消失了。

“文革”时期，北京一九五八年第一次文物普查中保存下来的六千八百四十三处文物，有四千九百二十二处被毁，其中大部分毁于一九六五年的八九月间，清华大学“二校门”也是其中之一。

一九九〇年一月三十一日，二十六个清华大学各地校友会发出了一份《关于赞助重建二校门的倡议》，提议由校友捐款，在原址重建。一九九一年清华大学建校八十周年纪念日前夕，重新修建“二校门”。由于没有准确的原建筑图，现在的“二校门”是根据照片复原而成。

外蒙古是如何离开中国的

◎邢和明

外蒙古长久以来是在中国的版图上，可是上世纪四十年代，中国在苏联斯大林的压力下，让它离开了中国。人民出版社出版的《蒋介石与莫斯科的恩恩怨怨》一书，披露了当年蒋介石政府和苏联外交谈判的过程，现摘介如下——

一九四五年二月四日至十一日，斯大林、罗斯福、丘吉尔在位于苏联克里米亚半岛南部的雅尔塔会晤。双方在讨论了一些涉及远东的军事问题之后，斯大林希望讨论苏联参加对日作战的政治条件。他明确表示，千岛群岛和萨哈林岛南部应当归还苏联。而且，斯大林还想得到中国大连和旅顺的租借权，以及中东铁路的经营权，他甚至要求维持外蒙古现状。

对于斯大林提出的上述要求，罗斯福在会谈中表示，千岛群岛和萨哈林岛南部在战争结束后归还苏联，“无论如何是不会有困难的”。但是，关于苏联在远东的不冻港问题，罗斯福说他还没有机会同蒋介石讨论，因此，他不能代中国人讲话。斯大林强调，如果他提出的这些条件不能得到满足，他就难以向苏联人民解释，苏联为什么要参加对日作战。罗斯福告诉斯大林，他感到同中国人讲话的困难之一，就是“同他们讲的任何事情二十四小时内全世界都会知道”。斯大林建议，在会议结束时，“由三大国书面写下同意提出的这些条件”。根据斯大林的要求，二月十一日，斯大林、罗斯福、丘吉尔代表苏、美、英签订了一项有关苏联参加对日作战的政治条件的协定，其出兵条件涉及中国的主权和领土：外蒙古的现状须予以维持……

从斯大林同罗斯福的谈话和《雅尔塔协定》来看，这次会议结果反映了苏联在华利益的最根本要求。斯大林为了苏联自身的利益，不惜牺牲中国主权和领土完整。

《雅尔塔协定》毕竟是一桩不光彩的交易，英国外交大臣艾登批评罗斯福热衷于同斯大林搞“秘密谈判”，达成有关远东问题的协定，“既不通知他的英国同事，也不通知他的中国盟友”。在这位外交大臣眼里，《雅尔塔协定》不过是一个“自毁声誉的副产物”。事后，罗斯福也承认，在没有中国政府的参与下，而牺牲中国的主权是不正派的。他甚至后悔当初缔结《雅尔塔协定》。

尽管斯大林和罗斯福对雅尔塔会谈结果守口如瓶，但就在两人二月八日谈话的当天，蒋介石已经怀疑，罗斯福、斯大林、丘吉尔“里海第一次公报，一如所预料，其果与英、俄协议牺牲我”。二月十一日，蒋介石在日记中写道：俄国对我交涉迁延，中共态度转劣，“当受三国会议之影响”。但蒋介石此时还不清楚雅尔塔会议的具体内容，他只得静观其变，并且表示：“毫不动心，无论其态度好坏，必得罗斯福之来报，详细其内容而后再定方针；此时不必臆测，更不必焦灼。”

二月二十一日，蒋介石从中国驻苏大使傅秉常的来电中证实苏、美、英三国“签有密约”，其内容“极端保密”。他还得知罗斯福同斯大林的“谈话大意”。也就在这时，罗斯福约见了中国驻美大使魏道明。

三月十五日，蒋介石从魏道明的来电中获悉了罗斯福和斯大林关于远东问题谈话的大致内容：维持外蒙古现状；苏联希望在海参崴以南获得一温水军港，如旅顺或其附近之港。蒋介石看完电报后的心情可以用“痛愤与自省”来形容。他在当天的日记中写道：“‘雅尔塔’果已卖华乎？唯如此可以断定此次黑海会议俄国同日作战已有成议。果尔，则此次抗倭战争之理想，恐成梦幻”。

四月，蒋介石已经决定同苏联进行谈判。因为宋子文在赴旧金山出席联合国大会时，“已携带着对苏谈判的方案”。顾维均回忆说，宋子文参加旧金山会议之前给他看过一封蒋介石的来电，并附有蒋介石同罗斯福的来往电报，表明蒋介石想派宋子文作为代表去莫斯科谈判。国民政府愿意同苏联政府签订一项条约，并且准备在互相谅解与合作的精神下解决所有问题。蒋介石还表示，中国政府决心废除不公平条约，以获得中国领土完整和独立，希望苏联给予支持。

六月十二日，彼得罗夫向蒋介石提出了中苏缔结条约的五项先决条件，其中有四项涉及中国主权问题。

从内容上看，这五项条件同《雅尔塔协定》没有多少区别。只是在外蒙古问题上除继续强调维持现状外，还提出外蒙古“成为独立国家”的要求。彼得罗夫声称：如果蒋介石同意这些条件，苏联政府准备立即开始同中国缔结友好同盟条约。蒋介石没有当即答复。

六月十五日，杜鲁门致电斯大林：宋子文将于六月下旬抵达莫斯科讨论中苏协定的细节问题。杜鲁门还说，他已指示赫尔利将《雅尔塔协定》的内容通知蒋介石并征求其本人的同意，并告诉蒋介石，美国政府完全支持《雅尔塔协定》。

当天，华盛顿将雅尔塔会议有关中国方面的秘密协议正式通知了蒋介石。杜鲁门在备忘录中还告诉蒋介石，斯大林向他声明，将尽其所能促进中国在蒋介石的领导下统一,而且这种领导"在战后必须继续"。

六月三十日,宋子文抵达莫斯科,当天,双方举行了礼节性的会谈,而且气氛也相当友好,"苏联欢迎礼节极隆重"。

但是,七月二日的会谈就显得十分紧张了。据当事人回忆,正式谈判开始的时候,斯大林拿出一张纸向宋子文面前一掷,态度傲慢。随后说道:"你看过这个东西没有?"宋子文知道是《雅尔塔协定》,说"只知道大概内容"。斯大林强调:"你谈问题是可以,但只能拿这个东西做根据,这是罗斯福签过字的。"

斯大林出于苏联自身利益的考虑,提出了外蒙古问题。他直言不讳:外蒙古要求独立,中国政府应承认外蒙古现状,苏联不打算吞并外蒙古,亦希望中国准许外蒙古脱离。苏联虽然多次承认外蒙古为中国领土,但是,现在为苏联国防着想,不得不在外蒙古驻军。以往日本曾试图从外蒙古进攻西伯利亚,所以,我们盼望外蒙古能独立并且同苏联结盟,以保障苏联领土安全。斯大林还声称,如果苏联在外蒙古问题上得不到满足,这次会谈就不可能达成任何协定。

遵照蒋介石的指示,宋子文在会谈中不准备着重讨论外蒙古问题。他说,中国政府目前可以不向苏联提请商议外蒙古问题,希望斯大林亦不提这个难题。因为中国任何一个政府如果丧失土地完整,必为国人不谅。宋子文认为斯大林没有理解中国政府关于外蒙古问题的立场。如果割让外蒙古,中国人民对政府将失去信仰。

当天的会谈持续了三个半小时,从宋子文给蒋介石的电报来看,"外蒙问题则成僵局"。

由于宋子文的强硬态度,经过激烈的争论之后,斯大林未能迫使中方接受他的要求。事后,宋子文告诉哈里曼,中国人民虽然知道中国目前不能对外蒙古行使主权,但是,如果某个政府放弃中国在这个区域的权利,人民是不会拥护它的。事后,宋子文询问哈里曼,罗斯福过去对这个问题的解释如何,他请哈里曼立即致电华盛顿询问美国政府的实际看法。

可是,美国的回答使宋子文有些失望。七月四日,杜鲁门通过国务卿贝尔纳斯电告哈里曼,美国在目前莫斯科的讨论中不愿对《雅尔塔协定》中的任何一点充任解释者。但哈里曼可以"非正式地"向宋子文说明他的了解:就美国方面来说,《雅尔塔协定》中关于外蒙古地位所用字句的解释,没有任何讨论。既无讨论,那么按照大家对这些写下了的字句公认的意思,就是外蒙古目前事实上和法律上的地位应当保持下去。

由此可见,美国在这个问题上显得小心翼翼,不愿意刺激莫斯科,所以它的解释实际上偏向于苏联。杜鲁门在致哈里曼的电报中还说:只限你一个人知道:"我们对现状的了解是,虽然在法律上外蒙古的主权至今属于中国,但事实上这个主权未被行使。美国政府,按照一九二二年的九国公约,一向谨慎地没有丝毫表示,它认为中国边远的属地,如外蒙古,与中国其他部分具有不同的地位。"

第一次谈判陷入僵局之后,蒋经国以私

人名义拜访了斯大林。会见时，斯大林开门见山地问道：中国为什么坚持不让外蒙古独立？

蒋经国解释说，中国抗战七年，就是为了要把失去的土地收复回来，今天日本还没赶走，东北、台湾还没有收回，一切失地，都在敌人手里，反而把这么大的一块土地割让出去，那岂不失去了抗战的本意？中国国民一定不会原谅我们，会说我们"出卖了国土"。在这种情况下，国民一定会起来反对政府，那我们就无法支持抗战。所以，"我们不能同意外蒙古归并俄国"。

斯大林很不客气地说，你要知道，"今天并不是我要你来帮忙，而是你要我来帮忙；倘使你本国有力量，自己可以打日本，我自然不会提出要求。"

蒋经国反问道："你为什么一定要坚持外蒙古'独立'？外蒙古地方虽大，但人口很少，交通不便，也没有什么出产。"

斯大林直言不讳地说："老实告诉你，我之所以要外蒙古，完全是站在军事的战略观点而要这块地方的。"假如有一支军事力量，从外蒙古进攻苏联，西伯利亚铁路被切断，苏联就完了。

对于斯大林的担忧，蒋经国信誓旦旦地保证：你用不着再在军事上有所忧虑，苏联如果参加对日战争，日本打败之后，它就不会东山再起了，也就没有力量占领外蒙古，并以此作为侵略苏联的基地。你担心从外蒙古进攻苏联的军事力量，除了日本外，只有一个中国。但中国同苏联签订了"友好条约"，"你说二十五年，我们再加五年，则三十年内，中国也不会打你们；即使中国要想攻击你们，也还没有这个力量，你是很明白的。"

斯大林并不赞同蒋经国的解释，他说，虽然日本打败后，不会重新占领外蒙古并进攻苏联，一时可能如此，但非永久如此。如果日本打败了，日本这个民族还会起来。他甚至称，条约是靠不住的。中国现在可能没有力量侵略苏联，但是，只要中国能够统一，就会比任何国家的进步都要快。

七月五日，蒋介石看过宋子文的电报后得知斯大林坚持要求外蒙古独立，否则达不成协议。经再三考虑，蒋介石意识到苏联对外蒙古的要求"志在必得"，绝不是以任何高度自治或准其驻兵的方式能够满足其欲望的。如果不答应斯大林的要求，那么"东北与新疆各种行政之完整无从交涉"，共产党问题"更难解决"。况且，外蒙古"事实上已为俄占有"。如果只为虚名，而受其实祸，"绝非谋国之道"。在权衡利弊之后，蒋介石决心"忍痛牺牲"，同意外蒙古战后"投票解决其独立问题"，以作为同斯大林协商解决东北、新疆与中共问题的交换条件。

于是，蒋介石已不再犹豫了，于七月六日致电宋子文，明确了国民党政府处理外蒙古问题的原则。他表示，如果东北与新疆问题"真能确实统一，所有领土主权及行政真能完整无缺"，那么"外蒙独立或可考虑"。他还提出三项具体的交换条件：第一，东三省的领土主权和行政必须完整。即：旅顺军港的行政管理权必须归中国主管之下，与苏联共同使用而非共同管理。大连为自由港，其行政权归中国。中东铁路干线可同苏联共同经营而不是双方共管。第二,新疆伊犁及全疆各地被陷地区完全恢复。第三,中共军令政令必须归国民党中央。

关于外蒙古问题,蒋介石希望由“外蒙古人民投票方式解决”,如果外蒙古人民投票“结果为外蒙独立”,中国政府将正式提请国会,由国会通过后,“政府乃正式批准予以独立”,但必须在抗战胜利之后。现在只是作为对苏联的承诺,“不能订立任何秘密协定”。蒋介石在电报中还说,如果苏联能协助中国对日作战取得胜利,并且对内切实统一,中国政府“可忍此牺牲”。与此同时,蒋介石还委托赫尔利将上述条件转告了杜鲁门,并且声称,这是他所能作出的“最大让步”。

蒋介石显然知道承认蒙古独立所带来的严重后果。但是,为了达到保证中国对东北的主权及苏联不支持共产党的目的,他宁愿冒此巨大风险。

当天,双方举行会谈,而且一开始就切入外蒙古问题。宋子文没有按照蒋介石七月六日电报旨意行事,还想作一次努力,坚持认为外蒙古不能独立。他表示,中方可以接受《雅尔塔协定》有关外蒙古的条款,即保持其现状,但“不能承认外蒙独立”。考虑到斯大林在外蒙古问题上的态度十分坚决,宋子文主张给予外蒙古以高度自治,军事、外交均可自主。

但是,斯大林坚持要求中国政府必须承认外蒙古独立,他说:中苏两国现既拟定同盟条约,必须将两国之间可能冲突的因素消除。外蒙古如果不独立,苏联进兵外蒙,就等于进兵中国领土,这很容易成为将来冲突的根源。

宋子文承诺,中国政府不反对苏联军队驻扎在外蒙古。他还详细解释了中国不能承认外蒙古独立的原因,并且再三强调。任何一个中国政府,只要承认外蒙古独立,没有不垮台的。斯大林不以为然,说苏联政府承认了芬兰的独立,却没有因此而垮台。

鉴于双方谈判再度陷入僵局,在七月九日的会谈中,宋子文只好向斯大林通报了蒋介石关于外蒙古问题的意见:中国政府在对日战事结束之后,“不反对蒙古人民投票表决外蒙独立”。

斯大林表示满意,也同意于战后公布这一消息。针对蒋介石提出的三项交换条件,斯大林承诺,苏联不再向新疆运送军火。关于中国共产党,斯大林认为,国民党政府要求军令政令统一,“极为允当”。他还表示,此后苏联援助中国的一切武器及其他物资,“均以中央政府为唯一对象”,不向中共提供武器。事后,宋子文在给蒋介石的电报中承认,斯大林在中共问题上的谈话“甚为切实友好”。

由于蒋介石的让步,外蒙古问题的谈判终于取得了突破。斯大林接受蒋介石的“折中方案”。

蒋介石对外蒙古问题一直耿耿于怀。因为他对维持外蒙古现状的理解是“中国有宗主权”,他一再承认,外蒙古独立对于中国牺牲太大,中国人民和国民党内部“都会反对”。

鉴于中方在满足苏联条件方面“已尽最大可能作出了让步”,但蒋介石担心斯大林还会提出使他无法接受的要求，于是，他希望杜鲁门在波茨坦会议上能够按照中国政府的意愿向斯大林施加一点压力。七月二十日，蒋介石致电杜鲁门：尽管中国没有出席雅尔塔会议，但你应该体会到我们已经最大限度地履行《雅尔塔协定》。“在外蒙古问题上我们甚至超过了这种限度，我们作出了中国舆论所许可的最大让步。”这种让步“可能已经超出了中国人民所能支持的范围”。蒋介石要求杜鲁门在同斯大林会晤时，“向他指出我们采取的显系合理的立场，使他不要坚持不可能做到的条件”。

宋子文回到重庆后感觉自己已经“完全垮了”。他意识到，“这个拟议中的与苏联的协议，对负责这个协议的人来说，会是政治上的毁灭”。因而声称，他不想再去莫斯科了。为此，宋子文还辞去了外交部长的职务。

但是，美国坚持认为，宋子文是除蒋介石之外同斯大林会谈的唯一合适人选。如果宋子文不去莫斯科而改派新的外交部长，这可能对中苏谈判产生有害的、甚至是毁灭性的影响。在美国的再三要求下，宋子文同新任外交部长王世杰一道赴莫斯科参加中苏第二轮谈判。

八月七日，中苏第二轮谈判开始。此轮谈判需要解决的问题包括：外蒙古的边界等六个问题。

会谈中，双方围绕外蒙古边界的划分问题展开了激烈的争论。苏方既不肯接受中方提供的地图，亦不愿意对换文作任何关于疆界的声明。宋子文担心，如果不明确划分外蒙古边界，那么将会涉及新疆阿尔泰地区一部分领土的归属问题。斯大林在会谈中曾推测过中方的意图，他说：如果中国政府寻找借口，以划分边界要求收回已作出承认外蒙古的要求，就应该“直截了当地和坦率地讲清楚”。斯大林坚持认为，外蒙古边界十分清楚，拒绝了宋子文提出的由中苏联合委员会勘定外蒙古边界的提议。斯大林还向中方施加压力，重新提出关于立即承认外蒙古的要求。他甚至说，如果中国再纠缠外蒙古边界问题，内蒙古的疆界将会消失于外蒙古，成为一个更大的蒙古共和国。斯大林还警告宋子文：中国政府最好尽快同意达成一项协议，否则，中国共产党就要进入满洲了。

尽管双方经过激烈的争论，但在外蒙古的边界问题上仍未达成一致意见。

此时，苏军已经深人中国东北腹地，斯大林在外蒙古问题上的态度变得十分强硬。八月十一日，宋子文致电蒋介石，表示：“恐再难强苏方让步”。但是，蒋介石一连两次回电坚持在承认外蒙古独立之前“勘定界线”，否则“外蒙问题之纠纷，仍不能解决”。蒋介石要求宋子文、王世杰“抱定此决心与态度”，即使停止谈判，“亦所不恤”。宋子文、王世杰在商量之后认为，这个时候还谈论勘界问题显然已经不现实了。

在八月十三日至十四日的谈判中，宋子文宣布，蒋介石同意承认外蒙古“在现有的边界内”独立。这样，中苏谈判的最大障碍被清除了。

中南海的文工团

◎王 凡 东 平

上世纪五十年代，中南海曾经组建过一个文工团，四年后，这个文工团又解散了。当年知道此事的人并不多，当代中国出版社出版的《红墙记忆（二）》一书，作者寻觅了一些当事人，对此作了回忆。现摘录如下，以飨读者。

说到中南海里的舞会，就不能不说到中南海文工团。对于这个文工团，社会上有各种各样的传闻，即使是中南海里的人，也讲不清楚它的来龙去脉。事情是这样的：组建中南海文工团一事酝酿于一九五三年夏季。这和中南海的舞会有些关系。当舞会已经是例行的程式后，每次举办前临时从各部队文艺团体抽调人的办法，就显得既不方便，也不利于安全保卫了。因为各文艺团体都有自己的演出安排，有时要调的乐队和演员调不出来。进中南海同最高领袖接触的演员要经过审查，每个人的情况并不是一下就能查得很清楚的，如果人员有变化，就增加了审查的负担；另外，即使是同一个人，随着时间推移可能发生的变异也难以掌握，万一出了纰漏，谁都担待不起。

考虑到临时抽调演员不是个长远之计，有关方面经负责中共中央领袖安全保卫的罗瑞卿同意，以公安部的名义，致电中国人民解放军各兵种和大军区抽调文工团员。七月，电文经人民革命军事委员会总政治部副主任萧华批准发出。后来，此事被军委副主席彭德怀闻知，认为这个电报不该发。十一月二日，萧华在给毛泽东写报告检讨处理电报的错误时，也将此事列入其中。

萧华在检讨报告中说：七月九日批发公安部为中央警卫团抽调文工团队员的电报，当时只注意到保证中央领导同志的安全问题，而未考虑到电报可能发生的政治影响，后经彭德怀副主席指出，才发觉错误。

毛泽东在萧华的这份报告上作了批示：

刘、朱、彭、罗瑞卿、周阅，尚昆处理。

根本不应设此文工团，三反后又发生此事是不应当的。萧华只负批发电报的错误，根本的错误在公安机关。

毛泽东

一九五三年十一月五日

在毛泽东作了批示后，筹建中南海文工团一事，遂被搁置。

半年后，组建中南海文工团的事再度被提出来，理由还是安全问题，提议的人还是负责领袖保卫工作的罗瑞卿。显然，除此外还没有什么更妥当的办法，中央批准了组团之事。

命令下达到全军各个文艺团体的主管部门，抽调合格演员，到北京中南海报到。陆续来报到的演员，到五六月份，已经有四十人左右，文工团就算成立了。以后陆续又有调进调出的，最多的时候达七八十人。

当时这些演员的条件和素质，无论从政治方面看还是从业务方面看，都是相当不错的。文工团内主要分两个部分：一个是器乐队。乐队的水平挺高的，他们把一些领导人很熟悉的中国传统乐曲、中国民歌，一些根据地传唱的老歌，改编成舞曲，听着很亲切，很舒服，一下子就把领袖们、首长们的情绪调动起来了，气氛一下子就高涨了起来；一个是演出队，包括声乐、舞蹈、自编自演的小节目，同时还陪领袖们跳舞。

组团时宗旨很明确，为丰富中南海内

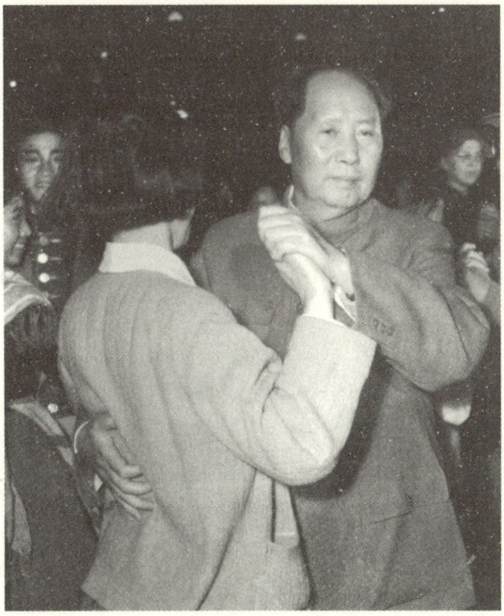

1957年，一位苏联记者拍摄的毛泽东跳交谊舞的照片

的娱乐活动，主要是春耦斋，以毛泽东、刘少奇、朱德这边为重点。但文工团成立以后，由于水平较高，演出的效果非常好，很受欢迎，结果中南海里各个单位举办舞会时都来邀请。国务院机关在紫光阁举办舞会，军委在居仁堂举办舞会，也来邀请。

这么受欢迎，为什么解散了呢？一些文章和书籍传布的说法是：彭德怀对在中南海组建文工团很有意见，在组建的过程中，彭德怀确实提出过意见，但不是对组团有意见，而是对组团报告中个别条文中的个别文字，提出了修改意见。例如在演员要求上有一条是要“相貌端正”，他不赞成，给去掉了。批判彭德怀时，有些人指责这是对组建为中央领导服务的文工团不满，列为一条反党的罪状。

中南海文工团撤销是在一九五八年，正是我们的军队实行大精简的时候。原文工团员大多数去了北大荒农垦建设兵团；部分留在北京，有到总政文工团的、北京军区文工团的、中央人民广播电台的，还有些人去了甘肃、湖南、浙江、福建等地方。

撤销了中南海文工团之后，给中共领袖们表演节目和伴舞的任务，就又移交给中国人民解放军总政治部及各兵种的歌舞团承担。可过了约一年后，不知出于何种原因，总政文工团和海政文工团等，就不再参与这项任务了。有的文章说："此事是毛主席亲自决定的。这样一来，'中南海任务'就由空政文工团独家包揽。"

有了中南海的文工团，就有了毛泽东和文工团员们的故事。

当和毛泽东更熟悉了以后，文工团的干部和团员们，便鼓起勇气，相约到菊香书屋去看望毛泽东。

有一次，张美霞、司远、蒋学浦、宋美丽四位同志相偕到了毛泽东的寓所。蒋学浦、宋美丽是第一次站在毛泽东身边，紧张得说不出话来。张美霞见状替他们做介绍："毛主席，这是我们文工团的蒋学浦指导员和他的爱人宋美丽同志。"

中南海怀仁堂

"哎呀，原来是蒋委员长和宋美龄女士来看我喽。"毛泽东睁大眼睛，一脸的诙谐。蒋学浦夫妇忍不住乐出声来："毛主席，我们可不愿意当蒋介石和宋美龄。""怕什么？蒋介石肯回来，我们还要给他个大官当当呢。"

毛泽东很愿意和这些文工团员们接触，每次一见到她们，就要打听："有什么新闻呐？"当然，毛泽东所说的新闻无所不包，甚至文工团的生活琐事，他也听得津津有味。

有一个星期天，吴凤君逛东安市场回来，绘声绘色地给毛泽东形容了一番市场熙来攘往的情景，还劝他也去看看。

"我哪有你们这么自在啊，那么多人都管着我。想吃的东西不能吃，想去的地方不让去，我一点自由都没有。"毛泽东露出诉苦的口吻。

"哟，主席还有牢骚呐？""主席也是人嘛。"

漫谈总是无拘无束的，文工团团员们在毛泽东面前，卸掉了隐讳和顾虑，有一段时间，毛泽东发现吴凤君去了趟安徽之后，老刻意回避他，感觉这里一定有什么缘故。开始，吴凤君还顾忌纪律，不肯直说。但经不住毛泽东的执著询问，最终吐露了真情："我们在安徽碰到了好多流浪要饭的农民。有一个老大爷向我讨饼子吃，都给我跪下了。"

吴凤君的叙述，使毛泽东感到意外，这么严峻的情况怎么没有反映到自己这儿呢？他叫值班卫士马上请周恩来过来。

吴凤君看着毛泽东脸色阴郁，眼眶有些发红。不一会儿，周恩来快步走进菊香书屋。毛泽东让吴凤君把在安徽看到的情况，又讲了一遍。周恩来听完，婉转地说：“主席，这件事我已经知道了。安徽遭灾，中央人民政府投入了很大的人力、物力，赈济灾荒。地方政府对群众的生活已经做了安排，并要求灾区群众在家乡坚持抗灾，群众情绪基本稳定下来了。小吴说的那些人，可能是在通知发出之前逃荒出来的，我们已经安排人专门做工作。”

周恩来解释后，毛泽东又就救灾工作做了一些交代。

文工团成立之际，中央直属机关的北戴河避暑区也已稍具规模。夏季到来，中共中央和国务院的领导们，常常在北戴河避暑区办公和休息。文工团有时也会跟随中央领导们，一起到北戴河海滨。

四年以后，根据军队大裁减的精神，中南海文工团撤销。在临别前的最后一场舞会上，毛泽东得知了这些年轻演员们的去向。“我也很舍不得你们走啊……”他也动了感情。过了有顷，他问：“你们是自愿去的吗？”“是自愿的。主席，我们是响应党的号召，去建设和保卫北大荒的。”年轻人的热情又被激活了。

乐队奏起了毛泽东喜爱的《浏阳河》，毛泽东和每个要去北大荒的女团员跳了一段舞。一边舞，一边嘱咐：“到了北大荒，给我写信，告诉我那边的新闻。”

“远走高飞喽……”每和一位女团员舞罢，毛泽东就喃喃而语，像是告别，像是牵挂……

补白

李苦禅拉车

一九二三年，李苦禅从山东来到北京，拜齐白石为师。因家中生活贫苦，李苦禅不得不在学课之余拉洋车糊口。但李每次拉车都尽量远离齐白石的住所，以免被人撞见，丢了老师的面子。一日，李拉车到王府井，不巧与老师撞个正着。齐白石大喊道：“苦禅，快过来，送我回家。”李下意识地“哦”了一声，转身请老师上车，话也不敢多说，拉起就走。途中老师问他：“你生活艰苦怎么不告诉我啊？”李答非所问，道：“我给老师丢脸了。”“丢什么脸，我是当木工出身的，也算丢脸吗？都是凭力气挣饭吃，是正当的。”此后，齐白石给了李苦禅很多资助，使他能够安心学画。

解密：苏联空军参加了朝鲜战争

◎王亚同

复旦大学出版社最近出版了《彭德怀军事参谋的回忆：一九五〇年代中苏军事关系见证》(王亚同回忆、沈志华 李丹晨整理)一书，引起了史学界和读者的注意。书中披露了当年苏联空军参加朝鲜战争的情景，这段历史的真相，由于种种原因，苏联和美国双方都保密了四十余年，现摘介如下——

在上世纪五十年代朝鲜战争期间，苏联真正进入朝鲜境内参加地面作战的只有高射炮部队。当时在中国境内有苏军五个高射炮团，任务是掩护机场，其中两个高射炮团于一九五一年四月推进到鸭绿江以南朝鲜境内的铁路沿线，掩护铁路运输。这些部队穿着中国人民志愿军的服装，对外称中国少数民族志愿人员。同时，随着中朝边境地区庙沟、大堡和大孤山三个新机场的建成，大批苏联空军后续部队加入到掩护中朝联军后方的战斗中来。

总的说来，到一九五一年春，苏联歼击机在朝鲜上空的军事行动取得了相当的成效，完成了掩护鸭绿江大桥的任务，对中朝联军的运输线也起到了一定的保障作用。虽说由于受飞行距离的限制，没能阻止住美国航空兵对朝鲜中部和东部地区机场和交通线的轰炸和袭击，但是在朝鲜西北部鸭绿江至清川江地区的上空，“米格-15 歼击机已成为美国飞行员越来越感到恐惧可怕的敌人”。

苏联空军参加朝鲜空战的一个原则是不能进入敌占区，以免飞机被击落，飞行员跳伞后落入敌军手中，从而暴露苏联参战的行动，造成苏美直接的冲突。这些限制，在心理上和作战技术的发挥方面都给苏联飞行员造成了障碍。在所下达的命令中，严禁任何飞机从苏联领土起飞投入作战；苏联飞机要消除一切自身的标志，有的伪装成中国飞机，有的则涂上朝鲜飞机的颜色；所有苏联飞行员都要穿上中国的军服，并写下保证书，宣誓决不泄露他们曾到过朝鲜作战；苏联飞行员还奉命在任何时候都不得在空中通话时使用俄语。最为重要的是，绝对不能有苏联飞行员被俘。因此，严格禁止苏联飞机在联合国军控制区和靠近前线地区的上空飞行，以及在黄海上空作战；严格禁止米格飞机跨越平壤-元山一线往南追踪敌机，也就是不得飞越北纬三十九度线，尽管一九五一年前线已经稳定在三八线。

由于同样的原因，苏联空军也不可能与中国地面部队协同作战。斯大林曾在一份电报中指责驻华军事总顾问克拉索夫斯基和别洛夫将军，说培训中国飞行员的工作进展太慢。斯大林指出，“中国军队不能在没有空军掩护下战斗。因此，应当尽快建立一个由八个中国空军歼击机师组成的集团军并将他们派往前线。现在这是你们最重要的任务”；同时要求“别洛夫的一个师可派往靠近中国东北边境的地方，两个师可放在北朝鲜后方，从而为中国歼击机师靠近前线腾出两个机场。这是绝对必要的。应当这样来进行安排，即中国人在前线只能靠自己的空军”。据第六十四集团军报告，在一九五一年四至五月最激烈的战斗中，中朝军队“由于没有航空兵支援，在敌人优势兵力的攻击下被迫撤退”，而为了避免遭受敌军的空中打击，反攻“大多数是在夜间和恶劣天气条件下实施的”。

许多当年参加朝鲜空战的苏联军人

抗美援朝时中国各地民众捐款购买的战机

后来回忆说，“他们的空军与中朝的地面部队没有任何合作”，甚至也没有通过军事顾问进行过这种合作。由于缺乏联系，竟然发生过北朝鲜高射炮向苏联飞机开火，以及苏联飞行员击落中国飞机的事件。苏联空军在作战中没有出动过配合地面部队作战所必需的轰炸机，而且也没有准备这样做。继别洛夫将军任第六十四歼击航空军指挥官的洛博夫后来在接受采访时承认：“我们没有轰炸机。我们不曾有过一架轰炸机对美国军舰进行过轰炸”，因为“那不是我们的任务”。甚至在军中的苏联顾问也于战斗前回国了。

不过应当指出，由于受飞行距离和飞行技术的限制，中朝联合空军也很少在前线作战，他们只是在天气好的情况下才配合步兵作战，而“在恶劣天气下，不实施战斗行动”。直到一九五二年底，在志愿军空军七百多名飞行员中，只有二十八人掌握了夜间简单气象条件下的作战技能。因此，一九五一年十二月，中央军委根据实际情况，对志愿军空军的任务也不再强调直接支援地面部队作战，而是改变为夺取并保持清川江以北地区的局部制空权，有重点地保卫重要交通运输线、军事目标和工业目标，间接配合和支援地面部队作战。

直到冷战结束后，人们才知道，当时美国领导人与莫斯科有着同样的顾虑，他们需要和苏联人共同保守苏联空军参战的秘密。实际上，美国空军很早就知道他们真正的空中对手既不是朝鲜人，也不是中国人，因为美国飞行员不仅在空中看到了欧洲人的面孔，而且在无线电通话中听到了俄语。这一情况上报以后，美国决策机构认为对此必须保持沉默并封锁消息，以免刺激舆论迫使政府采取报复行动，从而导致战争升级。当时美国的决策机构曾经进行辩论，是不是应该将俄国人参战的消息公布于众，美国国务院政策计划司司长保罗·尼采起草了一份文件，建议保守秘密，给这个事作出了结论。尼采对后来的访问者说："如果我们公布真相，公众将要求我们对此采取相应的行动。最终，我们可以做的事情只能是扩大战争，卷入与苏联更加严重的冲突。"艾森豪威尔政府也一直将这一消息"束之高阁"，因为如果"泄露出去，将形成与俄国开战的巨大压力"。正是华盛顿与莫斯科的这种默契，使苏联空军参加朝鲜战争的历史真相沉寂了四十年。

抗美援朝期间志愿军战士用轻机枪射击敌机

补白

胡适等人没实现的计划

"五四"运动爆发后，蒋梦麟与胡适曾有个谋划，他们想采用釜底抽薪的办法，把北京大学这个新文化运动的中心迁到南方去。当时他们对北大的状况很悲观，因为北大的一些爱国学生被北洋政府逮捕，校长蔡元培也被迫出走，他们认为在北洋军阀的枪杆子底下，北大在新文化运动方面不可能再有什么作为，想把北大新派人士弄到南京去，让北大成为一个旧派的中心。他们曾发动北大师生有愿去者签名，傅斯年、罗家伦都签了名。后来蔡元培回到了北大，反对这种做法，继续举起新文化运动的旗帜，还允许北大师生讲授、研究、传播马克思主义，这反映了蔡元培伟大的文化情怀。

谁在庐山会议上支持彭德怀

◎梁兴民　王　焯

在一九五九年的庐山会议上，彭德怀一封写给毛泽东反映实际情况的信，引起毛泽东的勃然大怒，他立即把会议的基调转变为对彭德怀的批判。当初还为彭德怀的信叫好的人，纷纷改变口径，批判起彭德怀。在这个会议上，中央的一些高层领导是如何表态的呢？《党史纵横》对此作了介绍——

在共和国第一批开国元帅中，彭德怀的政治生涯是最短暂的：只做了九年多的国防部长；元帅中他第一个受到批判和迫害。对彭德怀的大规模批判和攻击，就从庐山会议开始。

一九五九年七月二日，中共中央召开了著名的庐山会议。七月十四日，彭德怀给毛泽东写了那封后来决定了他后半生命运的信。

彭德怀的这封信竟然“一石激起千层浪”。庐山会议的议题本来是纠“左”的，由于这封信，毛泽东立即将会议的方向扭转过来，改为批“右”。

七月二十三日，毛泽东发表个人讲话，认为彭德怀的信“是一个右倾机会主义的纲领”，“是有计划的、有组织的、有目的的”。因此，对彭德怀这封信的讨论便变成了对彭德怀的批判，而且调子越来越高，以致无中生有地出现了一个“军事俱乐部”。之后，毛泽东又召开了“八月一日常委会”，将彭德怀历史上的一些问题重新提出来讨论。这样，庐山会议实际上便成为批判以彭德怀为首的“右倾机会主义”的大会了。

八月十八日，中央军委在北京召开扩大会议，这是为贯彻庐山会议，在军队系统最大限度地肃清彭德怀的影响而召开的。出乎意料的是，在分组揭发批判中，很多人不发言，或者发言了也很少涉及彭德怀问题。只限于“浅表性”表态。

八月二十日，柯庆施、陈伯达分别给毛泽东、刘少奇打电话，说“会议开得糟透了”，“彭德怀表面作检讨，暗地里在煽动军队向党进攻”。

康生还跑到毛泽东的书房，请求毛泽东亲自出面扭转局势，要将军委扩大会议再延长，更扩大。当晚，毛泽东召来刘少奇、周恩来、林彪等人，商量会议进程。当晚决定将会议延长到九月十二日，人数由原来的一百四十人增加到一千零六十一人，另增五十名有关人员列席会议。接替彭德怀国防部长职务的林彪主持这次军委扩大会议，一次又一次把会场上的斗争引向白热化。

1967年，北京两所高校的红卫兵，举行了十万人参加的批判会，批判彭德怀(前左一)。张闻天也被拉上台，作为陪斗。会后彭德怀被打瘫在地

总参谋部和军委办公厅是一个小组，被当做批彭的重点。小组组长是中共中央候补委员、总参装备计划部部长万毅。这个小组两三天都没人发言。这时主持会议的万毅笑了笑：“既然大会一再要我们揭发批判，我们倒不如认真把彭德怀的‘意见书’学习学习，讨论讨论，看看他的意见有没有错误，存在不存在‘右派’‘反党’问题。党的政策是有错必纠。知错就改嘛！希望大家实事求是,有什么说什么。”万毅的这番“诱导”，一下子把大家的话匣子打开了。他们列举了许多事例，说明彭德怀的“意见书”是有理有据的。万毅于是郑重地宣布：“看来大家都没有什么可批的，一致通过，我作为本组组长，代表大家的意见。确定小组解散，大家各自分头学习。”

万毅后来作为“彭德怀的狗腿子”被看管了起来。

接下去的批判会，变成了表态会。刘少奇、周恩来等领导人和几位元帅，也都先后到会，作了表态性发言。

刘少奇在讲话中比喻说:“飞机从北京飞往南京，它的航线总不会是笔直的，总是忽左忽右，有上有下。但要看到它的大方向不变，总是要飞到南京去的。大运动嘛，难免出现一些问题，只要是动机好，效果对，就不应该把它搞得那么严重；只要大方向对头，就不要过多强调它采取什么方法。我们忽视了这一条。”这段话，当然是巧妙的折中主义：既肯定了“三面红旗”“方向对头”，又暗中偏袒了彭德怀。这段话到“文革”时期成了指控刘少奇“反党”的一条罪状。

但刘少奇在讲了上面这段话之后，对彭德怀的批判也是很苛刻的，所依据的“事实”也与毛泽东一致，这就是：第一，彭德怀曾参加过高饶反党联盟；第二，彭德怀组织了“军事俱乐部”；第三，彭德怀“里通外国”；第四，彭德怀在庐山“急于发难”。

彭德怀听了，气愤地将铅笔一摔，闭上眼睛。

周恩来的讲话很沉重。他除了批评彭德怀等人在庐山的表现是欠妥的，不慎重之外，主要讲了自己的责任，“没有将工作做好，致使彭德怀同志过问此事，酿成今日的错误”。但周恩来没有想到，他的这番话很快传到了毛泽东耳朵里，毛泽东笑了笑说:“他历来如此，和稀泥。”迫于形势，中国人民解放军的缔造者之一，总司令朱德不得不在会上作了检讨。这个检讨被印发县、团级以上党的组织。

陈云是唯一没有在会上表态的人。他从庐山会议到军委扩大会议，一直缄口沉默。他以无声表达着自己意念。

九月十三日，会议的最后一天。约八点钟，当与会者来到会场的时候只见毛泽东早已坐在主席台上了。毛泽东说:“我还没有吃早饭，如果你们不反对的话，我就在这儿吃点东西。”很快，一位服务员端上来半碗稀粥、三块馒头干和一小碟炒辣椒。

毛泽东拿起馒头干，夹上辣椒，一边吃，一边讲:“我这个人专爱吃辣子，可有的人不喜欢吃。人各有志，不必强求嘛。我劝你们几位(指彭、黄、张、周)应该学会吃‘辣子’了，不然怎么知道‘辣椒’是辣的呢?”“噢！闻天同志，我可没有想到你也参加‘军事俱乐部’了。这下可好，你们搞的是文武合璧嘛！文是张闻天、周小舟，武是彭德怀、黄克诚嘛！听说你们还想把胡乔木、田家英、吴冷西几位同志也拉过去，这可不行。你们别想着搞阴谋，把我的秀才拿走……”

会议最后通过了一项决议，决定将中共八届八中全会和军委扩大会精神传达到全军，迅速掀起批判彭德怀、黄克诚的“资产阶级军事路线”和“右倾机会主义”的高潮；号召全军为保卫党的总路线，反对右倾主义而斗争。

揭开秦城监狱的面纱

◎张建魁

位于北京郊区的秦城监狱

提起秦城监狱，人们似乎就有一种神秘的感觉。很少见到介绍这座监狱的文字，可是这座监狱又与中国的历史紧紧联系在一起。这儿关押过国民党战犯；“文革”中许多无辜的革命干部也曾被囚禁在这儿；一些林彪和“四人帮”的主犯，在这儿度过了余生；如今，成了一些贪腐高官的最后归宿地……

秦城监狱被称为“中国第一监狱”。由于它的“硬件”和“软件”都与众不同，外界称之为“最神秘的监狱”。现根据《环球人物》、《世纪》等报刊的文章，为读者揭开这座神秘监狱的面纱之一角。

沿着一条旧公路一直开到燕山脚下。路的尽头，出现一座高大的暗红色牌坊式大门，四周是高约五米的灰色围墙。墙顶上装有探头。大门上没有招牌，但有一名戴着洁白口罩的武警站岗。这里就是位于小汤山镇附近的秦城监狱。

监狱门禁森严，有三道“岗”——最外面是几个铁路障，再往里有一道电动不锈钢伸缩门，然后才是大门。大门是两扇紧闭的铁栅栏门，足有三米高，旁边还有侧门。大门里面不远处，有一排房屋，挡住了外人的视线。

执勤的武警不让外人在门前逗留，马路对面有两个居民村：右边是秦城村，左边是象房村。

象房村村主任王占仁说，秦城村和象房村在一九六〇年之前是一个村，叫秦城象房村。王占仁曾听老人们说，他们这里原来是一座兵营，四面修有高高的城墙。这座兵营或许是秦朝时留下来的，所以叫秦城。兵营废了之后，百姓住了进来，并在这里养过大象，于是就叫秦城象房村。如今的秦城监狱也因此而得名。村后的大片土地，一直是隶属于公安部的劳改农场。

秦城监狱是我国目前唯一一座隶属于公安部管辖的监狱。监狱建于一九五八年，是苏联援建的。上世纪五十年代，中苏订立的援助项目共有一百五十七个，其中之一便是秦城监狱。但因秦城监狱属保密工程，对外不公开，所以外人一般并不知道。

秦城监狱由苏联专家设计。最初，监狱共建有四幢白色楼房，排号为甲、乙、丙、丁，都带有审讯室。楼房一律三层，砖墙，坡顶。每幢楼房单独成一个院落，楼前有一大片空地，是供犯人放风用的。“文革”期间，高级“囚犯”陡然增多。一九六七年，秦城监狱又增加了六栋楼房和六个院子。六座新监舍的排号顺序为戊、己、庚、辛、壬、癸。

按照关押对象的不同，秦城监狱五十多年的历史可以分成四个阶段：第一阶段，上世纪五六十年代，关押的主要对象是满清要员、日本战俘和国民党战犯，军衔至少在少将以上；第二阶段，“文革”时期，关押的主要对象是高级右派和所谓的“反革命头目”；第三阶段，上世纪七八十年代，关押的主要对象是林彪和“四人帮”两个集团的成员；第四阶段，上世纪九十年代以来，关押的主要对象是省部级腐败官员。

外人虽进不了监狱，但有机会见到秦城监狱里的犯人。一个机会就是当犯人们到农场劳动时。秦城监狱的旁边，是大片劳改农场。服刑人员在军人押解下到农场里劳动。村民们可以远远地看到他们，但不许打招呼。另一个机会就是当服刑人员刑满获释时。在监狱的大门口，有时可以看到一些车和人聚集在那里接出狱的人。大多数刑满释放人员比较低调，通常选择悄悄地离开。

秦城监狱近在咫尺，但对村民们来说，“高墙里的那些人和事仍然是很神秘的”。

相关链接

贪腐高官的服刑地

◎章 功

关押和改造贪腐高官,成为新时期秦城监狱的主要职责。

在我国,对普通犯人执行刑罚,无论其被判处有期徒刑、无期徒刑,还是死缓,一般是就近执行,即在哪里判决,就在哪里执行。而对于省部级贪腐官员(含副省部级),不论他(她)在哪里被判决,大多会被集中到秦城监狱来服刑。

谁是改革开放后第一位被送进秦城监狱的贪腐高官,外界无从考证。但统计资料显示,近十年来被查处的副省(部)级以上高官超过一百人。其中,除八人被执行死刑外,被判死缓的占百分之十一,无期徒刑者占百分之八,有期徒刑十年以上者占百分之二十一,有期徒刑十年及十年以下者占百分之十五。他们当中,绝大部分人被关押在秦城监狱,或在此服过刑。如原中共中央政治局委员、上海市委书记陈良宇,原国土资源部部长田凤山,原云南省委副书记、省长李嘉廷,原贵州省委书记刘方仁,原公安部副部长李纪周,原国家统计局局长邱晓华,原建行董事长张恩照,原北京市副市长刘志华,等等。

在秦城监狱,特殊囚犯的生活待遇,会比在普通监狱优越。

据近年走进或接触过秦城监狱的有关人士描述,秦城监狱关押高官的牢房除了面积较大,有的还配有写字台、卫生间、坐式马桶和洗衣机。据披露,一些在押官员除了"可看书读报",每天还有一段时间可看电视,一般集中在晚上七点到九点。某些身体欠佳的特殊囚犯,饮食可一日四餐,用餐标准和费用由国家规定和支付,家属亦可私下打理。如衣服、日用品等基本生活用品可由家人提供。监狱虽有统一囚服,但这里的囚犯一般可不用穿。

除了贪官,近些年秦城监狱还关进一些其他的"特殊"罪犯,如危害国家安全罪犯、外籍犯、知密犯、国际间谍等。

正是秦城监狱的特殊,使贪腐高官们一旦进入高墙内,他们的信息也就进入不透明阶段,其服刑情况和生活情况,公众都无从得知,只有一些零星的报道见诸报端。

陈希同是"四人帮"之后被监禁的最高级别的官员之一。他曾历任北京市长、中共北京市委书记、国务委员和中央政治局委员，被判处有期徒刑十六年。

陈希同案当年曾轰动一时，但此后不久就淡出公众视野。

陈希同在一九九五年引咎辞职时，曾被“双规”居住在北戴河，后转往内蒙古呼和浩特监狱，再转至北京良乡，正式宣判后被送入秦城监狱服刑。陈希同的刑期是从被逮捕之日起计算的。按原刑期需要到二○一四年二月才能获释。

在监狱里，有时候因为自己的要求被看管人员拒绝，陈希同会大吼大叫，称自己是“北京的大贪污犯老陈”。

二○○四年，陈希同曾因健康问题，被紧急送往北京复兴医院。这次突然发病后，陈希同向相关部门领导写信，以“心跳异常、心血管供血不足等老年疾病”为由，要求“保外就医”。后经协调，自二○○六年八月下旬起，陈希同获得有条件的保外就医。

二○○七年六月，有关人士透露，陈希同曾与人在北京某高级饭店共进午餐。

据该人士描述，当时陈希同气色看上去还好，头发有些花白，走路需要人扶。在座者不敢问及他在监狱里的情况，但陈希同自己谈到了一些：监狱的条件也没有什么不好的，能单独做些事情；二十四小时受监控，但后来慢慢习惯了；还可下棋、打网球。这是他多年的习惯，监狱会派小战士陪着打。

保外就医期间，陈希同主要住在北京郊区的一个小四合院里，经过批准可以见到一些老朋友。从二○○八年开始，陈希同病情趋重，就不再见外人了，主要在家养病，有时会到医院就治。但据说，陈希同在住院单上用的是化名。

自二○○九年四月中旬开始，七十九岁的陈希同，在住进北京医院高干病房救治后，院方已多次发出病危通知。陈希同已是直肠癌晚期，还有并发的心脏病，基本只能依靠药物维持生命。

关押在秦城监狱的陈希同(左)、陈良宇(右)

在秦城监狱里，目前还关押着一个与陈希同同样级别的人。他就是原中共中央政治局委员、中共上海市委书记陈良宇。

二〇〇八年四月十一日，陈良宇被天津市第二中级人民法院判处有期徒刑十八年，没收个人财产人民币三十万元。

陈良宇在秦城监狱的编号为“零七零二”，零七即年份，零二即当年移交至秦城监狱的重要嫌犯编号。对于高官等重要罪犯，秦城监狱实际上承担了看守所和监狱的双重职能。

陈良宇是被关押在一个接近二十平方米的套间里。这是秦城监狱重要犯人的单间监室，内有单独的洗手间、坐式马桶等。牢门是铁皮包着的木门，门上方及厕所都有“窥孔”，供哨兵二十四小时监视之用。

陈良宇的房内设施只有一张距地面约一尺高的矮床，需要写材料时，看守会送进一张小学生用的单人课桌供临时使用。没有凳子，床铺就是他平日坐的地方。墙壁也经过特殊处理，以防止其自杀。

值得一提的是，像陈良宇这样的重要犯人，所住的监室基本都在第一层，室内所有永久性设施都被去掉棱角，打磨成圆形。

陈良宇的监室设有三道岗哨，有一个独立分队负责贴身看守他。除了没有自由，他可以看报纸，看内容受限的电视，还可读书、写材料。

服刑期间，陈良宇可以不着囚服。他多数时间还是穿西装，但不打领带。他平时可在有规律的生活中打发时间。比如，在每天九点到十点的单独放风时间，陈良宇一般会从监室门口开始打太极拳，打到放风地的门口再回去，或者散步。但他到哪儿，两名看守就跟到哪儿。

据陈良宇的辩护律师透露，他曾于二〇〇九年上半年随其家属探视过陈良宇。他说，六十三岁的陈良宇现在两鬓斑白，但精神状态比被“双规”时要好很多。

“四人帮”在秦城监狱

◎崔瑾月

“文革”的结束，那些被错打成右派和“反革命”的“囚犯”一个个出了监狱，监狱里那些由“四人帮”控制的“造反派”们，也一夜间消失得无影无踪。

随即，又一批重要嫌犯被送进秦城监狱——“四人帮”反革命集团的主犯。另外，秦城监狱里还有此前被关进来的林彪反革命集团的主犯。

一九八〇年三月底，时任浙江省委副书记、省人大常委会副主任的王芳接到公安部的一封密电，要他去参加公安部预审“四人帮”的工作。由于案件特殊，中央决定预审组住进秦城监狱，就在监狱内审。

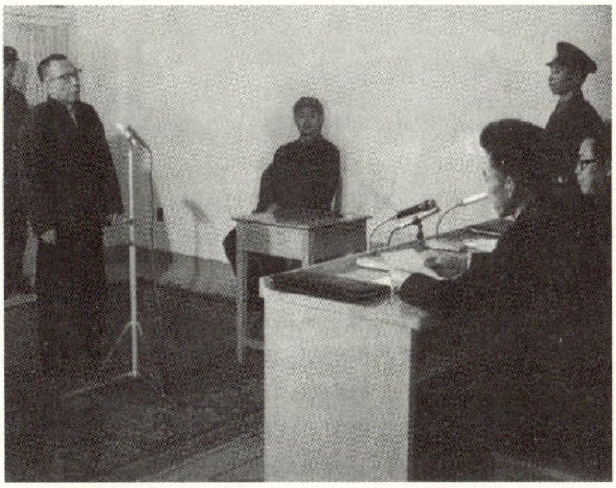

1980年1月，特别法庭在秦城监狱向张春桥告知有关事项

一个月后，王芳来到秦城监狱。据他在后来出版的回忆录中记述，当时除了中央高层领导之外，全体预审人员都住进了监舍，每人一间。他们在监狱的大伙房用餐，开始了与犯人同吃同住的办案生活。

预审组对在押的“文革”干将毛远新、王力、关锋、戚本禹、迟群、谢静宜、金祖敏等七名嫌犯，同时展开了侦查预审。因为人手不够，公安部又从北京、上海等十三个省、市、自治区的公安政法机关，分两批抽调人员，充实预审干部，总数达到一百七十人。

张春桥是“两案”主犯中最难对付的人。王芳回忆说，一九八〇年六月，预审组开始提审张春桥。在宣布完中央责令由公安部依法审理他的决定后，张春桥有气无力地说：“我不是反革命。”停一下又说：“你讲的我都不接受，我没有违反你这个法。”此后，他便一声不响。要他在预审笔录上签字，他也不签。

到九月预审结束时，张春桥一共被提审十一次，但他始终“牙关紧闭”。针对他以沉默对抗预审的态度，预审组采取了揭露性的预审方法，揭露其所犯下的罪行和玩弄的阴谋手段，完整地记入预审笔录，构成法律文书。

与张春桥相反，江青在谈话或预审中，总是喋喋不休。王洪文、姚文元、陈伯达等人，虽能交代问题，但往往是避重就轻，竭力推脱罪责。姚文元常常只认错不认罪。

江青应该算是关押在秦城监狱里最著名的女犯了。

为了看管“两案”的要犯，秦城监狱专门成立了共和国第一支“武装警察干部大队”，从全国十三个省抽调了三百多人。其中由二十二个女兵组成的独立分队，专门负责对二〇三监区“七六零四”号犯人的看管、提审、押送工作(秦城监狱原来不设女看守)。“七六零四”就是江青在秦城监狱的编号。

原河南省武警总队的李红，是当年看守过江青的女兵之一。多年以后，她在接受媒体采访时回忆说，第一次见到江青，“这位已经六十四岁的女犯，身材姣好，腰板笔挺，高傲冷峻。”

在秦城监狱接受预审的日子里，江青

的生活很有规律。每天上午九点到十点放风时，她常常打太极拳。因为特别安排，“两案”要犯们的放风时间都不会重叠。江青不但见不到其他主犯，甚至还不知道有些人已经和她一样被关进了秦城监狱。

监狱中的江青喜怒无常。心情好时，她会在屋子里唱京戏，边唱边表演；生气时则会与看守发生直接冲突。李红仍清晰记得，有一天中午，开饭时间，江青开始使劲儿敲门，并冲李红叫喊：“饭送晚了，是凉的。”她不依不饶地抱怨：“主席尸骨未寒，你们把他唯一的亲人关起来（指毛远新），这是对主席的不恭……把主席夫人关起来，不把我当人看，我有什么错？”

李红回忆说，当时江青已经闹了近一个小时，听到她说这句话，李红也急了：“你是主席的第几夫人？第一夫人是杨开慧！”

江青大怒，骂李红：“你个小瘪三！”李红当即回敬了一句。江青扑上前，将一口唾沫吐在李红的脸上。

一九八一年一月二十五日，江青被特别法庭判处“死刑，缓期两年执行”，一九八三年一月二十五日，改判为“无期徒刑”。

一九八四年，江青患病，经检查，被诊断为喉癌。经公安部批准，她搬出原来的牢房，住进了紧靠监狱的一幢楼房。

秦城监狱有专门的医务室。平时，保健医生和护士负责治疗犯人的一般疾病，定期检查“高级犯人”的身体。在离监狱大楼不远的地方，还设有一个小小的牙医诊所。如果犯人遇到大病、疑难病，或需要动手术时，监狱就会把犯人送到指定医院——复兴医院。坐落在北京复兴门外大街上的复兴医院，当时是公安部的定点医院，也是秦城监狱犯人的专用医院。可以说，复兴医院的监狱病房是秦城监狱的延伸，同样设有铁门、铁窗，有看守，有监规，也实行放风制度。

在秦城监狱服刑期间，林彪集团和“四人帮”集团的要犯们，除了没有外出等自由，其狱中生活还算是“舒坦”的。

上世纪八十年代初，林彪集团的干将邱会作获准保外就医，随老伴胡敏回到了她的老家陕西。离开秦城监狱时，邱会作对监管人员说：“对今后的生活没别的要求，但愿有暖气、洗浴等设施，希望治病方便。”但到陕西后，他发现缺的正是这三样。邱会作对送他的秦城监狱监管人员说：“你们带我回秦城监狱吧。”这样的要求，令当时的监管人员哭笑不得。

一九八七年，江青在秦城监狱关押了十年后获保外就医。一九九一年五月十四日凌晨，不堪病痛折磨的她，悄悄地为自己梳洗了一番，然后穿上一身干净的衣服，自缢身亡。一九八六年，王洪文也获准保外就医，一九九二年八月三日，他在北京病亡。二〇〇一年，被判有期徒刑二十年的姚文元到期释放，回到上海家中，第二年去世。“四人帮”中，只有张春桥没有出狱，于二〇〇五年四月二十一日病死在秦城监狱。

李政道与杨振宁恩怨始末

◎季 承

一九五七年，杨振宁和李政道并肩走入瑞典皇宫，代表华人第一次领取了诺贝尔物理学奖。之前他俩的合作长达十余年，发表过数十篇颇有影响的物理学论文。没有想到，五年之后他们两人决绝分手。

两个最亲密的合作者，竟冷眼相向，视如陌人。究竟是什么原因使两人分手的呢？这是全球物理学界的一段公案，过去虽有种种说法，但大都语焉不详。最近由国际文化出版公司出版的《诺贝尔奖中华风云——李政道传》对此作了较详细的介绍，现摘录如下——

上世纪四十年代，李政道正在西南联大读二年级。抗战胜利后，蒋介石觉得原子弹很重要，也要造原子弹。他找到西南联大的物理教授吴大猷、化学教授曾昭伦和数学教授华罗庚，对他们说，给你们十万美元，一个大礼堂作为工作场所，请你们造原子弹。

吴大猷他们说，造原子弹要先培养人才，建议选拔一些人去美国学习。蒋介石接受了他们的建议。于是，三位教授在理、化、数三个领域里各选了两位年轻学者组成军政部科技考察组一起前往美国。

最终，肩负特殊使命的李政道等人乘坐“将军号”轮

年轻时在一起合作的李政道和杨振宁

船前往美国。由于美国并不开放原子弹制造技术，考察小组只能解散。据指示，他们可以用领取到的经费在美国深造。于是李政道就去芝加哥大学师从费米学起了理论物理。

那时杨振宁已在芝加哥大学当助教，他接到吴大猷的通知，给李政道他们在大学国际公寓预定了房间。杨振宁也是西南联大校友，但比李政道高两个年级。这是李杨的初次谋面。

同在一所学校，交往自然开始。两人开始联名发表论文，在生活上也成了亲密的朋友。

博士毕业后，一九五〇年，李政道到加州伯克利分校工作，担任物理系助教。当时，朝鲜战争爆发。加州地方反华气焰嚣张，因而李政道在加州并不愉快。

此前，一九四九年秋，杨振宁来到了普林斯顿高等研究院做访问学者。他知道李政道在加州的情况，于是两人商量，李政道也来普林斯顿，可以一起作研究。杨振宁去找了院长奥本海默（美国“原子弹之父”），请他给李政道发出邀请信。于是，一九五一年九月，李政道偕夫人来到普林斯顿高等研究院。

一九五一年秋，他们写了两篇统计力学论文，首次给出了不同热力学函数的严格定义。在此基础上他们发现不同的热力学函数在有相变的情况下是不可解析延拓的——这个发现揭开了统计力学研究新的一页。

两位年轻中国学者的论文引起了物理学家爱因斯坦的重视。一九五二年的一天，两人受邀与爱因斯坦见面。谈话时间很长，爱因斯坦问得很多，很细。最后，他站起来同两人握手，恳切地对他们说：“祝你们未来在物理上成功。”

杨振宁对这次和爱因斯坦会见的内容，几乎回忆不出什么，更有意思的是，杨振宁竟连李政道是否和他一起去见了爱因斯坦，也记不起来了。只是后来，他才确认李政道的确是和他一起去的。

两位年轻人在普林斯顿的合作及其卓越成果，以及他们个人和两个家庭之间的亲密关系，一时传为佳话。

奥本海默曾说，李政道和杨振宁坐在普林斯顿高等研究院草地上讨论问题，是一道令人赏心悦目的景致。

李政道在普林斯顿工作，既有成就又很愉快。此时纠纷却发生了，由头是他们合写的两篇论文的署名次序问题。

这两篇论文中，第一篇署名是杨振宁和李政道，第二篇署名是李政道和杨振宁。

在第一篇论文写完以后，按惯例合作

者的署名应按合作者姓氏第一个英文字母的顺序来排列，应该是“李政道和杨振宁”。但是，杨振宁提出，如果李政道不介意的话，他希望把他的名字放在前面。因为他比李政道大四岁。李政道面对这一要求很吃惊，很窘迫，但最后还是勉强同意了。

在第二篇论文署名时，李政道觉得杨振宁的要求不合理，不能再那样署名，于是说服杨振宁按国际惯例改了过来。

署名问题给两人带来裂隙，李政道决定不再和杨振宁合作。之后，虽然他在普林斯顿又工作了一年半时间，但是他们没有再合著论文。李政道决定离开普林斯顿，去哥伦比亚大学担任助理教授。三年后，一九五六年，他二十九岁时，成为哥伦比亚大学有史以来最年轻的教授。

李政道离开普林斯顿高等研究院，本来就是想和杨振宁拉开距离。到了一九五五年，由于李政道对杨振宁所提出的“杨-米尔斯规范场方程”向杨提出质疑，却使两人恢复了合作。这件事也掀开了他们物理生涯中富有浪漫和神奇色彩的一页。他们共获诺贝尔奖的合作成果，就是产生在这个时期。

宇称不守恒的发现，被誉为二十世纪物理学中的革命。这一发现是由李政道先找到突破口的：一九五六年大约是四月底和五月初的一天上午，杨振宁开车从长岛来纽约哥伦比亚大学看李政道，在李政道的办公室里进行了讨论。李政道把最近的工作以及宇称不守恒的突破性的想法，斯坦博格按照他的建议所分析的实验结果，统统告诉了杨振宁。

杨振宁激烈地反对李政道所说的一切。但经过反复的讨论，他逐渐被说服，并表示愿意与李合作。他还提出了一个很重要的建议，就是劝李不要急忙发表上述那篇论文。他说，这是一个非常热门的突破，应该用最快的速度，将整个弱作用领域一下子都占领下来。这样更加完整，有更大的意义。

李政道觉得十分有道理，同时觉得如有杨振宁的参加，会使整个事情做得更好。

一个月后，他们完成了对这些过程的分析，写出了论文。这篇论文是由李政道执笔，署名也是李政道在前。这就是轰动一时后来获得一九五七年诺贝尔奖的那篇论文。

一九五七年十月，瑞典皇家科学院宣布，把当年的物理奖授予李政道和杨振宁。

十一月，李政道要为去斯德哥尔摩领奖做准备。他们都要写发言稿和讲演稿。那时，在诺贝尔奖委员会通知以及所有媒体的报道中，两人名字的次序都与获奖论文的署名一样，李政道在先，杨振宁在后。

没有想到，当他们到了斯德哥尔摩，杨振宁忽然提出，授奖时他希望能按年龄顺序在李政道之前受奖，而他夫人杜致礼则想在出席晚宴时让国王作陪，也就是说，在进入晚宴会场时她要走在最前面，杨振宁次之排在第二名，由皇后作陪。

李政道大为惊讶，不同意这么做。但是，杨振宁又去求李政道夫人秦惠箬。秦惠

李政道像

箐对李政道说,假如为这件事闹出笑话,让外国人看不起,太丢脸。这样李才勉强地同意。

于是,李政道向诺贝尔奖委员会提出了改变领奖次序等请求。委员会尊重李政道的请求,做出了改变。细心的读者可以从电影纪录片中看到,当年的确是杨振宁第一个走出来领奖的,而晚宴上是杜致礼挽着瑞典国王的手臂第一个出现,杨振宁挽着王后的手臂跟随在国王之后。秦惠箐则是挽着首相的手臂,李政道只好由国王的孙女陪伴,影片里几乎看不到李政道和秦惠箐。

这是一个插曲,李政道虽心有不快,但很快被诺贝尔奖的荣耀冲淡。

之后一篇文章却让他们走向分裂:一九六二年五月十二日出版的美国《纽约客》杂志上刊登了伯恩斯坦写的《宇称问题侧记》,记述李杨合作发现宇称不守恒的故事。

当时,李政道已经回到普林斯顿高等研究院。四月他收到伯恩斯坦文章的校样,没作什么修改。可是杨振宁却提出了许多意见。他说,文章里有“某些令人痛苦的地方”,要和李政道讨论。

杨振宁提出,文章中的某些地方,他希望名字写在李政道之前,另外,他夫人杜致礼的名字也要放在秦惠箐之前,因为杜致礼年长一岁。第二天,杨振宁到李政道家里提出,凡是文章里提到“李和杨写了”的地方都要加一个注,说明是出于字母排序的习惯。

对杨振宁的这些要求,李政道觉得太无聊。当天晚上,杨又打来电话,说那些注或许可以不加,但文章里都要写成“杨和李”。

李政道感到失望,只好建议今后不再合作。杨振宁随即变得十分激动。开始哭起来,说他是非常愿意继续合作的。但李政道感到无可奈何。最后他们都同意暂停合作。

可是,当年六月,杨振宁又对其他两位科学家论文致谢辞中李杨姓氏的排名次序产生了新的担心。出乎李政道的意料之外,杨振宁在这个时候给他写了好几封信,表现得很不满意并且充满了敌意。

当年十一月。李政道向奥本海默递交了辞职书。奥本海默对此感到非常遗憾,他尖锐地说,李政道应该不要再做高能物理,而杨振宁应该去看看精神医生。

李杨不和的核心问题是,有关宇称不守恒的发现这一突破性的思想,在李政道和杨振宁之间,是由谁先提出来的。

李政道认为是他一个人独立地先提出来并且有实验的证实,随后杨才参加进来；而杨振宁则认为是他先有了这个想法，说服李之后，一同做出来的工作。争论的另一个方面，就是他们不和的内幕是谁首先向外界披露的。换句话说，就是谁首先挑起争论的。

自从一九六二年，李政道和杨振宁分手之后，他们对分手的内幕都守口如瓶。杨振宁还遵循中国古训“君子绝交不出恶声”的原则，表明自己不会对他们的分手说三道四。

但是，李杨不和以至分手，毕竟是世界物理学界关注的大事，对于造成这一不幸事实的原因和责任便逐渐流传起许多说法。所有这些议论和流言都在他们的心里刻下了深深的印记，都为今后爆发的论争埋下了隐患。

虽然在开始的时候，他们对此都没做出什么直接的反应，但是在心里对对方是否真正信守沉默的原则都有极高的警惕和怀疑。

有一天，杨振宁从他的朋友那里得到了信息，说李政道在好几个地方做《弱相互作用的历史》的演讲，里面隐约地暗示，宇称不守恒的思想是他一个人提出来的。

于是杨振宁便在他过六十岁生日时出版了《杨振宁论文选集》英文版，并在注释中首次公开了两人之间的争议。

李政道认为，杨振宁所指的《弱相互作用的历史》一文只不过是通俗的科学历史讲演，并没有言及他们之间的争论，以此为凭，就公开指责他是缺乏根据的。相反，李政道认为，无论如何，杨振宁的文章注释才是他公开他们争论的文字证据。

既然杨振宁已把他们的分歧用文字正式公开了出来，又承认曾向“直系亲属和两个最亲密的朋友”谈及此事，李政道就在一九八六年用英文写了两篇文章。一篇是《破缺的宇称》，另一篇是《往事回忆》作为回应。

李政道在文章里也把自己的看法公开了出来：宇称不守恒的突破性的思想是由他第一个独立地提出来的，杨振宁先是反对，随后被他说服。李政道于是欢迎杨振宁参加进来一起工作。在文章里，李政道还讲述了他们之间友谊破裂的情形，说明是由于扬振宁总是过于计较名次排列等事情，使他无法忍耐，才做出那样的

杨振宁在接受采访

决定。

李政道在这两篇文章发表之后，决心不再公开讨论此事，完全保持沉默。按照李政道的说法，由于这两篇文章都是用英文写的，又是在美国发表，所以全世界物理学界，尤其是使用英语的学者们对于他们之间的争论，实际上已有定论，只不过是心照不宣而已。他也希望他们的争论就此结束，他会永不开口，让历史去做最终裁判。

可是，事不遂人愿，一九八八年杨振宁在上海出版了中文版的《杨振宁文集》，把原先他以英文发表的一些他的论文注释，包括上面引用的他关于宇称不守恒的发现经过，都发表出来，直接面向中文读者。

二○○二年，台湾出版了《杨振宁传》，该书事前得到了杨振宁的直接推动，出版后又得到了杨振宁的赞赏。所以说，李政道认为这部传记是代表了杨振宁的观点。

李政道看来，传记里对他和杨振宁在物理研究上的合作以及对他个人人格的很多描述都与事实不相符合。在这种情形下，李政道不得不打破他保持了近二十年的沉默。于二○○三年四月三日接受了《科学时报》记者的采访。一时间，媒体和互联网上的评论顿时又铺天盖地，纷纷扬扬，莫衷一是。

为了使读者了解事情的全貌，李政道还请人编辑出版了一本《宇称不守恒发现之争论解谜》的书，里面收集了可以说全部有关资料。李政道的用意是很清楚的，他觉得这本书应该就是争论的结论和结束。

然而，不久之后，香港《明报》月刊又登载了杨振宁的妹妹杨振玉的一篇短文《一九七二年我父亲杨武之会见李政道之真相》，澄清李政道在答记者问里的叙述：

李说“杨武之先生很想和我见面”，事实是我父亲从未提出过想和李政道见面；李政道关于见面时他们紧紧握手，杨武之说杨振宁对不起你，请你原谅等情节，事实上没有那种事情。

李政道看到杨振玉的短文后，于二○○五年五月在《明报》月刊上以短文《真相乎》回答，对上述两点作了说明，文中附有中国科学院当时负责接待工作的负责人朱永行先生的书面材料，证明李政道所说都是事实。

可是事情并未就此结束。事过一年，二○○六年四月二十二日，美国物理学会在德克萨斯州的达拉斯举行庆祝宇称不守恒发现五十周年学术会议。更有意义的是，两位发现人李政道和杨振宁都参加了会议。

李政道开始报告前三四分钟，杨振宁和翁帆来到现场，在第一排坐下。李政道也坐在第一排。这时，能容纳几百人的报告厅里已经人满为患。

在会议的第一节中，李政道作了报告。可到第二节杨振宁作报告时，坐在台下的李政道却突然表达了他的反对。

杨振宁出示了一张幻灯片，是李政道一九五六年涂写的一张稿纸。这张稿纸在他们获得诺贝尔奖之后曾经刊登在《今日物理》一九五七年十二月号的封面上。杨振宁所示实际上只是该稿纸的一部分,上面全是李政道所写的数理式子。但所示部分没有 P(宇称)的内容。杨振宁的意思是用这张涂写稿纸证明,那时李政道的兴趣是在统计物理和多体物理上面,对宇称并没有兴趣。

李政道再一次在座位上说:“这是我的涂写,我的。与你无关。而你把上面本来有的内容都故意删掉了。”

杨振宁听后就接着出示了下一页,内容正是上面那个意思。于是不做说明便翻了过去。

会场里气氛紧张,鸦雀无声。杨振宁匆忙结束了报告。

对这戏剧性的一幕,李政道觉得实在是事出无奈,杨振宁讲的不符合事实,他不能不反驳。在李政道那张完整的涂写稿纸上,有好几处写有宇称不守恒的符号和字样,但杨振宁却只选了没有那些符号和字样的部分放映出来。这一连串的说法和做法激怒了李政道,使他顾不得礼貌,在座位上大声反驳。对这一点,李政道自然感到有失妥当,也颇有自责之意。

李杨之间的恩怨,其影响远远超出了个人范畴,延伸到了日后中国基础学科的发展。

一九七二年,杨振宁和李政道先后回国访问,深刻地影响了中国的科学事业。围绕着高能物理的发展,过去在中国素来就有不同的意见。但是,自从李杨这两位华裔诺贝尔奖得主自天外归来、陆续回国访问并介入其间,这一分歧就带有了浓厚的个人意气的色彩,成了李杨不和的易地之战。

例子很多:李政道主张建高能加速器,杨振宁反对;李政道主张重视基础科学,杨振宁力主搞应用科学;李政道创立特殊的考试办法帮助中国学子赴美留学,杨振宁就说是“丧权辱国”,等等。

杨振宁对中国高能物理发展没有提出任何具体建议,甚至主张冻结基础研究的经费,说这是全民族的利益,主张科学院要以发展性研究为主,从而“生产第一,生产第一,生产第一”。推而广之,似乎只要是李政道赞成的,杨振宁就反对。杨振宁的个人意气远远超出了高能物理领域,意气的来源完全在杨振宁。相反,李政道却没有表示出对杨振宁回国后所作所为的个人意气。人们看不到“只要杨振宁主张,李政道就反对”这种现象。

宋庆龄晚年的几笔钱

◎李家炽

宋庆龄作为孙中山的夫人，并又担任国家名誉主席，在常人的眼中，在经济上一定是很宽裕的，其实不然。在她的晚年，在经济上颇为拮据。曾负责宋庆龄生前后勤保障管理工作的李家炽先生，最近向人介绍了有关情况。现将发表在《百年潮》上的由他口述、黄玉抒整理的《我所经手的宋庆龄晚年的五笔钱》摘录如下：

长久以来，国家领导人的收入一直是人们关注的焦点。作为国家名誉主席的宋庆龄自然也不例外。比如宋庆龄每月的收入有多少，大约都有一些什么开支，是否还有额外的收入，留下了多少遗产等等。

新中国成立以后，宋庆龄于一九五四年九月当选为第一届全国人民代表大会常务委员会副委员长，一九五九年四月又当选为中华人民共和国副主席，她的收入来源主要是工资以及一些稿费。当时宋庆龄是国家行政一级工资，每月五百七十九元五角，同时，考虑到她的外事活动比较多，国家另外每月还给她三百元活动费。“文化大革命”期间，宋庆龄主动将每月的活动费退还给国家。在这期间，虽说宋庆龄的工资并不低，但是她每月的开销确实是很大的，有时还会出现赤字，偶尔周转不过来的时候，她还向身边的工作人员借过钱。宋庆龄的工资除了用于自己的日常生活费用外，她还长年承担着两个保姆的工资以及曾经在宋庆龄身边工作过的警卫员隋学芳的两个女儿的抚养费用。每当身边工作人员有困难，宋庆龄也常常掏钱帮助他们。另外，宋庆龄的朋友非常多，经常性的应酬也是一笔不小的开支，她从来都是坚持自掏腰包，甚至有时送给外国贵宾的礼物都是自己掏钱购买的。至于宋庆龄额外的稿费收入，大部分都捐献给了中国妇女和儿童的慈善事业。一九五一年四月，宋庆龄获得“加强国际和平”斯大林国际奖金，共十万卢布，她分文未留，将这笔奖金全部捐献给中国儿童和妇女的福利事业，后来就用这笔钱修建了中国福利会国际和平妇幼保健院。所以，宋庆龄并不富裕，而且还时常经济拮据。

在宋庆龄生命最后的几年里，我作为宋庆龄身边的管理工作人员，有机会经手了宋庆龄的几笔钱。

一九七八年十二月三十日，宋庆龄最后一次回到上海。因经济拮据，宋庆龄在上海家中整理物品的时候，委托我帮助出卖了家中的一些物品。由于宋庆龄一直以为她所要卖的东西都是好的，都是真品，价值昂贵。结果，当我找来旧货商店的人来对所卖的物品进行估价的时候，结果才值两千多元。当我把情况向宋庆龄汇报的时候，她颇为失望。宋庆龄的警卫秘书得知这一情况后，立即向国务院机关事务管理局反映了宋庆龄经济拮据的情况，组织上决定给宋庆龄生活补助费一万元。

宋庆龄确因需要用钱收下了这一万元钱。她回函说：“一万元我收了，因我的确需用钱。卖掉的机器皮货等，不过收到我所希望的百分之一！因此，我只好收了，因等用款子。”

宋庆龄逝世后，我在北京她家中整理物品的时候，看到了这笔尚未动用过的一万元现金。后来，按照执行宋庆龄遗嘱“八人小组”的会议精神，北京方面的钱归北京管理，上海方面的钱归上海管理的原则，这一万元钱就留存在北京宋庆龄故居。

晚年的宋庆龄

与此同时，中共上海市委在了解到宋庆龄经济拮据的情况后，及时向中共中央进行了反映。一九七九年二月，叶剑英给中共上海市委第一书记彭冲来信，决定从国家财政中拨款五万元人民币给宋庆龄。当时，彭冲叫我去他的办公室，当面交代我说，这五万元钱交给你去办理具体的手续。

随后，我带着叶剑英的信来到上海市财政局，找到了王眉征局长、余勤副局长。这时他们已经接到上级通知，他们在把钱给我的同时，要我写个收条。当时我不可能请宋庆龄来写收条，就以代领人的身份写了一张收条给他们，叶剑英的这封信也由市财政局留下存档了。

在上海市财政局办好手续后，我立即向宋庆龄进行了汇报。宋庆龄说："谢谢"，并表示她自己不管这笔钱，交由我来管理。她还特意交代："如果以后需要用钱，我会写信给你，你凭信将钱交给来人就行了。"

一直到宋庆龄去世，这笔钱也没有用完，大约总共才花了一万多元。宋庆龄逝世后，这笔余下的钱也是按照执行宋庆龄遗嘱"八人小组"的会议精神，转由上海宋庆龄故居纪念馆保管，并且再也没有动用过。

一九八一年五月宋庆龄病重。五月八日，国务院机关事务管理局副局长袁敬修打电话给杜述周，告诉他：中央决定给宋庆龄五万元补助费，宋庆龄在得知这一事情后，表示不接受中央给的五万元补助金。当时，就只好将这笔钱暂存在国务院机关事务管理局财务科。

五月十一日宋庆龄仍然拖着病体，出席了在人民大会堂举行的加拿大维多利亚大学授予她荣誉法学博士学位的受赠典礼，并发表了二十分钟的英语讲话，并没有使用事前准备的讲话录音。我当时也受邀出席了这一典礼。为了感谢在这次受赠典礼过程中医护人员的辛苦，宋庆龄又指示到友谊商店买了些扇子，她要了十把，都是自己付费，送给医护人员。

五月十四日晚，宋庆龄病危，情况危急。根据组织上的安排，让我去宋庆龄家。深夜十二点多钟，我就到宋庆龄家里去了，这一晚上我都没有好好休息。

十五日上午我在宋庆龄家里楼下小客厅休息。这时，中央派来的吴庆彤进来，他走到我身边，交给我五张万元的支票，说："这是中央给宋庆龄的慰问金。"我知道，按照宋庆龄的一贯做法，只有经过她的同意才能收下。但是，这时宋庆龄已经病危了，我就只好先代为收下这笔中央给宋庆龄的慰问金。

十八日上午，根据安排，我上楼去看望宋庆龄。当时宋庆龄的贴身保姆钟兴宝用嘴贴在宋庆龄的耳边轻声说道："首长，上海李局长专门来看望你了。"已经病危多日的宋庆龄这时竟然睁开了双眼，钟兴宝说："首长一个礼拜都没有睁开眼睛了，今天听到你来了，突然睁开眼睛了。"

我向宋庆龄轻声地问候，并向她汇报："中央派吴庆彤同志来看望你，并带来了五万元人民币慰问金。"她轻声说："谢谢。"也没有再说其他的话。这笔钱就一直由我保管着，我也不能给别人。其间，因为工作需要，我曾往来于北京和上海两次，都一直将这笔钱带在身上，我也无法交给别人。宋庆龄逝世后我就把这笔五万元钱的支票交还给了吴庆彤。

我斗胡耀邦

◎老　鬼

《血色黄昏》的作者老鬼，"文革"伊始，还是一个十六七岁的中学生，在"革命"的洪流中，曾参加过批判胡耀邦的大会，并担任押送人员，把胡耀邦喷气式地押上主席台。后来他把这段经历写在《血色黄昏》中。多年后，他对胡耀邦的人格和人品有了进一步的了解，于是托人将书转交胡耀邦。胡耀邦看了书，托人转告他：过去的事就不要再提了！《炎黄春秋》刊登了老鬼回忆这一事情的文章，现摘登如下——

日月如梭，耀邦一晃就离开我们二十年了。

我还记得大约是一九六四年，胡耀邦作为共青团第一书记在团第九次代表大会上做了一个《为我国青年革命化而斗争》的长篇报告。当时所有渴望进步、渴望入团的中学生们都曾反复阅读和学习这个报告。我也如此拼命的自我革命。那时候打心眼儿里以革命为荣，以革命为美。

我是学生，学习却不好。怎样证明自己革命呢？就特别渴望参军打仗。当"文化大革命"来临之际，觉得考验和表现自己革命的机会到了。在运动中紧跟"伟大领袖"，紧跟中央文革，紧跟《人民日报》，为当个红色打手、红色暴徒、红色造反者而积极努力。

一九六七年初，在动物园旁的北京展览馆剧场召开了一场首都中学生批斗"三胡"（胡耀邦、胡克实、胡启立）的大会。当时是首都中学红代会头头李冬民通知我们学校红卫兵的，要选派十来个人去担任押解黑帮上台的任务。因为我穿一身军装，比较健壮，因而荣幸当选。

记得耀邦是被一辆华沙牌小轿车送来的。他身穿一件黑呢子大衣，个子出奇的矮，大约要比我矮半个头。身体瘦小。下车后，他表情平静恬淡，挺着胸脯，在我们几个人的围簇下从旁门走进展览馆剧场后台。一路上他默默无语，就好像去上班一样从容不迫，镇定自若。

“三胡”他是为首的，要被第一个押到主席台前。我和另外一个红卫兵，各揪住他一侧后脖领，攥着他一条胳膊，把他喷气式状押到台前。随着他的出场，下面黑压压的中学生高呼口号。

到台上站定后，我们两个押送者就松开他的脖领和臂膀，让他自己独自站立。我们则站在他身后。耀邦默默地低着头，双腿站得笔直。我们看押者每隔二十分钟左右就换班休息，另外一批红卫兵上来接替我们看押。当时我们都是十六七的小伙子，站一会儿腿和腰都觉得累。耀邦他们三个“黑帮”却从始至终一直低头立正站着，其疲累程度可想而知。

来自各个中学的代表一个又一个上台，义正词严地发言批判“三胡”。由于北京市各中学的工作组成员很多来自团中央，所以北京中学生对团中央意见很大，憋了一肚子怨气，就把怒火撒到了“三胡”身上……

这次批斗会给我留下了终身难忘的印象。

二十年之后，一九八七年初，当听到耀邦辞职的消息时，心里非常非常难受。这时候，我对耀邦已经有些了解，有了新的更深刻的认识。

我知道，一九七九年贵州有个“启蒙社”最先在天安门广场东南角贴出了大字报，揭露极左政策，被当时的公安部门认为反动组织。耀邦却主张用教育的办法，温和地解决这个组织问题，受到公安部坚决反对。

我知道，他曾接见过“四五天安门事件”和西单民主墙下的活跃人物。这两位青年都被公安局挂了号，属危险分子。一般干部都不敢沾他们，高级干部就更躲得远远的了。在当时的中共政要中，耀邦是唯一接见过他们的中央一级领导。

我知道，他同情民众疾苦，积极大胆地为很多冤假错案平了反。比如江西赣州的李九莲问题、福建的地下党问题、河北的伊玛尼党冤案以及刘少奇、彭德怀等大冤案。当他向邓小平提出要给六十一个叛徒集团平反时，连老邓都没想到，有些惊讶地问：“这样的案子你也敢翻？”最可贵的是那六十一个叛徒集团之中还包括原西北局第一书记刘澜涛，当初曾把挂职到陕西省委主持工作的耀邦整得死去活来，被迫灰溜溜离开陕西。但当刘澜涛被打成叛徒后，耀邦却毫无芥蒂地花大力解救他于水火。

我知道，他待人宽厚，从不落井下石。老红军、原湖南省军区副司令员吴自立曾在上世纪四十年代的延安干部会上当众嘲讽他：“我参加革命那阵，你还穿开裆裤呢。”把耀邦骂个狗血淋头。后来吴被打成“彭德怀分子”，一九七二年七十多岁了还遭尽毒打关押，特地给毛主席写信，派儿子去送。儿子找到了耀邦。当时耀邦自己还没解放，却不怕犯“包庇彭德怀黑干将”

的错误，也不计较吴自立与自己私交不好，积极帮助转交信件，终于改善了吴的处境。

我知道，他对老战友的孩子有情有义，所有受苦受难的老战友子女他都热情相助，从不刁难摆谱不理。他家成了落难子弟的庇护所。本人前妻之父曾涤原是王震部下，“文革”中被中组部郭玉峰迫害致死，孩子全流落外地。其母为孩子的调动费尽心血，找过王震，得到的却是一堆官话，毫无用处。无奈之下又托人把材料转给耀邦，耀邦当即批示将曾涤小女儿从广州一八九医院调到了解放军艺术学院门诊部。

我知道，耀邦是个孝子，真诚善良，襟怀坦白，从不戴假面具，装模作样。听说父亲死后，他像个孩子一样在办公室里捶胸顿足，号啕大哭。新来的秘书推门进来，他什么寒暄话也没有，就是痛哭流涕，完全失态。令秘书大吃一惊，感到这个首长“不深沉”。

他曾经说过：害人之心不可有，防人之心也不可有，如此人际关系才能融洽。他自己就是这样的一个人，对人不设防，有时候那么单纯，一点不油，根本不像个政治家。这样的好人能成为中国共产党的一把手真是一个奇迹。他在中国当代历史上顶天立地。

一九八七年一月某天晚上，我从广播中得知耀邦辞职的消息。思绪起伏，心情抑郁，非常痛苦。再没心思玩摩托车了，当即就把摩托车卖掉，以至于被老婆臭骂一顿。

这年年底《血色黄昏》出版之后，我感觉应该送给已经下台的耀邦一本。让他知道，当年在批斗会上曾经押过他的人，现在对他充满敬意和内疚。

中央大官，我的书只送给了耀邦一个人。当时也并没奢望能得到什么回音。一九八九年春，工人出版社给我转来了一封来自广西的信，有位自称李洪欣的在信中写道：我岳父孙洪泉（广西自治区区委宣传部副部长）是耀邦同志的老部下。当耀邦在南宁的时候，我们多次到耀邦住处看望。闲聊时耀邦曾问我认不认识老鬼，我说不认识，但能找到他。耀邦说：请你转告老鬼，他给我的书收到了，向他表示感谢，过去的事就不要再提了。

真让我万万没有料到。

这是一九八九年春他逝世前所发生的事。每逢想到此，就无限的惆怅，无限的悲伤。耀邦多么平易近人啊，对我这样一个崇尚武力的打手，曾经押过他、撅过他的红卫兵造反派，本可以置之不理却不置之不理，还认认真真地托一个年轻人捎话。

耀邦的肉体生命虽然没有了，他的精神生命犹在。他自己曾说过：“我本来不是当总书记的材料，而是在特殊的时间、特殊的历史条件下被推上特殊的岗位。”

他永远不孤单，他的好评如潮，他的名字万古流芳。

王洪文闹离婚

◎王文正　口述　沈国凡　整理

由新华出版社出版的《共和国大审判》第二部《特别法庭内外纪实》，披露了当年审判"四人帮"的一些内情，以下内容便是此书提供的——

王洪文从上海到北京担任党的副主席之后，曾向妻子提出过离婚。

有人说，这是王洪文地位变了，看不起仍然还在工厂里做工的妻子了。

真是奇怪，"四人帮"中从上海进京的三个人中，竟然有两个都曾提出过要与妻子离婚。这个王洪文，对不起他的妻儿老小。

自从王洪文进京以后，为着个人的利益和权力，更加地与江青、张春桥、姚文元搞在一起，一个中国历史上特别具有时代特色的名词出现了——"四人帮"。

这时，王洪文加紧催促妻子同意与他离婚。他不但让自己的秘书去劝说，同时还让他在上海的余党去帮着做这件事情。

王洪文的老婆是一个非常朴实的工厂女工，当得知这件事情后在电话里对王洪文说："离婚可以，你当你的大官，我做我的工人，但是孩子得归我，否则就不同意离婚。"

王洪文见一向嘴紧的老婆终于答应了，感到很高兴。

王洪文说，过几天他的秘书廖祖康将回上海，到时将把孩子给她带回去，以后有什么事情，还可以找他的秘书帮助。

老婆告诉他说："我自己能劳动，能养活孩子们，不要你什么。"

王洪文没有想到老婆这次竟这么痛快地答应，而且除了孩子没有任何的附加条件，便开始准备离婚的事情。

这件事情很快就被当时主持中央工作的华国锋知道了，他对此非常生气，认为王洪文变质了，不像一个工人出身的副主席，倒有点像封建时代的官员，骂王洪文是一个"陈世美"。谁知事情却并没有向王洪文预想的方向发展,形势发生了令他意想不到的急剧变化,没过几天"四人帮"就被粉碎,王洪文一下子成了阶下囚。

在审判"四人帮"之前,党中央决定在这四条"腿"中先"断"其一条,使其失去"平衡"。由于王洪文资历最浅,又是靠"文革"中造反起家,因此决定先"断"王洪文这条"腿"。

在经过预审时的反复较量之后,王洪文在法庭上的态度明显好于其他三个人。

在对王洪文的最后一场法庭辩论中,公诉人发言结束,曾汉周审判长对王洪文宣布:"被告人王洪文,根据刑事诉讼法第一百一十八条规定,你可以行使辩护和最后陈述的权利。"

王洪文作为上海工人造反派的代表在中共"九大"上发言,被毛泽东看中,从此步入中央领导层

接连不断的法庭对质和辩论,已经将王洪文所犯罪行统统揭露出来了,他这时稍微抬起头来看了一眼坐在审判台上的几位法官,又将头低了下去,然后说:"我没有什么值得辩论的。在这里我只想说明一点,在法庭调查中,王秀珍在作证时,提到我曾经说过'军队里没有我们的人'这样的话,这话我不是这样说的,也不是这样的意思。我当时是说林彪控制军队那么多年,许多部门和单位都被他的死党把持着,没有我们的人,别的我就不想多说了。"

为了慎重,审判长曾汉周再次向王洪文宣布:"法庭辩论结束。王洪文,你还有最后陈述的权利。你有什么要讲的吗?"

王洪文最后说:"我只讲几句,我认为最高人民检察院特别检察厅在起诉书中所指控我的犯罪事实,以及大量证据,都是事实。这些在法庭调查过程中,我已经如实作了回答。就今天这个机会,我向法庭表个态。'文化大革命'运动中,我参与了林彪、江青反革命集团的反革命活动,成了这个集团的主要成员,犯下了严重的罪行。经过几年来的反省和交代,特别是在公安预审和检察院的调查过程中,使我逐步认识到了林彪、江青反革命集团以及我个人在这个集团里面所犯罪行的严重性。最高人民检察院特别检察厅在起诉书中以大量的事实确凿的证据,充分说明林彪、江青反革命集团的反革命罪行是极其严重的,给我们党和国家造成了不可估量的损失，真是罪行累累，罪恶滔天。我是这个集团里的一个重要成员，我的罪行是大量的、严重的，同样给党和国家造成了重大损失，特别是我犯下了参与诬陷周恩来总理、陈毅同志等中央一些领导人的严重罪行，犯下了镇压群众的严重罪行，犯下了组织帮派武装，煽动民兵武装叛乱等严重罪行。我在这里向全党、全军和全国人民认罪。我自己感到，由于陷在林彪、江青反革命集团里边很深，罪行严重，完全转变立场还要有个过程。但是我有决心改变立场，改造自己。我衷心地希望政府能给我一个改造自己重新做人的机会。我的陈述完了。”

审判结束，特别法庭最后判处王洪文无期徒刑，剥夺政治权利终身，并关入秦城监狱。

那一年国庆节的中午，监狱的卫兵通知王洪文，说是有人来看他。

王洪文一听顿时感到十分惊愕，此时此刻，还有谁敢来看自己？

当他被带到监狱的会客室里时，不由得一惊，停住了脚步。站在他面前的不是别人，竟然是他想要抛弃的结发妻子崔根娣。

王洪文惊得一句话都说不出来，泪水在眼眶里转动。

妻子告诉他说，这一天是他们的结婚纪念日，以后每年这个时候她都会带着孩子们从上海来看他的。

内疚啊！痛苦啊！王洪文无颜面对面前这个善良的女人，将头深深地埋了下去！

王洪文对妻子说：“我们离婚吧。”

妻子咬着牙，对他一字一句地说：“你犯了罪，对不起人民，对不起国家，怎么判你我不管，但我不离婚。你还年轻，又是苦出身，走错了路可以回头，我要等你。”

王洪文还能说什么呢？他看着妻子，眼泪止不住流了出来……

补白

是一千，不是三千

平型关战役后，中共中央在电报中公布击毙日军三千多人。此后出版的种种书籍和文章都用这一数据。前几年，一些工作人员在为聂荣臻整理回忆录时，专门向聂荣臻求证此事，聂荣臻说：“我记得没那么多，你们再去查一查。”工作人员查后，向聂荣臻汇报：当时的中央电报公布的是三千人，但实际内部资料上是一千多人，他们问聂帅如何处理。聂荣臻说：“要实事求是。是多少就多少。”这样，在聂帅的回忆录就用了这数据。

二〇〇九年年末，韩寒成了众多媒体关注的一个热点人物。许多报刊把他评为“年度人物”、“风云人物”，有的报刊还在“二〇〇九年推动中国社会进步一百人”的评选中，把韩寒的名字列在其中。

然而，韩寒并没为此所动。他身边的朋友说，他并不显得高兴，他的兴奋点不在这儿。

二十七岁的韩寒是一个有争议的人物。他的博客从二〇〇六年起，点击量近三亿，成为全球点击量最高的博客。他的第一部长篇小说《三重门》发行量超过两百万册，是我国近二十年发行量最大的长篇小说。他还是一个赛车手，是我国职业赛车史上唯一的一位双料冠军。生活中的韩寒又是孝顺、善良、仗义疏财，不奢侈，被人称作“十佳青年”……可是，也有人对他不甚满意，认为他说话偏激，不留情面，有些桀骜不驯。

不管你如何看待，对于韩寒——其实还包括许许多多这一代青年——我们应该去了解他，应该加强和他的沟通。无论是肯定或否定，都应该想想为什么这么多的人在读他的文章。为了增添对韩寒的了解，我们特地编发部分资料——

韩寒的写作之路

◎陈 平

韩寒生于一九八二年九月二十三日早晨，“韩寒”这个名字与寒冷和冬天无关，韩寒还没出生的时候，他父亲就已经为他取好了这个名字。

别看韩寒总是批评应试教育，他小时候却对分数很在乎。一年级期末考试，韩寒语文得了九十九分，原因是他把“一座桥”写成了“一坐桥”。老师因此给他扣了一分。韩寒不服，去找老师理论，他说字典上说可以这样用，然后就当场与老师查看《新华字典》，果然这两个字用法相通。

韩寒有天资，也很勤奋，但他却一直没能跻身班级最前列。他的成绩只是中等偏上，他从没得过让许多同学引以为豪的

车手韩寒，从赛车场里走出来

数学、语文“双百”。

韩寒进罗星中学时的摸底考试，三门功课一共考了二百七十三分，平均每门九十一分。韩寒以为自己可以进入班里的前五，后来一看排名，发现自己竟然排在第四十二名，这事对韩寒的信心打击很大。韩寒在班级里虽然名次偏后，但起初各门功课的成绩还是比较均衡的，后来他渐渐对数学、物理、化学不感兴趣。韩寒刚进校时的第一篇作文——《我》，令当时的副校长，也是他的语文老师赞不绝口。

韩寒中考只有四百六十八分，只能进区重点的自费班，但由于韩寒在金山区中学生三千米长跑比赛中获得男子第一名，所以他被松江二中作为体育特招生招了进去。刚进松江二中时，韩寒因为个性突出，有时表现出对老师不够尊敬。一位老师就用一个古老的故事来开导他，跟他讲“一瓶水不响半瓶水咣当”的道理。谁知韩寒向老师要来纸和笔，当即作画一幅，他画了两个瓶子，一个瓶子很小，但水装得满满的；另一个瓶子里虽然只有半瓶水，但这个瓶子却很大。韩寒指着那个大瓶子对老师说：“我就是这个瓶子。”

高一的时候，写《三重门》占用了韩寒的大部分时间。他本来对数理化就失去兴趣了，后来就根本跟不上，跟不上就更不感兴趣。这样恶性循环的结果，导致了他高一那年留级。一九九九年七月底，留级后第二个高一一开学，留级生韩寒就“犯事”了。有一天上语文课，老师讲如何阅读课文，其他同学都在记笔记，只有韩寒坐着不动。老师问韩寒：“这位同学，你为什么不记笔记？”韩寒回答说：“我上课从来不记笔记，我语文成绩是班级最好的。”老师说：“这位同学话不能这么说，去年考试考了多少分？”韩寒说：“六十分。”随后韩寒和老师争吵了起来。

这一学期，韩寒数理化的成绩仍然“红灯”高挂。后来，韩寒连语文也考不到六十分了，他几乎门门科目挂红灯，他自己则自我调侃说：“看上去很美，成绩单挂红灯七盏。”

韩寒已经不把功课当回事，以致老师和校领导常常说：韩寒经常上课迟到，晚自修出去买东西吃，上课睡觉、看课外书、听音乐。最后校方提出，希望韩寒休学一年，这一年中，如果韩寒走得出自己的一条路，最好；如果一年以后韩寒还想回学校读书，他还可以回到学校，学校将为其保留一年学籍。韩寒表示愿意休学。离校时，韩寒带回家许多"闲书"。他的教科书没有了，他说："所谓教科书，就是指你过了九月份就要被当成废纸卖掉的书，而所谓闲书野书也许就是你会受用一辈子的书。"

韩寒休学后，学校一位老师曾语带嘲讽地对韩寒爸爸说："韩寒在学校里说，大不了以后拿版税吃饭。"韩寒则对父亲说："爸爸，你放心，我会做出成绩来证明自己的。别人看不起我，我自己要看得起自己。再说我又不是一点理科基础也没有，将来用得到，我会自学的。"

关于语文，韩寒不止一次地讲过："除了作文好，还有什么能代表语文好？语文的一切几乎都体现在作文章上。文章写得好，就是真的好。"韩寒还说："文章这个东西，在语句通顺，错别字不多到影响阅读的情况下，好坏完全没有评判的标准。我随便拿一篇朱自清的文章交上去，没有一个老师会觉得自己的学生写作文好到有名家的水平了，他照样会做出很多修改。"

韩寒的语文成绩经常不及格，以至于有人认为，韩寒连偏科都算不上，他也没有偏什么文，他只是作文，而且还不是应试作文写得好罢了。对此，上海复旦附中的语文特级教师黄玉峰说："像韩寒这样的语文水平只得五十分，到底是韩寒出了问题，还是我们语文的教学评估出了问题？"

一九九九年十二月，韩寒在松江二中第一次接受上海东方电视台《东视广角》记者采访时，曾经说到写好作文有两个要诀："第一就是不看语文书，第二就是不看

2009年 POC 车王争霸赛，韩寒（左）和另一个选手代表中国出场

作文书。他说作文书上的文章都是那种矫揉造作的，‘啊，我真崇拜他’‘啊，这件事情给我的印象真深’‘啊’什么什么的，这种文章一点都没有意思。现在学生的文章，尤其是散文问题最大，用词华丽，就像以前的那种骈体文一样，而老师看到这种文章，一般都是很称赞的，而且都能够获奖。我也不知道这是什么原因，大概是文学的一大退步。”

二〇〇〇年，韩寒在《三重门》封面上的介绍中赫然写着“一个都不能少，还是七门功课红灯，照亮我的前程”。

初识汉字以后，韩寒就开始像模像样地看起了《故事大王》等刊物。大量阅读让韩寒积累了知识，拓宽了思路。小学二三年级的时候，韩寒写作文就开始虚构情节，他似乎从没为许多小学生都感到头痛的作文烦恼过。

小学的时候，韩寒曾在《故事会》和《故事大王》上发表过几则小幽默和笑话。初中以后，韩寒对课外书籍的涉猎越来越广泛了。一九九七年春节过后，韩寒念初二第二学期，他在县图书馆办了个借阅证。在那里，他接触到了众多的少儿报刊，这使韩寒对他的同龄人的写作水平有了一个大致的了解，他说：“那些少儿报刊上的文章写得太幼稚了，我可以比他们写得更好。”一九九七年三月，韩寒每天晚上放学后做完作业，就着了魔似的开始写作。一篇几千字的小说，他常常一个晚上就写好了。在这一个月里，韩寒写了十多篇小说、散文，寄出去后他甚至连底稿也没留。

一个月以后，江苏少儿出版社的《少年文艺》编辑饶雪漫最早给了韩寒回音，说准备刊用他的小说《弯弯柳月河》。

韩寒善于观察社会，他那一阶段写的文章，虽然字里行间已经有一些个人风格，但大部分文章还有“作文”的痕迹，是比较稚嫩的。他真正思想比较成熟的文章应该是《少年文艺》一九九七年九月号刊登的《书店》，《书店》是韩寒真正有思想的作品，它和应试作文完全不同。说这种文章是个初二学生写的，简直有点令人不可思议。韩寒当时的班主任就认为《书店》：“恶心，文笔下流”，听得韩寒非常气愤，当即宣称：“今后一百年里，初中学生里没有哪个人的文章可以超过我韩某人。”

一九九七年《少年文艺》九月号有关《书店》的简评中说：“韩寒把自己的笔瞄准了书籍出版中的弊端，用少年纯真明亮的眸子，透视出当代图书种种可笑可悲之处，毫不留情地将其中的荒谬乖戾、欺骗蛊惑人之处揭示出来。在写法上，借用了杂文常用的白描、比喻、夸张、幽默、嘲讽等笔法，把漂亮外表下的种种花招解剖得淋漓尽致。思想开阔，想象丰富，信手拈来，左右逢源，辛辣老到，冷峻犀利……”

一九九九年，韩寒参加了《萌芽》新概念作文大赛。他参赛是因为新概念作文大赛不收参赛费，这说明举办此次比赛的目的不是从学生身上赚钱。韩寒当时就有这样一种想法：“要是我的文章能得一等奖，那么说明是真的‘新概念’，反之就不是。”由于没收到新概念作文大赛复赛的通知，错过了复赛时间，新概念作文大赛组委会特别给了韩寒一个“补考”的机会，正是这个“补考”的机会，使韩寒写下了《杯中窥人》这篇文章。

一九九八年下半年，即韩寒进入松江二中读高一时，韩寒就已经开始了他的长篇小说《三重门》的写作。

韩寒的爸爸对韩寒是如何写作《三重门》感到很好奇，就问他：“你是用什么时间写的，是不是熄灯后钻在被窝里打着手电写的？”韩寒回答说：“不是。你试试，在被窝里连稿纸都摊不开，能写东西吗？我是在上课时写的。”他爸爸又问：“你都上什么课写？”韩寒回答说：“上什么课都写，只要灵感来了。”

一九九九年三月二十八日，韩寒去上海市参加新概念作文比赛复赛时，《萌芽》杂志的胡玮莳和赵长天知道了韩寒写长篇小说的事情，于是就告诉韩寒，让他写好后一定给他们看看。参赛回来，韩寒将书稿订正一遍后，四月份把《三重门》书稿送到了胡玮莳那里，胡玮莳看后赞叹不已，马上拿给赵长天看。赵长天读后，便推荐给了上海的一家出版社。可是半年过去了，这家出版社没有给韩寒回音。最后，这家出版社的编辑在给韩寒的退稿信中说：“人物描写概念化，缺少生动的情节和细节，小说的青春味、校园味不足，缺少生活气息……小说的文字较油滑调侃，表现了中学生的某些阴暗心理……小说某些地方格调不高，使人怀疑作者本身的品位。”

一九九九年十二月，作家出版社编辑袁敏了解到《萌芽》两位看过韩寒《三重门》的编辑都对韩寒的才华表示赞赏，同时也对这部小说能否出版表示出担忧。随后，袁敏立刻和韩寒联系，当韩寒捧着厚厚的一沓稿子坐在袁敏面前时，他充满自信地说：“我要的不是比《花季·雨季》好一点点的东西，我要的是独一无二，旁人无法替代的最棒的东西。”

后来袁敏撰文《我编〈三重门〉》，她在这篇文章中说：“他(指韩寒)的大言不惭表现得如此坦荡和率真，让你无法计较他的狂傲。它写的是一部校园小说，但却折射出社会生活的各个层面。一个十七岁的少年对社会、对人生、对世事、对周围的一切，常能发出一些深刻、独到、直抵要害的见解来，那份智慧和敏锐，足以让成年人都汗颜。”

二〇〇〇年初，袁敏给了韩寒一个新千年的惊喜：《三重门》终于顺利地通过了终审。这也是作家出版社出版的第一部高一在校学生写的长篇小说。

二〇〇〇年五月，《三重门》由作家出版社出版后，立刻风行全国，在全国图书销售排行榜上上榜时间长达三十三个月，并连续十个月排名第一，成为当年年度最畅销图书。累计发行超过两百万册，是中国近二十年销量最大的文学类作品。本书的出版还引发了一场由“韩寒现象”引起的大范围讨论，并引出了一场八〇后写作的风暴。

继《三重门》后，韩寒又出版了《零下一度》、《像少年啦飞驰》、《通稿 2003》、《长

自由职业者韩寒，静静地在思考

你跟我说一个观点的时候，我的第一个反应就是不一定。比如说前一阵子人家一说到徐志摩，可能大家都觉得他是个大才子，我就会想不一定，为什么？然后我就会去看他的东西，看了以后我觉得一般。我觉得他也不算什么大才子，泡妞只是一种才能不是一种才华，不能把这两个结合起来。大家会觉得这就是叛逆，我其实并不这么觉得。"

安乱》、《一座城池》、《光荣日》、《他的国》等。

韩寒口才好，他说过很多让人觉得叛逆的话，例如：

"千万别把我当人。我成为现象。思想品德不及格总比没思想好。"

"我是一块上海大金子，我会让很多人反思自己。"

"无知者无畏，有人说我无知——那些没有文化只有文凭的庸人。"

这些话听起来叛逆，但是也很有道理，能让人反思。然而，韩寒认为自己不叛逆，他说："很多人都觉得我是叛逆的，其实不是。叛逆和做自己喜欢的事情在当今中国是两回事情。"

韩寒还说："我觉得我做的很多事情都特普通，可能我接受的教育比较少，当

有人说："要写有人性的作品。"韩寒回应说："其实怎么写都是有人性的。你以为《故事会》里的文章没有人性吗？虽然它们看着好像题材档次挺低的，但是其中很多人物，很多描写都散发着人性的光芒。不一定非得在小说里花这么大的篇幅教人家一个道理，原来人之初，性本什么的，我觉得那就是在玩弄人，完全不需要。"

韩寒做自己喜欢的事情，说自己想说的话，也许正因为他直率的性格、口无遮拦的脾气，让很多人觉得他叛逆。

二〇〇六年，韩寒和文学评论家白烨展开了一场"韩白之争"。关于"韩白之争"，我觉得可以用韩寒说的话来作为结语："文学就是认真的随意写。人能做的只有这些，其他都看造化了。文学是唯一不能死磕和苦练的东西，更不能如虚伪的大

多数前辈们一样。文学的最危险境界就是，着实虚伪，但自己还觉得自己特真诚。”

二〇〇八年六月，韩寒说巴金、茅盾和冰心三人文笔不好，被很多人认为是“炮轰和侮辱文学大师”，并由此引发了大范围的“口水战”。我觉得这件事仍然可以用韩寒说的话作为结语：“我的心里自然会评判我自己认为的大师，你们的大师不是我的大师，他们在我眼里只是作家或者成功作家，我自然可以决定自己是否喜欢读他们的东西。这和一个人的道德没有任何的关联。纵然是我自己认为的大师，我也可以对他说，我觉得大师您的这个地方我不是很喜欢。还是那句以前用过的话，这是你我最基本的权利，大家其实都有这个权利。当然，你也可以认为自己没有这个权利。放弃自己的权利也是你的权利，咱不是最喜欢行使这个权利吗？”

韩寒说：“我也没有去参加过那些研讨会，我真是一心想着自己写的东西，可能我现在能力有限，写得不够好，但是那些东西都是我想写的，不会有人逼着我写，不会有出版商逼迫我，说最近什么题材特别火，你马上跟风写一个。没有人可以要挟我这么做，我纯粹是在写我自己的东西，纯文学就是写自己心里要表达的，你卖得好，卖得不好，不关这个文学的事情。”

韩寒的写作方向，是为了把事情用更加智慧的方式表达出来。韩寒说：“那时候刻意要那么做，因为我从小模仿能力挺强的，当时刻意模仿一些我比较喜欢的人的文笔。我喜欢看林语堂、梁实秋、钱锺书、鲁迅这些人的东西，因为他们时不时有些特别智慧的东西，特别幽默的东西。我之所以不喜欢看朱自清或者现在的好多散文家和小说家的作品，是因为他们的文字特别平淡——太淡了。我不喜欢很淡的文字，所以我会觉得看这种东西特别无聊。我也特别害怕别人在看我的东西的时候会觉得特别的无聊，哪怕你在讲一件多么深刻的事，但是我觉得总能有更加智慧的方式把它表达出来。”

韩寒说：“我的写作特点更像钱锺书的《围城》，因为我很欣赏他骂人骂得深刻又不露骨。”韩寒还说：“我不喜欢看小说，我就喜欢看杂志、军事类的东西。小说我自己会写，我自己能写，我干吗要看你们是怎么写的？”

韩寒喜欢用自己的作品说话，他反感签售，他在自己的博客上发布公告拒绝签售会。

韩寒也不希望别人把他当榜样来模仿，二〇〇八年他曾在博客中说：“不要学我，你让我重来，我都学不像自己。”

（摘自《八〇后作家访谈录》 陈平主编 吉林出版集团有限责任公司出版）

相关链接

韩寒的话

◎ 大部分的现代诗其实就是把一篇三流散文拆成一句一行写，而所谓比较大师的或者先锋的就是把一篇三流散文每句句子的顺序捣乱了再拆成一句一行写。

◎ 我这辈子说得最让人无从反驳的话就是被子不用叠——本来就是要摊开睡的——然而这也是第一个被人反驳掉的。懂么，这就是规矩。我们之所以悲哀，是因为我们有太多规矩。

◎ 我觉得我是全世界最聪明绝顶的人。因为有些博士其实见识没有多少长进，只是学会了怎么把一句人都听得懂的话写得鬼都看不懂。

◎ 中国看不起说大话的人。而在我看来大话并无甚，好比古代妇女缠惯了小脚，碰上正常的脚就称"大脚"；中国人说惯了"小话"，碰上正常的话，理所当然就叫"大话"了。敢说大话的人得不到好下场，吓得后人从不说大话变成不说话。

◎ 一个十八岁以上的成年人，居然还不知道自己以后的理想是什么，自己喜欢的是什么，那真是教育的失败。

◎ 什么东西被神化以后下一步必然是说很多胡话。

◎ 部分前辈们应该认真写点东西，别非黄既暴，其实内心比年轻人还骚动，别凑一起搞些什么东西假装什么坛什么圈的，什么坛到最后也都是祭坛，什么圈到最后也都是花圈。

◎ 你是否像鞭炮一样一点就着？一点就着的下场就是炮灰。

◎ 不管八〇后是多么的粗俗，多么的幼稚，写的多么的差，以后的文学界是属于他们的，因为他们要活的更长一点，别人都死了，还剩下他们活着。这些人更加应该清高一点，一个写作的人必须要更加的清高。为什么现在的那些作家写的东西，不管是八〇后、七〇后、六〇后他们写的东西，没有梁实秋、鲁迅那批人写得好，是因为他们更贱，没有那些人清高。

◎ 她们小小年纪就知道用自己的资本去得到更好的生活，无可厚非。贪官污吏才是我们指责的对象。如果她们傍了贪官污吏，势必加速了他们的暴露，对社会也是好事。男人最容易栽在这方面。

◎ 政府机关大门敞开，里面却空无一人。这镇上的机关工作人员干什么事都慢，唯一可以引以自豪的是下班跑得快。五点半的铃仿佛是空袭警报，可以让一机关浩浩荡荡的人在十分钟里撤退干净，足以惹得史上有名的陆军将领眼红不已。

◎ 我怀疑一切，但我是相信一切人的。

韩寒被评为年度人物

二〇〇九年年底，许多报刊在评选年度人物时，都把韩寒名列其中，有的还将其照片作为封面。现将有关情况介绍如下——

《中国新闻周刊》在二〇〇九年年底推出了一期“十年特刊”，评选出一批“十年影响力人物”，韩寒也被提名，编辑部提名的理由是：

它的言行，让我们不得不撕下“叛逆”的标签，对作为公民的韩寒刮目相看。他拒绝犬儒，不卑不亢，不党不群。他是他自己的“独唱团”，擅用并慎用自己的影响力，成为年轻一代可感知的榜样，追寻建立在独立思考上的独立人格。

《南方周末》的“新年特刊”中推出的第一位“年度人物”便是韩寒，该报在刊登的介绍文章中写道——

过去十年，韩寒的崛起是一道标志性的景观。他从十七岁开始搅动中国，人皆以为昙花一现，他却成长，变得强大，他以一种危险的方式获得成功，在社会挤压的罅隙中开辟天地，在敌意中赢得尊敬。他言人所不能言，为人所不能为，他鼓舞了年轻人，鼓舞了梦想，鼓舞了无数的“自我”，甚至给这个古老的国家以身体力行的教益。他的故事是过去十年中的美好的一部分。

《新周刊》每年年底进行一次“大盘点”，韩寒多次名列其中。二〇〇九年该刊又把韩寒列为“十大公民”之一，理由是：

至少从二〇〇六年开博以来，韩寒的公众形象就不再是一名作者或赛车手。对于各种社会热点事件，他的眼睛、大脑和嘴巴从未缺席。他的“叛逆”变得更加无处不在，时刻有话要说，对任何事都要“指手画脚”。今年，韩寒对北川政府采购、公务员嫖娼、绿坝、真假七〇码胡斌、油价上涨、上海楼塌、两亿元换路牌、被盼世博、荆州捞尸、闵行钓鱼等事件一个不漏地发出声音，每篇博文都引起巨大关注和争议。其博客也赢得了近三亿的国内最高点击量，成为似独立媒介，反复传导一种“是这样吗?!”的公民腔调。有媒体称其为“公共知识分子”，甚至“下一个鲁迅”，他却坦言：我只是公民韩寒。

《新世纪周刊》把韩寒评为“年度人物”，并以他的头像为封面，并醒目地写上：“选韩寒当市长”。该刊在介绍中写道——

十年前韩寒退学了，成千上万当时的成年人等着看他天才泯然众人的笑话。十年后，成千上万的成年人说他是公共知识分子、社会良心，还有人说要选他当市长。一个真实的、活生生的个人在我们面前，他聪明、有勇气说真话，用赛车和写书养活自己，不寄生于某些协会组织。

《南方人物周刊》二〇〇九年年底列出了"二〇〇九中国魅力榜"，韩寒也名列其中，该刊作了如下介绍：

谁能想到，二〇〇〇年这个扛着所谓"八〇后的叛逆代表"与全中国对骂的小孩，九年后的今天，会被称为"新生代公共知识分子"，甚至被冠上"新鲁迅"的称号。的确，二〇〇九年，他揭露北川购车的事情、批评上海钓鱼事件……众多社会评论家欢呼，这个孩子成长到自觉去承担社会公共责任，然而，他的回答却让这些对他抱有热情的人难堪：其实我就是因为没有人和我打笔仗，才和整个社会玩。

在此之前，他还当过"问题"、"标志"以及"斗士"…… 太多人站在一个个规则的坐标中，以规则的某个角色为他命名，殊不知，他压根就没被哪个规则驯服过。别误解韩寒了，他最本质的身份就是个人。因为命运的眷顾，他意外获得对抗世界一整套规矩的机会，得以用最本源的天性去生活、去说话。用他的话来说就是，"我只是有机会活得正常一点"。

他是到处惹事的小子，也是手段高明的老手——但你不能否认，他说出的总是最真实的、未经修饰的道理，就像皇帝新装里的那个孩子，或者永远以孩子天性和世界对抗的彼得潘，总不经意地调戏、挑战这世界所有的规则。

他的一切做法、一切回答，都会让我们回想起，自己对生命、生活，曾有过、后来又丧失的自由和天真的想象力——他是在代表我们的天性发言。

《时代周报》在年终发布在二〇〇九年最有影响力的"时代一百人"，韩寒也是其中的一位，他们在介绍韩寒时说：

在二〇〇九年度众多以意见表达影响时代的人当中，韩寒无疑是其中的代表者。尤其是在上海——这个在公共事务上公众声音相对稀少的城市，韩寒的言说犹如空谷足音，弥足珍贵。

二〇〇九年，韩寒已经成为一个现象。韩寒以一己之力，呈现了在当下中国社会，个人独立和自由的一种可能和一个限度。一年来，面对诸多重大社会问题，韩寒不回避，不退缩，而是以理性的思维，娴熟的技巧，智慧的表达，传达出对事的批评和对人的善意。尽力做一个合格的公民，就是韩寒对这个时代最有价值的贡献。

《经济观察报》把韩寒列入二〇〇九年度"人物榜"，在介绍时说：

无论是作为一名作家还是作为一名公共事务的发言者，对于二十七岁的韩寒而言，他还有足够多的时间。

不要以为领导人总是那么严肃、不苟言笑，讲的每句话都是“指示”，写的每一行字，都是“真理”，其实，他们也有自己的个人世界，也有自己的特殊爱好，也会有些小动作。就拿美国的领导来说，历任的许多总统，都有这样的癖好，在开会时，在听下属汇报时，在思考问题时，喜欢拿笔在纸上信手涂鸦，

美国萨沙·阿奇博尔德等人，花了大量的精力，查阅了历届总统的文字档案，收集了二十六位总统的涂鸦，汇编成《总统的涂鸦》一书，最近，由湖南科技出版社翻译出版。从这些五花八门的涂鸦作品中，人们可以看到这些总统对事业的专心、他们的艺术才能，以及从这些漫不经心的笔触中流露出来的种种思绪。

大人物的小动作

◎清　谷

安德鲁·杰克逊

美国第七任总统(1829 年—1837 年)

杰克逊似乎是第一位留下真正的涂鸦的总统。这些像钢盔又像墓碑、像美洲鳄和乌龟的图画从一八三三年起就有了。

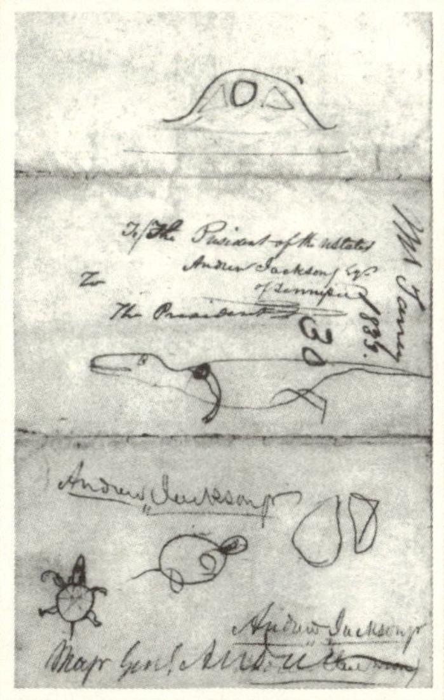

拉瑟福德·伯查德·海斯

美国第十九任总统

(1877 年—1881 年)

这个女人画像是海斯原本就不多的素描中的一件。这位有记 q 日记习惯的总统，把这幅画像画在一篇名为“延期的蜜月旅行”的日记上，在日记中他详细描述了一八六〇年和妻子露西的长达一个星期的度假。

WHITE HOUSE,
WASHINGTON. June 22d
1904

Darling Ethel,
Here goes for the
picture letter!

Ethel administers necessary
discipline to Archie and
Quentin.

LETTERS TO HIS CHILDREN

A small boy here caught several wildcats. When one was in the trap he would push a box towards it, and it would itself get into it, to hide; and so he would capture it alive. But one, instead of getting into the box, combed the hair of the small boy!

We have a great many hounds in camp; at night they gaze solemnly into the fire.

[212]

西奥多·罗斯福　美国第二十六任总统(1901年—1909年)

一九〇一年麦金利总统被刺身亡后，四十二岁的罗斯福接替了总统的职位。他有六个女儿，他经常给女儿们写这种“图画信”。

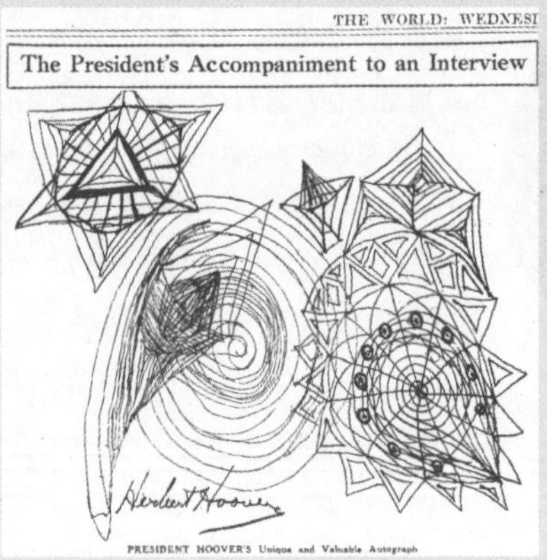

PRESIDENT HOOVER'S Unique and Valuable Autograph

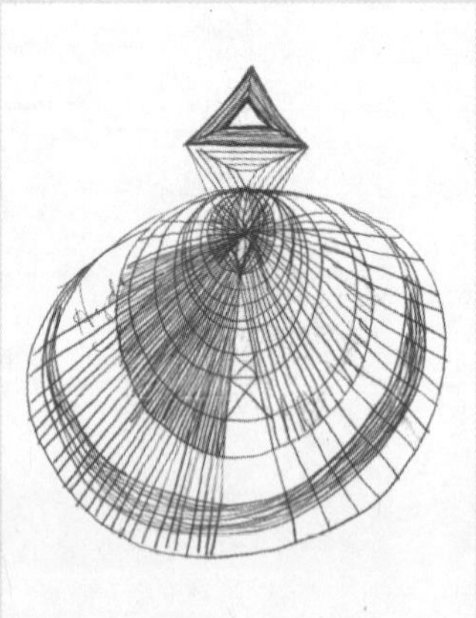

赫伯特·克拉克·胡佛

美国第三十一任总统(1929年—1933年)

胡佛曾经是一个工程师，他把工程师的思维带到了总统职位和他的涂鸦之中。他是一个多产的涂鸦者，他画的总是几何的、复杂的图形。可以看出他很富有想象力。一次，他画完后，顺手把它丢进了废纸篓，一位来访者把它捡起来，并请总统签上名。后来一位收藏家买下了这幅涂鸦，待到再转卖时，价格已是总统年薪的一大半。

富兰克林·罗斯福

美国第三十二任总统

(1933 年—1945 年)

富兰克林·罗斯福当了十二年总统,期间有多种多样的涂鸦,绝大部分与他的爱好有关:集邮、船,其中最喜爱的是钓鱼。这幅有三条鱼的画出自一九三七年五月的一天,罗斯福前往墨西哥湾的航海日志的最后一页。

德怀特·戴维·艾森豪威尔

美国第三十四任总统(1953 年—1961 年)

艾森豪威尔是一个有一定技能的绘画者，即使当上总统,仍然每周两次在白宫架上他的画架。由此,他成了一个多产的涂鸦总统。他经常在日程表、便笺纸和公文上涂鸦。

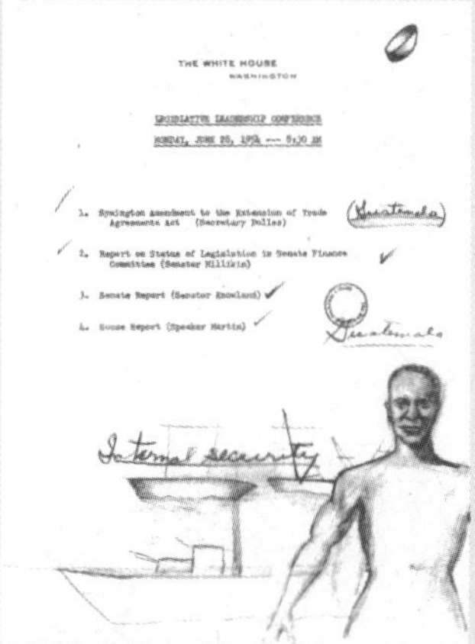

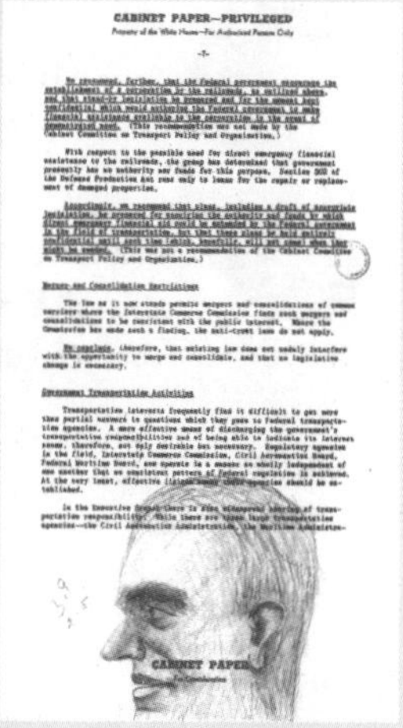

约翰·菲茨杰拉德·肯尼迪

美国第三十五任总统

(1961 年—1963 年)

肯尼迪在四十二岁时,便通过大选当上了总统。他的涂鸦有许多冷战的内容,他常常重复写一个或几个字,并一个个框起来,似乎要框着那紧张不安的情绪。

林登·贝恩斯·约翰逊

美国第三十六任总统

(1963 年—1969 年)

约翰逊总统的涂鸦具有敢作敢为和狂热的特点，有些还像孩子们的涂鸦。他虽然在办公室和其他地方与人谈话时经常涂鸦，但他规定，自己写过字的每张纸都要保存起来，以示对历史的尊重。

理查德·尼克松

美国第三十七任总统

(1969 年—1974 年)

尼克松有时候会在涂鸦中表露出一个真实的尼克松出来，但他一定会把纸撕掉，他怕这些涂鸦会给他惹来麻烦。他对别人说过，“我画四边形、菱形和这类的东西”。

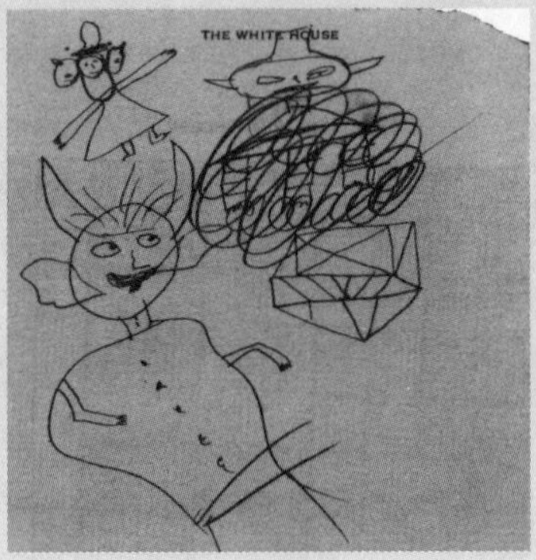

罗纳德·里根

美国第四十任总统

(1981 年—1989 年)

里根从小喜欢画画，由此也爱好涂鸦。他还经常把涂鸦作品送人。有不少涂鸦作品是他自己卡通的复制品，他还喜欢画孩子、画马……

中国钱多了，却有不少忧虑！

◎高 低 肖万春

中国钱多了，却引来了不少忧虑！

中央编译出版社最近出版的《中美货币战争纪实》告诉读者，中美两个大国已经成为世界货币战争的主战场。此书记述了中美两个大国在人民币升值问题上的高层决策和较量，书中还介绍到，如今中国的外汇储备飞速增加，钱多了，会带来什么样的烦恼。现把有关内容摘介如下——

随着人民币汇率渐渐淡出美国人的视线，中国的对外出口将仍然保持十分强劲的势头。这就又导致另一个已经严峻的问题出现，那就是中国的外汇储备将继续猛增。

在改革开放之初，一九八一年底，中国的外汇储备只有27亿美元。不到十年，一九九〇年底达到110.9亿美元，一九九六年底，飞跃至1050.5亿美元。二〇〇一年底又在十年前的基础上翻了一番，为2121亿美元。之后不到三年，又连翻近三倍，二〇〇四年底达到6099亿美元。以后快速增长的势头仍然不减，二〇〇五年底达到8189亿美元，二〇〇六年二月底为8536亿美元，年底超过日本，成为世界第一外汇储备国，达到10663亿美元。中国的外汇储备以每年2000亿美元的速度攀升。二〇〇八年末，中国外汇储备达1.95万亿美元，较二〇〇七年末增加4178亿美元。步入二〇〇九年一月，中国外汇储备仍然达到19134.56亿美元，同比增长20.36%。

中国外汇储备的增加，主要有四个方面的因素：一是随着改革开放的深入，中国经济持续增长的结果；二是多年来外国投资看好中国经济，热钱涌入；三是中国外贸高速发展，使得结算的美元剧增；四是投机资金的流入和一段时间贸易顺差不断膨胀，导致美元充斥中国，而美元过量会推高人民币汇率，为了维持人民币币值的稳定，中国人民银行又买下几乎全部流入国内的外汇，在自己的资产负债表上管理这些资金，这些外汇也变成了国家的外汇储备。总的来说，中国外汇储备剧增的主要原因是因为对外贸易的高速发展所致。

中国有句老话："手中有粮，心中不慌。"近万亿元的外汇储备，对中国来说，意味着什么呢？

西方国家通常有一个说法，就是外汇储备至少要能够应付三个月或半年的进口量。国际货币基金组织统计了主要国家的外汇储备，提出了如下一个规则——外汇储备规模下限为进口加偿外债的五分之一，上限为三分之一。此外，外汇储备与国内生产总值(GDP)之比不应超过10%。早在二〇〇五年底，中国外汇储备与GDP之比就达到了35%左右的水平。按照这样的标准，中国的外汇储备显然是多了。二〇〇六年十月底，中国外汇储备额跨过一万亿美元门槛几成定局，当时周小川在被问到外汇储备量时就坦言说："已经够了。"国务院总理温家宝在一次谈话中也说，外汇储备的增加"增强了中国的综合国力、国际支付能力和抗风险能力"。但他又说：外汇储备流回地方金融系统，助长了经济结构的扭曲。这些话的意思是说，外汇多了是好事，但这么大的数目也是块烫手的山芋。

巨额的外汇储备有着其经济学上的坏处。

外汇储备激增是一国经济失衡的表现。由贸易顺差导致的外汇储备增加，反映了国内总需求不足，国内需求不足在宏观层面上又进一步表现为国内储蓄大于国内投资。外商直接投资引起的外汇储备增加，意味着一国将许多良好的投资机会拱手让给了外国人。国际热钱涌入引起外汇的储备增加，将导致房地产等资产价格的快速上涨。房价上涨，可能会让买房人付出更多成本。老百姓并不能直接享受大规模外汇储备的好处，反而将给生活带来不利影响。这就极可能发生当年广场协议后日本房地产业大崩溃类似的恶果。

针对中国外汇多了需要解决的问题和可能面临的危险，有人经过研究认为。如果中国的外汇储备持续不断地增长，则可能给中国经济带来以下四个方面的负面影响和风险：

第一，有碍中国保持独立的货币政策；第二，不利于提高中国总体经济的运行效率；第三，可能面临美元贬值的风险；第四，需要承受很大的国际压力。另外，中国拥有巨额的外汇储备，还有一个"富翁烦恼"：这些用血汗挣来的钱如此之多了，如何防止被人偷走和又如何保值呢？即钱多了还要解决两个问题：如何管，怎么去用。

目前，中国的外汇储备，主要由国家外汇管理局管理。外汇主要投资于美国等西方发达国家的债券、外币存款，或者干脆就存放在国外的大银行里，其中将近三分之二是购买了美国的政府债券，主要用来储备的外币是美元。本来面对激增的外汇储备可以去进行企业国际化投资，去购买中国经济发展急需的资源和技术，但是像联想集团购买毫无技术保密价值的个人电脑业务，美国国会都如此大动干戈进行阻拦，对于其他高端技术和资源更是不可能的。因此，外汇储备只有去继续储存而难以再使用。一个国家的外汇储备是政府的储备金，中央政府主要是靠它来维系国家金融的稳定。中国将大量外汇储备进行美元投资，就存在着不容忽视的投资风险。美国政府一旦调整宏观经济政策就可能导致美元汇率发生变化，中国持有的美元资产就会自动缩水。

因此，面对复杂的国际环境，随着金融危机的深化以及国际金融市场的变化，中国虽然已经开始削减外汇储备的增量，但是，中国巨额外汇储备的风险还是在积累，并且风险已经开始显现。二〇〇九年一季度，由于西方主要货币相对美元大幅贬值，造成中国外汇储备中约40%非美元资产价值相对缩水。而中国外汇储备最多的美元货币和投资的美国国债及其他金融衍生产品的风险也随时可能爆发。美国正饱受金融危机肆虐，一旦其国债政策出现一丝风吹草动。就可能影响中国的救命钱安危。并且由于经济危机在美国一发不可收拾，美国极有可能进行危机转移，在国债上做文章。

中国是境外持有美国国债最多的国家，到二〇〇八年底，中国持有外汇储备1.95万亿美元，其中超过65%投资于美元资产，持有美国国债总量达6972亿美元，是美国最大境外债权人，一旦美元大幅升值，一则人民币升值，二则中国外汇储备的国际购买力将显著缩水，对中国的伤害是双重的。

有的网友说：我们持有的美元外汇投资到了美国，变成了美国债。事实上，美国人就是用中国人的钱买中国人造的东西，说白了就是赊账。可美国政府是一个欠了上十万亿美元债务的政府，客观上无法保证还款。它的信誉就是一张废纸片儿，我们的外汇资产怎么办呢？有的网友说：美国用左手的钱买右手的债券，表面看是增加流动性、刺激经济；实质上是在掠夺世界各国的财富，美国人疯狂消费最终由全世界买单！有的说：两万亿外汇都是中国人的血汗钱，不能让美国通过货币政策变成一堆废纸，中国应在这个历史时刻把人民币铸造成世界货币取代美元。

“该说的没有说，不该说的却说了”

◎陈培德

有些话可能逆耳，但听听还是有益的。对于图书也是如此。《袁伟民与体坛风云》一书，是二〇〇九年下半年最火爆的书之一，许许多多媒体对此书作了推荐，有关袁伟民的专访也连篇累牍。在一片叫好声中，原浙江体育局局长陈培德在接受《观察与思考》采访时，谈了自己的看法——

当年的“中国足坛反黑第一斗士”、现已六十七岁的原浙江省体育局局长陈培德接受《观察与思考》专访，谈及对相关人和事的看法，言辞之犀利依然不减当年。

记者：你如何看待《袁伟民与体坛风云》这本书？

陈培德：我觉得，那本书最大的败笔在于该说的没有说，不该说的却说了。书中严词指责“中国申奥之父”何振梁，受其诋毁，何振梁不得已在媒体上说出了真正的内幕。这不是逼着人家泄露中国的外交秘密吗？

什么是袁伟民该说的？我认为就是他在任国家体育总局局长兼中国足协主席时，当年从浙江刮起的足球“打假扫黑”为何不了了之的那段历史。

记者：袁伟民这个名字在上世纪八十年代就家喻户晓了，又是你的老上级。你们之间以前有大的冲突吗？

陈培德：我们没有过任何利益上的冲突。但是，他进入政界，一下子从副处级连跳数级提拔为副部长级、正部长级的高级干部后，其领导水平和驾驭能力还是有不足的。见事迟，反应慢。另外，和总局的老领导及班子里的成员关系不太好。

在二〇〇一年到二〇〇二年期间的中国足坛"反黑"风暴中，袁伟民局长把排球场上的声东击西、虚虚实实的那一套用来管理国家体育，这种处事方式让中国足球丧失了一次重生的机会也留下了隐患。

记者：有没有具体的事例？

陈培德：当年，"甲B五鼠"假球事件发生以后，总局领导口口声声说苦于没有证据。我们就做绿城俱乐部的工作，让绿城自曝家丑，并提供证据，包括保留着的收钱者（裁判）的黑名单，以及一名裁判（龚建平）的悔过信和退回的现金。

可是国家体育总局有些领导并不领情，骨子里反而认为我们是"添乱子"。现在可以肯定，推动不了"反腐败"，根子就是我们的老上级——袁伟民局长。

当年，龚建平被判刑十年，一开始我以为还有第二个"龚建平"出现，可是始终没有。

陈培德所著《该我说了：谁搞乱了中国足球》一书封面

我至今仍记得，二〇〇四年七月，龚建平在服刑期间病逝，年仅四十四岁。追悼会上，他妻子哭喊着："我会为你报仇！"我在接受中央电视台采访时说了一句话："龚建平绝不该只是一个，更不应该是唯一一个受到法律制裁的问题裁判。"这是非常不公正的，也是丑陋的。

补白

教我如何再想他

有一位青年非常喜欢刘半农所作的《教我如何不想她》，他便到赵元任家去，想请赵元任介绍他认识刘半农。正巧此时刘半农来到赵家，赵当即作了介绍，说："这就是你要认识的刘半农先生。"青年起立相迎，颇感失望，他原以为写出这样动人歌词的，一定是个妙龄女郎，情不自禁说了一句："原来是这个老头啊！"刘半农颇有所感，写了一首打油诗："教我如何不想他，请进门来喝杯茶？原来如此一老叟，教我如何再想他！"

台湾歌坛二三事

◎廖信忠

二〇〇九年年底，台湾青年廖信忠写的《我们台湾这些年》(重庆出版社出版)，很快占据了许多书店和售书网站的排行榜的前列。作者说，这是写给大陆同胞的“家书”。现从此书中摘录若干有关歌曲的内容，以飨读者。

《龙的传人》的遭遇

一九七九年一月一日零时起，台湾当局与美国“断交”。或者从大陆的角度来说，是中美建交。

当时的台湾当局其实就是陷在这种迷思当中，以中国的正统自居。在蒋中正的时代，一直以极端的原则处理两岸问题，无形中也使台湾的国际空间缩小了很多。

总而言之，“断交”已成定局，民间再多的抗议和自发的政治运动，在大国博弈间也显得软弱无力。台湾少了个靠山，信心不足的人就纷纷移民，在那一年就有大规模的移民潮出现。于是，才有了蒋经国在那年的除夕谈话“渡过难关”的言论出现。

当时任“新闻局长”的宋楚瑜，在记者会上表达台湾对“断交事件”的“严正立场”，他凭借英挺的形象，可谓一夕间爆红，成为媒体宠儿。就在那个台湾人心极大动摇的时刻，知名的民歌手侯德健也发表了《龙的传人》这首歌，整首歌词歌颂古老神州的庄严伟大、近代中国的苦难以及对故土的眷恋之情。当然啦，这首歌呼应当局的立场，在当局的大力支持下，立刻在台湾及海内外华人间歌颂一时。

台湾当局与美国“断交”后，美军跟着

撤离台湾，取而代之的是“与台湾关系法”。美国政府根据“与台湾关系法”，继续供应武器给台湾。台湾继续以“自由的灯塔”自居，一方面也是安抚民众。但明眼人都看得出来，所谓的“反攻大陆”已经成为笑话，只有当局继续喊得响，底下的响应一年比一年心虚，一年比一年微弱。

侯德健后来在一九八三年潜赴大陆，台湾当局感到脸上无光，遂把《龙的传人》这首歌给禁掉了，当时还成为许多人揶揄的事件。

《爱拼才会赢》席卷台湾

一九八八年，有一首歌一经推出，瞬间便横扫了整个台湾，大街小巷都在放，后来也席卷了整个华人社会。虽然是首闽南语歌，可影响所及，以至于前几年我在太行山的深山旅行时，都听得到开拖拉机的师傅在哼着这首歌，那就是《爱拼才会赢》。

这首歌的原唱叶启田，在更早期就已经是台湾的知名歌星，早期的一些歌曲如《内山姑娘》、《墓仔埔也敢去》后来也不断被翻唱及重制。但他在事业如日中天之际因故犯罪入狱，人生顿时跌到最低点，出狱后却又以一首《爱拼才会赢》咸鱼大翻身。

因为这首歌太火爆了，在当时不管走到哪一条大街小巷都能听到——

公园里跳土风舞的在放，殡葬队伍在放，运动会在放，很长的一段时间里，许多选举时候选人的宣传车也都会放这首歌。

叶启田后来也拍了一部同名的电影《爱拼才会赢》，有点儿他的自传性质，但稍显胡闹了一点儿。而他后来的一些歌，如《浪子的心声》、《故乡》等，也一样脍炙人口，不愧是宝岛歌王。

在台湾，似乎每个时代都有那么几首代表当时的歌，这些流行歌曲如同串起了台湾的历史。

比如说战后的台湾，经济不发达，生活也比较艰苦，有些人为了生计，只能从事一些低下的工作，如沿街卖零食、收破铜烂铁之类的。有许多人为了家计，只好放弃学业出来工作。当时就有一首歌《烧肉粽》，是这么唱的：

> 自悲自叹歹命人，父母本来真疼痛(疼爱)，让阮读书几年冬，出业头路(工作)无半项，暂时来卖烧肉粽……

其实这是一首非常心酸的歌，那个时代许多孩子因为家境清苦无法继续升学，只能在半夜街头叫卖烧肉粽。

到了二十世纪五六十年代的台湾，经济开始发展，大家都为了改善生活环境而努力，为了赚更多的钱，可以没日没夜地加班做工。当时，台湾第一个电视台“台视”开播了，很快就有了综艺节目“群星会”。在操劳的工作之后，身心自然需要松弛，大家挤在电视前观看综艺节目里歌星的演唱便成为通俗的娱乐。于是，群星会的主题曲，就成为当时的流行歌：

群星在天空闪亮，百花在地上开放。我们有美丽幻想，为什么不来齐欢唱……

“群星会”算是通俗娱乐节目的代表，但年轻人或知识分子总是相对叛逆一点儿，总觉得这些是“靡靡之音”，所以，上世纪六十年代也是西洋音乐流行的年代。因为那时美军驻台仍有美军电台，因此许多年轻人也喜欢收听美军电台的音乐节目。在杨德昌的电影《牯岭街少年杀人事件》里，就可以看出当时西洋歌曲在学生中的流行。

另一方面，在海外，许多异议人士因为流亡而有家归不得，他们最喜欢唱的歌就是《黄昏的故乡》：

叫着我叫着我，黄昏的故乡不时地叫我，叫我这个苦命的身躯。流浪的人无厝的渡鸟，孤单若来到异乡，有时也会念家乡。今日又是听见着喂，亲像在叫我的……

这是当时海外的台湾人在聚会时最常唱的歌，以解思乡之情，结果这首歌也因为这样被禁。

二十世纪七十年代初的台湾，可说在“外交”上节节败退，但另一方面，因为如“保钓运动”等因素，民族主义也被激起。随后“唱自己的歌”的民歌运动开始了，舍弃了西洋流行歌，开始自己作词作曲，比如说三毛的词，李泰祥的曲，齐豫的歌，细腻又清新的歌词，触动了年轻人的心。另一方面，当局因为政策需要，推行“净化歌曲”，所以靡靡之音如“群星会”，也在此时被迫停播。

一九七九年，台湾当局与美国“断交”，气氛紧张又风雨飘摇，有办法的当然都到外国去了，但留在这里的，就更需要团结一心。那几年，最流行的不是讲情唱爱的流行歌，反而是像《梅花》这样的歌曲：

梅花梅花满天下，越冷它越开花，梅花坚韧象征我们巍巍的大中华……

另一首当时很红的歌就是《龙的传人》，这首歌在官方授意下一再宣传，令歌曲变得家喻户晓。

进入台湾经济起飞的二十世纪八十年代，人是有钱起来了，但是精神却慢慢空虚。这时，罗大佑的歌曲又丢下一颗“震撼弹”，歌词流露出对社会现象及环境的不满和批判，如当时流行的《鹿港小镇》：

台北不是我的家，我的家乡没有霓虹灯。鹿港的街道，鹿港的渔村，妈祖庙里烧香的人们……

台湾许多年轻人都是从中南部乡下到台北工作的，在台北赚到钱稳定下来后，却又发现心里好像缺少了些什么。这首《鹿港小镇》在当时引起广大民众的共鸣，成为流行金曲之一。罗大佑的《童年》也唱出了许多台湾“六〇后”的回忆：

福利社里什么都有，就是口袋里没有半毛钱。诸葛四郎和魔鬼党，到底谁抢到那支宝剑？

所以，到了二十世纪八十年代末，社会更开放，经济飞快发展，赚钱机会更多时，《爱拼才会赢》刚好唱出了当时台湾人的所想。这首歌除了本身就跟叶启田的际遇起起落落有呼应的效果外，也更符合当时的社会状况，这可能跟台湾长期是一个移民社会有关。台湾是一个资源缺乏的海岛，对外依存性较高，为了生存下来，商业不得不发达。在重商的精神下，只有努力找机会拼搏开拓才不会被淘汰，所以这首歌真的贴切地描述了许多台湾人的心声。

时代造就了流行歌曲，流行歌曲又勾起时代的回忆，让人不禁觉得，没有歌的时代是多么的寂寞。

“四大天王”抢滩台湾流行歌坛

二十世纪九十年代初的台湾歌坛，掀起了港星大举入侵的新高潮。主要原因是台湾本地唱片市场开始萎缩，而像国际唱片品牌如宝丽金，开始推出刘德华、黎明等人的专辑，其外形和包装都是台湾本地歌星无法比拟的。事实上，有许多港星如刘德华、张国荣、张学友等人，在二十世纪八十年代中期就已经开始试着抢滩台湾，但当时他们的曲风不对路，对台湾市场的敏锐度也不够，因此就铩羽而归。等到二十世纪九十年代初他们再度抢滩时，可真非昔日“吴下阿蒙”，一下就席卷了整个台湾市场，引领风骚。

在这期间，香港娱乐媒体首次将“四大天王”称谓给予了张学友、刘德华、黎明、郭富城四人。此举突然将四个人的地位推向高点，无形中也将其他歌手贬了下来，而当时当红歌手还不少。这种封法虽然多少有些玩笑成分，但被封的人却是幸运的。在当时香港歌坛，前三位都已是畅销歌手，只有郭富城是前一年才突然蹿红的。

郭富城是怎么一夜爆红的呢？在一九九〇年台湾的一个摩托车广告中，当时还只是名不见经传的舞者郭富城，在广告中被女主角泼了一杯水后，开始骑着那辆小速克达追女主角。唯美的广告画面，配上高明骏与陈艾湄合唱的《谁说我不在乎》，大家纷纷开始讨论那个被泼水、一脸无辜的帅哥是谁。郭富城就这样一夕成名了，不久，他便推出了自己的专辑《对你爱不完》。郭富城那个如同一个M字形的麦当劳头型，成为年轻男生模仿的典范。“对你爱爱爱不完……”那个挥手三下再转一圈的手势，也成为大家喜欢乱学的动作，尽管大家都只会唱这一句而已。所以说，郭富城是从台湾红回香港的。

可以说，虽然港星抢攻台湾市场，但也表示台湾是华语流行歌坛的重镇，能在台湾大红就能在各华语地区大红。如郭富城，在台湾大红后也红回香港去，瞬间成为四大天王的一员。

谈谈网语

◎世纪婴儿

世纪婴儿写的《中国社会的一千个细节》，原先发表在网上，立即引起成千上万的跟帖。现由河南文艺出版社结集出版。现将书中谈及网络语言的有关内容摘录如下——

语汇就是因交流而产生的，而网络就是一个大交流场。时不时出现俩新词儿实在正常，根本没必要像某些语言学家、新闻记者那样急着去绞杀。语言学家反对这些新词儿的一个很大的动机就是害怕汉语词典又要重新修订了。

汉语词典早晚要修订，就像北京地图一样，经常会有新建筑突兀而出。只是北京建筑里的那些典故已经拆得差不多了，远非汉语词典里的书面语那样容易保留。

研究网语应该有很多方法，最简单的莫过于举例分析。在举例分析之前，我先作个分类。现在出现的网语大致分为四类：中文网语、拼音网语、数字网语、混合网语。

中文网语

- 我 → 偶
- FANS（某某迷）→ 粉丝
- 喜欢→稀饭
- 美女妹妹→美眉
- E-mail（电子邮件）→ 伊妹儿（颇有情感的音译）
- 丑女/丑男 → 恐龙/青蛙（相当含蓄啊）

拼音网语

- 比拼 → PK
- 美女/妹妹 → 美眉→MM
- 他妈的 → TMD（看起来干净、文明多了）
- 变态 → BT（这可不是英国电讯公司啊）
- 芙蓉姐姐 → FRJJ（已属专有名词）

数字网语

- Bye bye → 拜拜（形象的音译）→ 88（有“恭喜发财”意）
- 就是 → 94
- 气死我了 → 7456

- 呜呜呜呜（拟哭声）→ 5555
- 无聊 → 56

混合网语

- 汗颜（现在时）→ 汗 ing（汉语+英文）
- 商家与个人的电子商务交易（Business To Custom）→ B2（数字+英文）
- 时尚的 → 最 in

从中可以发现几个特点。一个是英语被汉化，这仿佛是民族自豪感的起源之一。汉语具有天然的同化外族语言的能力，这个是韩语不能比的，虽然后者在韩国人心目中是最科学的语言。以后我们吃粉丝的时候就会想到偶像，喝稀饭的当口就会满心欢喜。

而超女比赛带来的网语改良，就是把粉丝发挥到极致：李宇春迷→玉米，张靓颖粉丝→凉粉，黄雅丽的支持者→荔枝，周笔畅迷→笔迷。在英语向汉语流失的同时，汉语也在被数字吞噬，这是另一个特点。数字网语输入方便，有着风趣的谐音和似是而非的意象。再一个特点是越来越洋泾浜，越来越符号化。我想很多语言专家对此一定相当的忧虑，尤其那些作文老师更是痛心疾首。汉语的纯净之美给打破了。想想民族的语言被看得何等重要，想想“只有民族的才是世界的“这个谶语，我们的心就不能平静。

其实汉语的纯净之美早就被打破了。外来语披着汉字的羊皮，阿拉伯数字在我们的文章中横卧竖躺，那些麻辣鸡丝、某某司机之类的外国人名也是惨不忍睹。汉语再不是秦砖汉瓦唐风宋雨元雾明雪清花了。

而汉字尽管有象形的一面，但终归还是符号。只是符号化过分严重，如未推广开的第二代简化字，会完全丧失汉字本身的韵味，接近于日文，这是民族心理绝对不能容忍的。

补白

我是一个爱自由的人

胡适在写给鲁迅、周作人和陈源的劝架信中说：我是一个爱自由的人——虽然别人也许嘲笑自由主义是十九世纪的遗迹——我最怕的是一个猜疑、冷酷、不容忍的社会。我深深地感觉你们的笔战里双方都含有一点不容忍的态度，所以不知不觉地影响了不少的少年朋友，暗示着他们朝向冷酷、不容忍的方向走，这是最可惋惜的。

不时收到读者来电来信，反映无法购得《悦读 MOOK》，经联系，以下书店为《悦读 MOOK》的部分代销点，读者可就近选购。

1	北京三联韬奋图书中心	北京市东城区美术馆东街 22 号
2	长春联合图书城	长春市芙蓉路 1 号
3	哈尔滨市学府书店	哈尔滨市南岗区学府路 74 号
4	南昌市青苑书店	南昌市金域名都 1-21 号
5	成都市求知书店	成都市商业街 50 号
6	大连市图书城博林书社	大连市沙河口区路西安路 107 号图书城 A 区 2 号
7	山东东营万叶书城	东营区济南路供销商场对面
8	上海季风书园	地铁陕西南路站站厅
9	江苏大众书局	南京市热河路 50 号阅江广场四楼
10	辽宁文史书店	沈阳市和平区文化路 44 号书刊市场 2-91 号
11	哈尔滨市学府书店	哈尔滨市南岗区学府路 74 号
12	青岛现代青少年书店	青岛市峄县路 3 号(文化市场 520 号)
13	厦门对外图书交流中心	厦门市湖滨南路 809 号外图厦门书城
14	漳州博文书店	厦门市湖滨南路 809 号国际文化大厦外图厦门书城
15	济南东方学林书店	济南市马鞍山路 46 号文化市场 305 号-248 号
16	福建省越洋图书文化城	福州市古田路 22 号(五一广场西北侧)
17	无锡三联书店	无锡市向阳路 32 号南禅寺书城 A1-1
18	珠海市文华书城	珠海市拱北粤华西路中珠大厦一楼
19	长沙市叶洋书社	长沙市定王台书市 1-16 号
20	深圳友谊书城	深圳市龙华人民北路 338 号
21	重庆夏山书店	重庆市菜园坎书刊市场 A 区 58 号
22	杭州翰香图书有限公司晓风书屋	杭州登云路文化商城 325 号

告读者

《悦读 MOOK》要办好，关键在于作者和读者的关爱与支持，竭诚欢迎各位踊跃提供稿件与信息。来稿来信可寄：江西省南昌市子安路 75 号二十一世纪出版社《悦读 MOOK》编辑部　(邮编：330009)。

Email: yuedumook@126.com　Blog: http://blog.sina.com.cn/yuedumook

《悦读 MOOK》创办以来，不时有读者来电来信询问何处能购到此书。读者如在当地书店无法购到，可与本社邮购部联系，电话：0791-6512056，地址：江西省南昌市子安路 75 号　二十一世纪出版社图书发行公司。(邮编：330009)